SHAKESPEARE

DU MÊME AUTEUR

Versification anglaise, SEDES, 1970 (épuisé).

Les Figures de style, PUF, « Que sais-je ? », n° 1889, 1981.

Le Vers de Shakespeare, Didier-Érudition, 1984 (épuisé).

La Poétique, PUF, « Que sais-je ? », n° 2311, 1986.

Sir Walter Scott, Éd. de Fallois. Grand Prix du Romantisme 1993. Prix de la Biographie de l'Académie Française 1994.

Stylistique anglaise, PUF, 1994.

Shakespeare : Hamlet (en collaboration avec Geneviève Guillo), Hatier, « *Profil d'une œuvre* », 1994.

Shakespeare : Twelfth Night (direction), Paris, Ellipses, 1995.

HENRI SUHAMY

SHAKESPEARE

LE LIVRE DE POCHE

I

INTRODUCTION : SHAKESPEARE AUJOURD'HUI

Ce qu'on appelle le mystère Shakespeare concerne l'œuvre, non l'homme. Pour ce qui est de l'homme, il y a longtemps que les spécialistes ont renoncé à en dresser un portrait. Le manque de documents biographiques est un phénomène normal, il n'y a pas de raison d'en faire une énigme excitante. C'est l'œuvre elle-même qui, à force de provoquer des lectures différentes, constitue une énigme. Même ses modes d'écriture et de composition donnent lieu à des controverses. Les uns voient dans sa versification un modèle classique, les autres un perpétuel et anarchique débordement. Il passe tantôt pour un infaillible technicien du théâtre, tantôt pour un barde primitif, nonchalamment intarissable et désinvolte, tirant sa puissance de sa sauvagerie même. C'est l'idée que la période romantique se faisait de Shakespeare, en France notamment, idée qui remonte au XVIIe siècle et n'est pas vraiment périmée. Car les diverses conceptions de la critique shakespearienne reviennent de façon cyclique.

Mêmes débats au sujet du style et de la langue. Certains s'étonnent de ce que, malgré son archaïsme, l'éloquence du théâtre shakespearien soit encore agissante, tandis que d'autres s'extasient ou s'impatientent devant les tournures alambiquées du dramaturge, sa grammaire fantaisiste, son usage très personnel du vocabulaire, sa syntaxe artificieuse, d'une brusquerie elliptique ou d'une obscurité souvent déroutante, les inlassables jeux de mots qui parfois lassent le lecteur et désespèrent le traducteur.

Les commentateurs qui mettent en formules la vision shakespearienne du monde et de la vie nous entraînent dans des directions variées. Après avoir été salué comme « notre contemporain », selon le titre à peine provocateur du livre que l'écrivain polonais Jan Kott publia en 1964, le Shakespeare historique, l'homme de la Renaissance, revient en force, témoin véridique et peintre polychrome d'un monde révolu, d'une société pittoresquement cloisonnée, blasonnée, ritualisée ; porte-parole d'une humanité chrétienne d'esprit, païenne d'imagination, humaniste de culture ; sujet respectueux au-dehors et libre au-dedans d'une monarchie pesante quoique mystiquement providentielle.

Mais la Renaissance, impulsion nouvelle autant que retour au passé, est aussi l'époque où les certitudes se fissurent, où le doute méthodique commence à mettre à mal la tradition, avant de devenir un outil de connaissance. Et peut-on encore dire, comme Touchstone dans *Comme il vous plaira* ou le Peintre dans *Timon d'Athènes*, que le monde, né il y a quelques millénaires, va comme toute créature vers son déclin, qu'il vieillit, s'use, pourrit de jour en jour, alors qu'il reste tant de contrées à explorer, tant de lois physiques à découvrir et de machines à inventer, et pour tout cela tant de réserves d'énergie chez les hommes ?

L'énergie ne manque pas dans l'Angleterre d'Élisabeth, dans l'Europe de Machiavel, des conquistadores, des guerres de religion. L'énergie, c'est le progrès, c'est aussi la violence, et la violence ramène à la modernité, telle que la concevait Jan Kott. Marqué par les événements qui ont meurtri pour toujours le cœur de l'Europe, Kott voit la modernité de Shakespeare dans une philosophie de la violence, perçue comme pulsion première et manifestation ultime de l'acte théâtral, ainsi que dans le pessimisme visionnaire qu'elle engendre et qui sans les élucider jette une lumière douloureuse sur les énigmes de l'histoire.

Kott appuyait sa lecture sur une conception réaliste de l'art selon laquelle le théâtre reflète les actions des hommes et en exprime les lois. Sous le foisonnement des occurrences dramatiques une pensée s'organise, fait échec au hasard, installe des schémas explicatifs et déterministes, non dénués de désespérance absurdiste, ni de résonances morales, comme si un chœur antique faisait entendre son commentaire de révolte ou de résignation derrière la mécanique des événements.

Ainsi le dramaturge pédagogue et prédicateur lègue un livre prophétique où un monde secoué par une apocalypse qu'il a lui-même provoquée peut trouver les clés de sa propre révélation. L'humanité s'y analyse et s'y juge. Ce livre contient la science et la conscience du monde.

Ce n'était pas la première fois que Shakespeare se voyait vénéré comme un oracle. Kott figure ici à titre d'exemple, parmi d'autres exégètes, chacun attribuant à l'auteur de *Hamlet* sa doctrine ou son obsession favorite, pour glorifier sa modernité. Résumant à l'avance les dithyrambes de ce qu'on a appelé la *bardolâtrie* et exprimant ce qu'avaient pressenti les pionniers de la critique au XVIIIe siècle, Coleridge (1772-1834), lui-même poète et théoricien du romantisme, définissait Shakespeare comme le plus philosophe de tous les poètes, l'exemple le plus riche et le plus constant des profondeurs que peut atteindre l'imagination créatrice, y compris dans le domaine des idées.

Les statistiques suffiraient d'ailleurs à mesurer la modernité de Shakespeare. Il reste l'auteur dramatique le plus joué dans le monde, le plus lu, le plus fréquenté, le plus commenté, le plus célébré, de tous les auteurs, tous genres confondus.

« Il y a plus de livres sur les livres que sur tout autre sujet, nous ne faisons que nous entregloser », disait Montaigne, qui pourtant ne connaissait pas Shakespeare, ni la production sans frein que lui consacrent l'industrie du livre et la recherche universitaire. En volume de glose et en importance dans la hiérarchie littéraire, Shakespeare dépasse Homère, Virgile, Dante et Goethe. Il se produit dans le monde près de quinze publications par jour, en moyenne, sur Shakespeare, le mot *publications* désignant livres, articles savants inclus, éditions et traductions.

Il existe un grand nombre de revues consacrées à Shakespeare et à la littérature de son temps. Un exemple parmi d'autres : le *Hamlet Quarterly*, imprimé à la Nouvelle-Delhi, revue trimestrielle qui ne contient que des articles sur *Hamlet*. Ce ne sont pas des bulletins emplis de substance éphémère ; la plupart ont à leur tête des comités éditoriaux qui examinent sévèrement les propositions venues de partout. On est frappé, quand on consulte les plus prestigieuses d'entre elles, comme le *Shakespeare Survey* de Cambridge, les *Stratford-upon-Avon Studies*, ou le *Shakespeare Quarterly* de Washington, les *Shakespeare Studies* de Caroline du Sud, et bien d'autres, par la qualité et la solidité d'articles vieux parfois de plusieurs dizaines d'années. La France figure dans ce palmarès, avec notamment les *Cahiers élisabéthains*, que publie l'Université Paul-Valéry de Montpellier.

Tout n'atteint pas la même qualité dans cette production, dont l'abondance peut provoquer une sensation d'étouffement. Cette saturation embarrasse les bibliothécaires autant que leur clientèle. Des moyens électroniques de recension et d'archivage sont mis en œuvre, afin de constituer des catalogues complets, évolutifs, de tout le corpus para-shakespearien. Il existera bientôt peut-être un réseau international permettant la transmission à domicile, lumineuse et instantanée, de tout ce qui peut faciliter le travail des chercheurs.

L'érudition traditionnelle continue de rendre les services qu'on en attend : établir le texte, l'élucider, rendre explicite ce qui est implicite, allusif ou élusif ; retracer les sources et influences ; décrire les circonstances, les réalités extérieures, mœurs, mentalités, coutumes, croyances ; la fonction et le fonctionnement du théâtre dans l'Angleterre élisabéthaine, et autres données sans lesquelles les œuvres de Shakespeare ne seraient pas ce qu'elles sont, ou n'existeraient pas. Le fruit de ces travaux se voit dans les éditions des œuvres, où les notes et les variantes occupent plus de place que le texte, sans parler des introductions, appendices, glossaires, notices et bibliographies. Par exemple le *Hamlet* édité par Harold Jenkins dans la célèbre collection « Arden » en 1982 comporte 574 pages, mais le texte lui-même occupe moins du quart du volume total. À ce type d'érudition utilitaire se rattachent les ouvrages consacrés à la prononciation, la ponctuation, le vocabulaire, la grammaire, le style, la versification, etc. de Shakespeare, tandis que des équipes entières s'emploient à la mise à jour de la bibliographie.

Traditionnelle également apparaît la paraphrase explicative, d'inspiration réaliste, qui analyse les pièces comme des successions d'événements. Selon cette tradition le ressort principal des actions se trouve dans les personnages, chez qui on peut lire les symptômes répertoriés par la psychologie et la psychopathologie : caractère, passions, réflexes, dérèglements, voire atavismes et traits héréditaires. Quand la psychologie, ancienne ou moderne, ne suffit pas, il est fait appel aux diagnostics de la psychanalyse, créditée du pouvoir d'exprimer l'inexprimé et de mettre au jour les causes inconscientes du comportement.

Il n'y a rien de plus naturel que de s'intéresser aux personnages de Shakespeare. Son œuvre en contient environ neuf cents, auxquels s'ajoutent des foules de comparses, et des foules tout court. Quelques-uns, comme chez Balzac, apparaissent dans plusieurs œuvres, mais par nécessité historique plutôt que pour affirmer une existence propre. Shakespeare individualise ses personnages plus que tout autre dramaturge. Il n'utilise pas les types récurrents de la *commedia dell'arte*, les Arlequin, les Colombine, les Pantalon. Quand un acteur est désigné par un terme générique, se référant à un emploi de théâtre, tel que *Clown*, le bouffon paysan, *Fool*, le bouffon de naissance devenu professionnel, *Nurse*, la nourrice, ce n'est pas un personnage déjà vu dans une autre pièce.

Leur vérité et leur cohérence ne résultent pas d'un système clos de réflexes prévisibles. Shakespeare n'a pas ce qu'on appelle un regard d'entomologiste. Chez lui les personnages, même ceux qui ont pour fonction de faire rire ou faire peur, exercent une sorte d'autonomie, de vitalité, sans cependant servir de support à une théorie de la volonté, ni à aucune autre théorie. Ils persistent dans leur essence, ce qui assure au spectateur un certain confort, autant que dans leur existence, ce qui contribue à la poussée dramatique, et crée des émois, des surprises, des illuminations. Ils ont la faculté d'exprimer ce qu'ils sont, grâce à une puissance de parole qui constitue la raison d'être de toute littérature.

La vérité psychologique ne se trouve pas seulement dans le dessin des caractères. Les passions, les désirs, les hantises, les stratégies du comportement, les ruses et les naïvetés, les mensonges et les aveux, les dissimulations et les cris du cœur, tout le théâtre de la vie quotidienne, se trouvent représentés sur la scène.

Toutefois l'efficacité de l'observation psychologique conduit à un souci exagéré de la vraisemblance. À force de se demander pourquoi les personnages agissent de telle ou telle façon, en postulant qu'il faut les traiter comme des personnes réelles, on tombe dans l'engrenage biographique, on se livre à des enquêtes, des conjectures, des extrapolations, on s'occupe de se qui s'est passé, se passe et se passera avant, après, autour de la pièce, on oublie l'essentiel, qui est de communier avec l'imagination poétique de l'auteur.

Pour se moquer de ces frivolités, et souligner que l'obsession psychologique s'accompagne de vétilleries factuelles, Lionel Charles Knights publia en 1934 son célèbre essai « Combien d'enfants avait Lady Macbeth ? » De plus, à tout investir dans les personnages, on réduit le langage théâtral à des fonctions purement émotives et tactiques. Mais le théâtre étant une forme de poésie offre d'autres thèmes de réflexion que celui de la vérité imitative, voire documentaire.

La pensée critique sur le théâtre et la poésie ne prend pas toujours une forme écrite. Elle se traduit sur la scène, ainsi que dans l'enseignement de la littérature, qui reflète les tendances de la critique livresque.

Parmi ces tendances, celle qui domine actuellement s'occupe surtout de cohésion formelle et de signifiance poétique. Elle part du principe qu'une production dramatique n'est pas la reconstitution sur une scène d'une succession d'événements, mais leur transfiguration en œuvre d'art ayant le langage pour matériau, le théâtre pour espace, le jeu des acteurs pour moyen d'expression. « Un objet construit », comme dit Max Jacob, conduisant le commentateur à définir une poétique du discours théâtral, à reconstruire dans son esprit chaque œuvre comme un organisme dont les composants sont solidaires.

Les adeptes de la méthode poétique ne nient pas l'importance des personnages, mais ils constatent qu'il y a quelque danger à les extraire de la composition dont ils font partie, de même qu'à leur supposer une vraisemblance minutieuse qu'il n'y a pas de raison de considérer comme nécessaire à l'art théâtral. Ils ne nient pas non plus la notion d'intrigue dramatique, mais la pensée critique n'a pas à se calquer sur un devenir ni à expliquer au public ce que tout le monde est capable de comprendre. Quand on signale que les pièces de Shakespeare donnent lieu à de nombreuses interprétations, cela veut dire que, du moins dans l'esprit des exégètes scrupuleux, les débats ne portent pas sur le déroulement des pièces, mais sur leur signification. Le texte est difficile, non la dramaturgie. Si ses intrigues étaient, en surface, embrouillées ou décousues, Shakespeare ne resterait pas le plus populaire des auteurs dramatiques.

La difficulté du texte est aussi la conséquence de sa richesse. La multitude de cellules verbales et de fils thématiques constitue un réseau serré – la métaphore *textile* prend tout son sens – plein de musique et de signification. Les mots se font écho, annoncent ce qui vient et rappellent ce qui précède, forment des motifs, créent un style, un climat, des couleurs, des irisations, des agrégats. Signes, structures, rythmes, thèmes, images, tout ce qui façonne les œuvres et les fait fonctionner selon des lois proprement artistiques, leur donne un sens au-delà du sens, une visée, ou une vision, telles sont les préoccupations de la critique moderne, qui tend à considérer l'œuvre de Shakespeare comme un tout harmonieux, non comme une succession de pièces écrites au gré des circonstances.

Mais la mode tourne, le moderne est supplanté par le postmoderne. L'objet construit de Max Jacob appelle la déconstruction, théorie en vogue. Celle-ci ne se donne pas pour mission de tout détruire, mais elle remet en question le postulat selon lequel une œuvre littéraire doit se contempler comme un objet lisse et clos, ou se déchiffrer comme une parabole.

Dans son analyse des contenus la doctrine déconstructionniste considère que la littérature subit des influences, capte et emmagasine les rumeurs du temps, reflète les contradictions de l'expérience et de la pensée. Elle exprime des idées, parmi lesquelles il y a des idées reçues, et des idéologies ; des intuitions d'avenir, mais aussi des préjugés.

Le lecteur critique s'emploie à scruter les corpus littéraires, à en extraire ce qu'ils contiennent d'intéressant et de révélateur, y compris des faiblesses intellectuelles ou morales des auteurs et de leur environnement. À cet effet l'œuvre de Shakespeare constitue un gisement inépuisable. Mais un gisement de quoi ? De profondeurs philosophiques, de croyances surannées, de sujets de réflexions, de procédés artisanaux ? C'est selon. Le post-modernisme ramène logiquement au point de départ.

Tout aussi logiquement la déconstruction provoque des poussées iconoclastes. Pour George Bernard Shaw la prétendue philosophie du dramaturge n'était qu'un fatras de trouvailles verbales et de formules empruntées à tout le monde. Plus subtilement que Tolstoï, mais dans la même direction, le poète Robert Bridges ou le critique Edgar Elmer Stoll dénonçaient en Shakespeare un montreur d'ombres dénué d'intégrité artistique, seulement soucieux d'effets immédiats.

Vu de l'extérieur, le culte de Shakespeare, répandu par des organismes subventionnés, n'est-il pas, dans le domaine de la culture élitaire, une des manifestations de l'hégémonie anglo-saxonne ? Si de tels soupçons émanent de l'opinion publique en France, ce ne sera pas la première fois. Shakespeare a toujours rencontré dans notre pays une certaine résistance. Au XVIIe siècle la seule allusion qui lui est faite se trouve dans le catalogue des imprimés de la Bibliothèque royale. « Ce poète », écrit Nicolas Clément, « a l'imagination assez belle, il pense naturellement, il s'exprime avec finesse, mais ces belles qualités sont obscurcies par les ordures qu'il met dans ses comédies. » Au XVIIIe siècle les attaques de Voltaire furent compensées par l'estimable traduction de Letourneur, qui en 1776, compare Shakespeare à un paysage romantique. C'était déjà annoncer la bataille qui, au siècle suivant, oppose les classiques aux romantiques, et Racine à Shakespeare, comme dans le pamphlet de Stendhal. Le dramaturge anglais n'a pas toujours gagné à servir de porte-drapeau à l'avant-garde. Il a déclenché des émeutes, comme au Théâtre de la Porte Saint-Martin en 1822, huit ans avant *Hernani*, il a acquis la réputation d'un auteur aux contours flous et aux contenus hétéroclites. Encore aujourd'hui subsiste une image de Shakespeare vu comme un producteur au sens hollywoodien plus que comme un auteur.

Quant Thierry Maulnier, faisant l'éloge de Racine, écrivait *a contrario* :

> Montrer sur la scène des monstres ou des meurtres, montrer du sang, montrer de brillants costumes ou des foules ou des batailles, tout cela est bon pour des primitifs, des romantiques ou des enfants. La grandeur et la gloire de l'homme sont d'avoir cessé de montrer parce qu'il a appris à dire. L'art le plus affiné et le plus complexe est nécessairement l'art où le langage – honneur des hommes, dit le poète – a la place éminente et le rôle royal.

il pensait probablement à Shakespeare, ou à ses imitateurs. Il aurait mieux fait de citer l'auteur de *Jules César* comme un de ceux qui donnent au langage la place éminente et le rôle royal.

Il n'était pas seul à entretenir de telles opinions. On les rencontre en Angleterre même, dès le XVIIe siècle. Fermés par mesure d'austérité par le gouvernement puritain, les théâtres furent réouverts en 1660, mais on n'y joua pas les œuvres de Shakespeare telles qu'elles étaient écrites. On les transforma en comédies et tragédies au goût du jour, dans le respect des règles et unités, en atténuant l'agitation scénique, la crudité du langage, la cruauté des dénouements jonchés de victimes innocentes.

C'est peu à peu que Shakespeare est devenu le poète officiel du monde anglophone, son œuvre le répertoire de base de la vie théâtrale et de la culture littéraire. Cette position lui vaut de subir une contestation presque aussi officielle, pour des motifs éloignés désormais des disputes sur les canons de l'art. À force d'être vénéré, il incarne le classicisme. Son nom symbolise pour beaucoup de gens la culture passéiste, la littérature-musée, l'*Establishment*. Parce que la difficulté de son style rebute les enfants, les réformateurs ont obtenu en Grande-Bretagne que ses œuvres soient à peu près bannies des programmes scolaires, en vertu du cercle vicieux selon lequel la culture constitue le principal obstacle à l'acquisition de la culture. Aux États-Unis, la contestation prend une autre tournure, elle dénonce en Shakespeare un écrivain idéologiquement nocif, véhicule de l'oppression masculine et européenne. Toutefois, en servant de cible, Shakespeare continue d'occuper une place éminente.

Au théâtre, il reste indétrônable, et son œuvre semble dotée d'une plasticité infinie. En dehors même des ateliers spécialisés où le répertoire shakespearien sert de laboratoire et de matériau à toutes sortes d'expériences, il donne lieu aux innovations les plus radicales en matière de mise en scène, avec les avantages et les inconvénients que cela comporte : une grande inventivité, une exigence artistique ennemie de toutes les routines, faisant de chaque nouvelle représentation une recréation ; au revers, un didactisme pesant et simplificateur, une théâtralité trop consciente d'elle-même, sauf dans l'élocution, pas assez projetée et articulée.

Les metteurs en scène et leurs méthodes voyagent d'un pays à l'autre. L'internationalisation du phénomène shakespearien touche également la France, avec les mêmes qualités et les mêmes défauts, ces derniers étant parfois accentués par le manque de familiarité des traducteurs avec la langue anglaise, et des compagnies théâtrales avec une œuvre difficile.

II

L'HOMME, L'ACTEUR, L'AUTEUR

1. Le nom de Shakespeare

Le goût du secret, l'attrait du sensationnel, ont créé autour de Shakespeare une enveloppe de mystère et de pseudo-révélations qui ne profite pas à son œuvre ni à ce qu'elle apporte. Il faut reconnaître que les obscurités de son existence ou les lacunes de sa biographie justifient l'acharnement des enquêteurs, sans excuser l'extravagance de certaines conjectures ou la malhonnêteté des fabricants de faux documents, actifs au XVIIe siècle.

Le nom même de Shakespeare échappe au principe d'identité. L'enfant qui fut baptisé à Stratford-sur-Avon le 26 avril 1564 s'appelait, d'après le registre paroissial, *Gulielmus filius Iohannes Shakspere*, William Shakspere, fils de John. D'autres documents donnent à ce patronyme des graphies diverses : *Shakespere*, *Shaxper*, *Shagsberd*, etc., variations banales en un siècle qui ne connaît pas la stabilité orthographique. Moins banale apparaît la distinction entre les deux signatures de l'auteur, qui sur les quelques documents manuscrits de nature non littéraire qui ont été retrouvés (témoignages en justice, testament) écrivait *Shakspere*, tandis que la forme *Shakespeare* figure sur à peu près tous les textes imprimés de son vivant comme après sa mort. Au XIXe siècle on écrivait souvent *Shakspeare*, comme pour faire la synthèse entre les deux graphies. Leur différence n'a pas échappé aux polémistes qui dénient à l'acteur venu de Stratford la paternité des œuvres. Parmi leurs arguments on trouve l'affirmation que le véritable auteur ayant choisi *William Shakespeare* pour pseudonyme, l'homme qui s'appelait William Shakspere, ou Shaxper, profita de la ressemblance pour usurper les bénéfices du travail d'autrui, en toute sécurité, puisque le vrai Shakespeare ne voulait pas ou ne pouvait pas sortir de l'incognito.

La question onomastique se colore de quelques nuances cocasses car *Shagsberd* évoque une barbe hirsute, tandis que *Shakespeare* signifie « celui qui secoue la lance », sorte de *cognomen* aux résonances héroïques. On peut supposer que William Shakspere a choisi d'enjoliver son nom en *Shakespeare*. Il y a d'autres exemples chez les auteurs de langue anglaise, les Brunty transformés en *Brontë*, Quincey en *De Quincey*, Hathorne en *Hawthorne* et Falkner en *Faulkner*.

Il convient de ne pas transformer les hypothèses en manipulations. Parce que Shakespeare est mort le 23 avril 1616, certains biographes le font naître également un 23 avril, comme par un signe du destin, allant jusqu'à préciser qu'en ce temps-là on baptisait les enfants trois jours après leur naissance.

2. La religion de Shakespeare

Le rite du baptême a plus d'importance que la date. Shakespeare était-il catholique ou protestant ? Cela fait partie des questions sans réponse. En 1564 Élisabeth Ire régnait depuis six ans, ce qui signifie que le protestantisme, aboli par décret royal lors du règne précédent, était rétabli par un autre décret royal.

Rappelons brièvement les faits : en 1534, après avoir répudié Catherine d'Aragon, fille des rois catholiques d'Espagne et tante de Charles Quint, Henri VIII Tudor crée une Église schismatique qui, de réformes en contre-réformes, évolue vers le protestantisme luthérien. Après sa mort en 1547 et jusqu'en 1553, sous le règne d'Édouard VI le roi enfant, une régence imprégnée des idées nouvelles radicalise la réforme dans un sens calvinien. Mais

Édouard VI meurt à l'âge de quinze ans. Marie Ire, fille d'Henri VIII et de Catherine d'Aragon, prend le pouvoir. Elle restaure le catholicisme avec rigueur. À sa mort, en 1558, Élisabeth Ire, fille d'Henri VIII et d'Anne Boleyn, lui succède. Nouvelle alternance, mais cette fois la restauration prend la forme d'une instauration, celle de l'anglicanisme, qui en plus de son caractère de religion d'État, vise à une synthèse entre les trois tendances qui divisent la chrétienté au XVIe siècle, le catholicisme, le luthéranisme, le calvinisme. La synthèse ne va pas jusqu'à la tolérance, bien que la reine y ait été encline. La dissidence plus ou moins clandestine des sujets restés fidèles à l'Église de Rome, de même que l'opposition des partisans de l'Église de Genève, qu'on commence à appeler les puritains, se heurtent au pouvoir, surtout si on les soupçonne d'entretenir la subversion. Religion et politique sont indissociables. Les sermons, appelés *homélies*, rédigés par les évêques sur l'ordre du gouvernement, exhortent les sujets à l'obéissance, à l'unité nationale, au travail, à l'abnégation.

Parmi les conjectures qui cherchent à donner de la consistance à la biographie fragmentaire de Shakespeare, certaines font de lui un membre de la communauté catholique. Cette thèse n'est pas absurde, bien que peu suivie. Les parents de l'écrivain s'étaient probablement mariés sous le règne de Marie Tudor, donc selon le rituel catholique. Leur première fille, Joan, est née en septembre 1558, avant l'avènement d'Élisabeth, qui eut lieu le 17 novembre. Si le changement de monarque a entraîné un changement de religion que la population et le clergé ont dans l'ensemble accepté, certaines consciences sont restées fidèles à leur engagement, comme en sens inverse sous le règne précédent.

Ceux qui affichaient leur foi et n'assistaient pas aux offices du dimanche devaient payer des amendes, sorte d'impôt sur la religion. D'autres allaient à l'église mais, tels les Juifs marranes sous l'Inquisition, pratiquaient chez eux les messes, prières et communions interdites.

Il n'y avait cependant pas d'Inquisition ni de persécution organisée. Malgré la loi constitutionnelle imposant l'unité religieuse, malgré l'anti-papisme national, exaspéré par l'excommunication et l'appel voilé au régicide que prononça le pape Pie V contre Élisabeth en 1570, l'indignation provoquée par le massacre de la Saint-Barthélemy en 1572, les complots attribués à Marie Stuart, le soulèvement nordiste de 1569, la longue répression qui s'ensuivit, la menace d'invasion espagnole qui se termina par l'anéantissement de l'*Armada* en 1588, la Conspiration des Poudres de 1605 – le fameux 5 novembre où des tonnes d'explosifs devaient pulvériser les dignitaires du royaume, à commencer par le roi Jacques Ier –, l'activisme des missionnaires jésuites, les catholiques anglais ne vivaient pas traqués comme des délinquants. Certains pouvaient participer à la vie artistique du pays, comme le musicien William Byrd ou le poète et dramaturge Ben Jonson, avec tous les honneurs qu'une époque éprise de fêtes et de création savait leur accorder.

Sur les questions religieuses comme sur tout ce qui touche à la pensée du dramaturge, l'œuvre elle-même provoque des interprétations divergentes. La plasticité grâce à laquelle cette œuvre exprime les croyances les plus diverses est souvent interprétée comme la préfiguration de l'agnosticisme moderne, ou comme la perpétuation du scepticisme ancien. Pourtant on y sent aussi une profonde imprégnation de l'esprit évangélique, ainsi qu'une connaissance palpable des Écritures. Les sacrements de l'Église, en particulier le baptême et l'extrême-onction, sont des thèmes récurrents, de même l'espoir du salut et la crainte de la damnation, qui pèsent sur le déroulement dramatique avec force. Dans les mystères du Moyen Âge les perspectives eschatologiques faisaient partie des données et des conventions, tandis que Shakespeare est un auteur moderne. Chez lui les passions, les ambitions, naissent des instincts physiques et se limitent à l'ici-bas. L'inquiétude religieuse, la lecture théologique de l'existence, ne semblent pas figurer au programme. Pourtant elles surgissent, au cœur de l'action.

Le respect envers les formes de religion ne s'étend pas aux membres du clergé. Les pasteurs britanniques, parfois transplantés dans des régions incongrues, comme la Navarre de *Peines d'amour perdues* ou le duché d'Ardenne de *Comme il vous plaira*, ont pour fonction de faire rire ou sourire. Les prélats catholiques jouent le rôle que l'histoire officielle leur faisait jouer : politiciens cauteleux plus soucieux des intérêts temporels de l'Église que de spiritualité, ils justifient rétrospectivement la Réforme. De même dans *Hamlet* le prêtre qui officie lors de l'enterrement d'Ophélie se montre doublement mondain : en accusant à tort la jeune noyée d'avoir commis le péché de suicide, il juge selon les apparences et selon un code formel ; d'autre part, incapable d'appliquer jusqu'au bout et à toutes les classes de la société ses propres décisions, il accepte d'enterrer la fille de l'ancien Premier ministre en un lieu consacré, au prix de quelques bougonnements et de restrictions dans le cérémonial.

C'est dans les pièces qui se déroulent en Italie que les moines et les prêtres de la religion romaine offrent le visage le plus attrayant. Mais les pouvoirs presque surnaturels dont ils sont investis, comme le frère Laurent dans *Roméo et Juliette*, créent un climat de magie primitive qui pouvait renforcer les préjugés du public élisabéthain. De même que celui qui se trouve dans la mythologie antique, le merveilleux chrétien sert les desseins du poète et de l'artiste. Mais redonner de l'éclat théâtral aux croyances d'autrefois, c'est aussi admettre leur caractère fabuleux et enfantin. Même si l'époque de Shakespeare n'est pas encore celle du rationalisme anglican, que l'on situe, associée à Locke, à partir de la fin du XVIIe siècle, le protestantisme anglais s'affirme comme une religion éclairée, décantée des superstitions anciennes.

Une impression domine, chez la plupart des spécialistes qui ont longuement fréquenté l'œuvre de Shakespeare : l'homme privé, l'homme extérieur, n'appartenait sans doute à aucune secte plus ou moins marginale. À l'égard du pouvoir en place, qui sous les Tudors et les Stuarts implique une religion d'État, le monarque étant chef de l'Église, il avait probablement pour règle un conformisme tranquille et discret. En politique comme en religion on a du mal à imaginer que Shakespeare ait pu être un homme d'opposition. Ce n'est pas là lui imputer de la paresse, de l'indifférence, de la servilité, de l'arrivisme. On est plutôt tenté de lui attribuer l'humilité comme vertu principale. Nulle trace chez lui de l'orgueil propre à l'artiste romantique, qui s'estime par sa vocation supérieur à tout ce qui l'entoure, ni de la présomption qui caractérise l'intellectuel en général. La société lui donnait les moyens d'exercer à peu près librement son art, en retour il obéissait à ses lois et à ses coutumes, il en célébrait les valeurs.

L'humilité extérieure de l'homme Shakespeare, qui peut expliquer en partie l'obscurité relative dans laquelle il a vécu, l'absence de documents biographiques, et le peu d'empressement qu'il mettait à publier ses œuvres, est compensée par une liberté intérieure sans limites.

Cette liberté se traduit dans son œuvre qui parle de tout ce dont on n'a pas le droit de parler dans un État monarchique, si l'on en croit Figaro. Mais dans l'ordre de la pensée morale, politique, religieuse, elle se situe à une telle hauteur, si loin des situations du moment, que Shakespeare échappait à la censure alors qu'il représentait sur la scène les comédies et les tragédies du pouvoir. Son non-engagement dans les querelles de son temps a eu pour résultat de faire de lui un éternel contemporain, engagé non à soutenir telle ou telle cause, mais à pénétrer les motifs qui font agir les hommes.

Il ne négligeait pas pour cela les lumières de la religion, même si l'anglicanisme d'Élisabeth et de Jacques Ier n'est pas encore la religion des Lumières, et s'il se définit comme n'étant ni le puritanisme ni le catholicisme, une voie moyenne.

3. L'environnement géographique

La voie moyenne convient à un homme qui appartient à la classe moyenne. Son père, sa mère, sa femme, les parrains de ses enfants, l'un de ses gendres, sont tous issus de la classe des propriétaires campagnards, et tous nés dans la même région du Warwickshire, à Stratford-sur-Avon ou non loin.

Situé au nord-ouest de Londres, à cent cinquante kilomètres environ, le comté de Warwick, qui contient aujourd'hui des villes industrielles comme Birmingham et Coventry, était au XVIe siècle une contrée agricole. Cela signifie un pays cultivé, c'est-à-dire civilisé, modelé par l'homme, non occupé principalement par des landes, des forêts, des marécages, des terrains de chasse laissés à l'état presque sauvage, comme d'autres régions.

La nature y était cependant plus présente qu'aujourd'hui. Au nord de la ville de Stratford s'étendait la forêt d'Arden, mais comme le rappelle Michel Grivelet, le mot *forest* pouvait signifier « territoire de chasse royal, mais où l'on trouve aussi des pâturages. Peuplée de chevreuils et de cerfs, *the forest of Arden*... faisait partie du monde familier de Shakespeare ».

Ce caractère double du paysage anglais, sauvage et civilisé, fournit l'une des clés de l'inspiration pastorale souvent agissante dans l'œuvre de Shakespeare, dans *Comme il vous plaira* notamment, où les Ardennes françaises se métamorphosent nostalgiquement en forêt d'Arden. La nostalgie de Shakespeare anticipait sur celle d'aujourd'hui, car il ne reste plus grand-chose de cette forêt.

Au sud s'étend la région dite des Cotswolds, célèbre pour sa race spécifique de moutons. On y voit encore les maisons paysannes construites et burinées dans une roche de couleur ocre dont la texture durcit à l'air libre tandis que sa teinte s'adoucit en un jaune moiré.

Plusieurs rivières en Grande-Bretagne portent ce même nom d'Avon, qui a une origine celtique. Il existe en Bretagne sous la forme *aven* et signifie l'eau en général. L'Avon qui passe à Stratford prend sa source au nord-est, dans le Northamptonshire, traverse obliquement le centre de l'Angleterre en arrosant quelques paysages prestigieux, et plus bas se jette dans la Severn. Pour distinguer cet Avon des autres, on l'appelle quelquefois « The Shakespeare Avon ». Shakespeare lui-même a été apostrophé par Ben Jonson comme étant le « Cygne de l'Avon ».

L'environnement natal du futur poète constituait un cadre approprié et l'occasion de se faire donner par la réalité elle-même un certain nombre de leçons de choses. Il montre dans son œuvre une connaissance de la flore et de la faune – celle des oiseaux notamment – qui manifestement ne vient pas des livres. Au centre des Midlands, au centre du centre de l'Angleterre, Stratford montrait un visage double, celui de la ville et celui de la campagne : la nature et la civilisation en osmose.

4. La famille de Shakespeare

John Shakspere, père du poète, donne un exemple de la mobilité sociale qui caractérise en partie l'Angleterre de la Renaissance.

Né à Snitterfield, non loin de Stratford, à une date inconnue, fils cadet d'un paysan aisé, il n'hérita pas de la propriété paternelle, le droit d'aînesse étant rigoureusement appliqué. Il vint chercher fortune en ville, et la trouva, à tous les sens du mot, car sa carrière connut des hauts et des bas. Le passage de la paysannerie à la bourgeoisie se fit par la route ascendante de l'économie, les produits de l'agriculture appelant le commerce et les industries de transformation. On trouve donc John Shakspere établi à Stratford en tant que peaussier et gantier, négociant en laines et en grains. La richesse venue, il fut peut-être un peu usurier. Spéculateur et entrepreneur audacieux sans doute aussi, audacieux et malchanceux car à sa mort en 1601 il avait des dettes, certains de ses biens étaient hypothéqués.

L'ascension sociale de John Shakspere eut des aspects honorifiques et politiques. Il fut élu échevin, puis bailli de la ville en 1568. Cette fonction tenait de celles de maire, juge de paix et chef de la police. Consécration suprême, il se fit attribuer la qualité de gentilhomme, et des armoiries afférentes, en 1596.

Ce qu'on peut déduire de toutes ces données est que John Shakspere avait du poids à Stratford, et qu'il le savait. Si William a eu besoin d'un modèle pour tous les pères autoritaires et irascibles qui abondent dans son œuvre, il n'a peut-être pas eu à chercher loin.

Mary Arden, qui épousa John Shakspere vers 1557, elle aussi fille d'un riche propriétaire, était née aux alentours de 1540 à Wilmcote, autre village proche de Stratford. Les touristes y visitent une belle maison rustique meublée dans le style des musées d'arts et traditions populaires, qui passe pour être la maison de Mary Arden. Ce n'est pas impossible. Elle mourut en 1608. Le couple eut huit enfants dont cinq survécurent. William était l'aîné des survivants.

Le nom d'Arden rappelle la forêt d'Arden. Mais il y avait aussi dans la région une ancienne famille aristocratique portant ce nom. Mary Arden descendait peut-être de ces Arden du Warwickshire.

Les trois frères de William, Gilbert (1566-1612), Richard (1574-1613) et Edmund (1580-1607) sont morts avant lui et ne semblent pas avoir eu de descendance. Détail intéressant, le plus jeune des frères, Edmund, était acteur. Il avait certainement rejoint William à Londres. Mais on ne sait rien d'autre de lui.

Sa sœur Joan (1569-1646) lui survécut. Épouse d'un chapelier qui s'appelait William Hart, elle eut une lignée encore vivante aujourd'hui, contrairement à William, dont la descendance s'arrête après la mort de ses filles.

5. William Shakespeare : synopsis biographique

Certains historiens ont écrit des ouvrages volumineux sur la vie de Shakespeare, malgré la rareté des archives. Cela n'entraîne pas que l'on doive considérer les biographies en question comme des romans. Ce sont des compilations sérieuses, des mosaïques de documents tangentiels et latéraux, propres à éclairer les circonstances qui entourent cette vie, à donner du poids et de la plausibilité à certaines conjectures. C'est un dossier où il y a beaucoup d'annexes, peu de pièces fondamentales.

Certaines ne font qu'ajouter à la perplexité des enquêteurs, par exemple les documents qui font état du mariage de Shakespeare en 1582. Entre la publication des bans et la cérémonie, le nom et le lieu de résidence de la fiancée passent d'*Anne Hathwey* de Stratford à *Annam Whateley* de Temple Grafton, sans parler d'un troisième document qui la prénomme Agnes. Les spécialistes ont fini par s'accorder sur *Anne Hathaway*, native de Shottery.

Entre le baptême et ce mariage, il n'y a que des conjectures. William a certainement fréquenté l'école de Stratford, fondée au XVe siècle par une guilde. Les registres ayant disparu, il n'existe pas de preuve de la présence de Shakespeare parmi les élèves. Il est raisonnable de supputer que le bailli de la ville ne dédaigna pas d'y envoyer ses fils.

C'était une *grammar school*, école de grammaire, discipline qui incluait la rhétorique. Malgré la Réforme et le changement de liturgie, le latin constituait encore la matière principale, plus que jamais, car libérés du latin d'Église, bénéficiant des découvertes de l'humanisme, et, un siècle après l'invention de l'imprimerie, d'une production de livres en plein essor, les clercs pouvaient cultiver leur goût pour les auteurs païens. Mus par le prosélytisme esthétique et intellectuel qui caractérise la profession, ils cherchaient à communiquer ce goût à leurs élèves. L'apprentissage du latin comportait l'initiation à la littérature antique et aux fables de la mythologie.

Ben Jonson a dit que Shakespeare savait peu de latin et encore moins de grec. Cette phrase célèbre est souvent mal comprise. Jonson ne se moque pas de Shakespeare, il veut dire que malgré sa connaissance imparfaite des langues anciennes, les plus grands auteurs de l'Antiquité revivent en lui : Eschyle, Sophocle, Euripide, Sénèque, et d'autres encore. Il ne les a pas imités, mais recréés. Il a dû tout de même apprendre assez de latin pour éprouver des émotions poétiques aux conséquences fécondes sur son œuvre à venir.

Il y a de cela des indices irréfutables, mais contrairement à ce que laisse entendre Jonson, ce ne sont pas les auteurs dramatiques qui l'ont influencé le plus vivement, c'est Ovide. Comme Montaigne, il a découvert de bonne heure les *Métamorphoses*, et le choc a laissé un ébranlement durable et créatif. Ce n'est pas seulement le contenu mythique de l'œuvre d'Ovide qui a pu séduire le jeune écolier ; une telle réaction serait banale. C'est la poésie en tant que poésie, l'invention, le goût de la narration fabuleuse, la trituration acrobatique du langage.

Que Shakespeare ait connu la traduction en anglais des *Métamorphoses* faite par Arthur Golding en 1567 est un fait prouvé, d'après certains emprunts et parallélismes d'expression. Mais c'est probablement le contact avec le texte latin d'Ovide qui a déclenché le processus de la création poétique chez l'auteur de *Vénus et Adonis*.

De 1564 à 1592 la vie de Shakespeare n'est signalée objectivement que par les archives paroissiales ou diocésaines qui font état de son baptême, de son mariage et de la naissance de ses enfants.

En 1582, le 28 novembre, mariage de Shakespeare avec Anne Hathaway, fille de paysans aisés. Les bans avaient été publiés peu de temps avant. Il avait dix-huit ans, et était donc considéré comme mineur. Elle en avait vingt-six.

Six mois plus tard, naissance de leur premier enfant, Susanna, le 26 mai 1583. En 1585, le 2 février, naissance des jumeaux, Hamnet et Judith. On suppose que ces deux enfants eurent pour parrains le couple Sadler, boulangers à Stratford, qui portaient les mêmes prénoms. Ce détail n'aurait qu'un intérêt anecdotique s'il ne s'était produit en 1616 un fait étrange : dans le testament de Shakespeare, établi, mais non rédigé par lui-même, peu de temps avant sa mort, le boulanger Sadler figure parmi les légataires sous le prénom de *Hamlett*.

À part ces données, il n'existe aucune trace de ce que Shakespeare a fait jusqu'à l'âge de vingt-huit ans. Des légendes ont commencé de circuler longtemps après sa mort, faisant de lui un apprenti boucher, un maître d'école, ou un jeune homme de bonne famille quelque peu dissipé en attendant de succéder à son père, et obligé de quitter précipitamment Stratford pour avoir tué un cerf en braconnant dans le domaine d'un certain Sir Thomas Lucy. Sur cette anecdote non prouvée se greffe une broderie, qui fait voir Shakespeare réfugié à Londres et gagnant sa vie en gardant les chevaux des gentilshommes qui assistaient aux représentations théâtrales : d'où une carrière exemplaire d'artiste parti de rien et arrivé à tout, échelon par échelon.

Il y a au moins un point sur lequel tout le monde s'accorde : Shakespeare n'a probablement jamais fréquenté d'université. Cette absence de formation dite supérieure le distingue de ceux qu'on appelle les « University Wits », c'est-à-dire les beaux esprits formés dans les universités. On les y avait envoyés pour leur faire étudier le droit ou la théologie, mais ils avaient pris goût à la poésie et au théâtre. Sans constituer un cénacle ou une corporation, ces auteurs voulaient imposer l'idée qu'écrire pour le théâtre n'était pas un métier de saltimbanques, s'apprenant sur le tas. Ils ne se considéraient pas comme des dilettantes, mais comme des professionnels investis d'une mission artistique et éducative. Grâce à leur connaissance des belles-lettres, du latin et du grec, des théoriciens du théâtre et de la rhétorique, il leur appartenait d'élever le niveau de la littérature dramatique, d'inculquer au peuple le goût du sublime, de la mesure, des vertus classiques.

Le théâtre élisabéthain a en partie des bases savantes, et même académiques. À l'université, le théâtre constituait pour les étudiants à la fois un dérivé et un dérivatif à l'égard des disciplines plus austères ; on y jouait des pièces en latin, les tragédies de Sénèque ou des imitations. La première grande tragédie élisabéthaine, *Gorboduc*, représentée en 1561, est une œuvre austère, moralisatrice, écrite en collaboration par deux avocats-écrivains, Thomas Sackville et Thomas Norton. Même si les résultats nous apparaissent différents, les idéaux que visaient les théoriciens et les praticiens de ce théâtre rejoignent ceux du classicisme français. Les troupes de comédiens ne prétendaient pas à la même distinction sociale et littéraire que les auteurs qui condescendaient à faire jouer leurs œuvres par ces serviteurs subalternes de l'art.

Cela concerne Shakespeare, car en 1592 apparaît un document qui contient des renseignements plus importants que les archives d'état civil. Robert Greene (1558-1592), ancien étudiant de Cambridge, fait partie de ces *University Wits* qui considéraient le théâtre et la littérature comme un monopole auquel une érudition laborieusement acquise leur donnait droit. Peu de temps avant sa mort, il écrivit une sorte de salmigondis intitulé *A Groatsworth of Wit*, « Un liard d'esprit ». Ce texte se termine par un pamphlet consacré à la décadence du théâtre contemporain. Parmi les agents de cette décadence il fait allusion à un nouveau-venu parvenu en qui, bien que non nommé, on reconnaît Shakespeare :

> Un corbeau parvenu, embelli par nos plumes, qui avec son *Cœur de tigre enveloppé dans une peau de comédien*, s'imagine qu'il peut vociférer un vers blanc aussi bien que le meilleur de vous tous ; et comme c'est un *Johannes factotum* achevé, il se prend pour seul ébranleur de scène du pays.

L'identification n'est pas douteuse. Le cœur de tigre, etc. parodie un vers qui se trouve dans la troisième partie d'*Henri VI* et qui, hors de son contexte, peut sembler risiblement grandiloquent. En lui imputant la présomption d'être le seul « ébranleur » ou « secoueur de scène » du pays, *Shake-scene*, Greene joue sur le nom de son rival, que l'on écrivait parfois avec un trait d'union : *Shake-speare*. Le corbeau parvenu (*upstart Crow*) fait allusion à l'origine rustique de Shakespeare, et l'expression *Johannes factotum* latinise ironiquement la locution *Jack of all trades*, qui signifie un bon à tout - bon à rien. Cela laisse entendre que l'objet de cette satire exerçait plusieurs fonctions : non seulement auteur et acteur, mais peut-être aussi régisseur, machiniste, costumier, comptable,... Bref un accessoiriste qui se prend pour un auteur, et qui au lieu de l'échec mérité, obtient la faveur du public : de quoi provoquer l'indignation des vrais littérateurs.

L'accusation de s'être paré des plumes d'autrui a donné lieu à plusieurs interprétations. Certains commentateurs en ont déduit que les premières œuvres attribuées à Shakespeare ne sont pas de lui. Ce n'est pas ce que laisse entendre la diatribe de Greene, qui ne met pas en doute l'authenticité des textes produits par le « Shake-scene ». Il l'accuse d'imitation, sinon de plagiat. Sur ce point il n'a pas entièrement tort. L'arrivée de Shakespeare sur la scène londonienne ne s'accompagne d'aucune révolution artistique. Il semble à ses débuts n'avoir pas d'autre ambition que de continuer et imiter ce qui se fait autour de lui. Ses premiers drames historiques, la trilogie d'*Henri VI* et *Le Roi Jean*, sa première tragédie, *Titus Andronicus*, s'inspirent de modèles antérieurs, parlent le même langage. En faisant simultanément un travail d'apprenti et un travail de maître, Shakespeare montrait une compétence que Greene ne soupçonnait pas.

On devine aussi d'après ce pamphlet ce que d'autres documents confirment – et l'œuvre aussi, allusivement : Shakespeare était acteur. Comment le devint-il ? Personne ne le sait. Le passage d'une troupe de comédiens à Stratford a pu lui révéler une vocation irrésistible. On l'imagine laissant sur place femme et enfants, ainsi que l'occupation à laquelle il se livrait, pour suivre la troupe en question. On imagine aussi les romans qui ont été bâtis à partir de cette situation-type : le désespoir de la famille, les quolibets des concitoyens de Stratford, la méfiance des nouveaux compagnons, les premières déceptions et rebuffades, puis l'ascension et le triomphe. Ce ne sont que des romans. C'est peut-être à Londres que Shakespeare a découvert sa vocation.

Rien ne prouve non plus que l'entrée en littérature se soit faite par le théâtre. Il a peut-être commencé par écrire de la poésie. Si on en juge d'après *Vénus et Adonis*, qu'il désigne lui-même dans sa dédicace comme « le premier héritier de son invention », il s'agit d'une poésie imprégnée de culture livresque. Moins accessibles qu'aujourd'hui les livres ne constituaient pas, dans l'Angleterre de la Renaissance, un domaine ésotérique. Les traductions proliféraient, de sorte qu'il n'était pas nécessaire de connaître le grec et le latin pour avoir accès aux textes qui nourrissent de leur substance l'œuvre de Shakespeare, Ovide, Tite-Live, Virgile, Plutarque.

La maison familiale ne contenait peut-être pas une bibliothèque importante. Tout laisse supposer que le futur dramaturge a fréquenté une ou plusieurs familles aristocratiques. Nous savons qu'il a eu un protecteur en la personne de Henry Wriothesley, comte de Southampton. Or Southampton, né en 1573, était plus jeune que Shakespeare, il n'avait que vingt ans quand fut publié *Vénus et Adonis*, qui lui est dédicacé. Il a sans doute hérité d'une situation de mécénat dont Shakespeare bénéficiait au sein de sa famille, ou d'une famille alliée. Les enquêteurs n'ont pas manqué de suivre la piste Southampton et ils ont constitué sur lui et sur d'autres un dossier volumineux, où Shakespeare n'est présent que de façon potentielle.

Une autre piste se présente, celle des Stanley, comtes de Derby. L'un d'eux, Ferdinando, pair d'Angleterre sous le nom de Lord Strange, entretenait une compagnie d'acteurs. Quelques indices permettent de penser que Shakespeare a pu être membre de cette troupe, du moins à ses débuts. Il n'y a pas de preuves, mais la possibilité de bâtir le scénario suivant : dans un premier temps, Shakespeare est reçu chez les Stanley en tant que page, apprécié pour ses talents précoces. Il y complète sa connaissance des livres, du monde, des bonnes manières. Puis l'initiative de Lord Strange lui permet de s'introduire dans la corporation des gens de théâtre, sans passer par les épreuves que connaissent les enfants de la balle.

Il faut revenir à Southampton, parce que de ce côté, les preuves existent. C'est en avril 1593 que Shakespeare publia *Vénus et Adonis*. La dédicace donne une idée des liens qui associaient le protecteur et son protégé. Aux yeux du public d'aujourd'hui son style semble inspiré par une flagornerie mercenaire. On peut aussi estimer que Shakespeare se livre avec élégance et virtuosité à un exercice rituel. Que la naissance confère non seulement des privilèges mais une supériorité naturelle, que cette supériorité mérite le respect, que ce respect doive s'exprimer selon une étiquette convenue, est une notion qui fait partie de la civilisation à laquelle appartenait Shakespeare. Il est le porte-parole des conventions de son temps. Dans son œuvre artistique il en est aussi le peintre, il les stylise, il prend ses distances.

> Au très honorable Henry Wriothesley comte de Southampton et baron de Titchfield
>
> *Très honorable Seigneur, je ne sais pas dans quel mauvais cas je me mettrai en dédicaçant ces vers mal dégrossis à votre Seigneurie, ni comment le monde me blâmera d'avoir choisi pour une si faible charge un si puissant soutien. Si seulement votre Honneur en semble satisfait, je me tiens pour hautement récompensé et fais vœu de mettre à profit toutes mes heures de loisir jusqu'à ce que je puisse vous offrir un travail d'un plus grand poids. Mais si le premier-né de mon invention se révèle contrefait, je regretterais qu'il ait eu un si noble parrain ; et jamais plus je ne labourerai un champ si*

stérile, de peur qu'il produise encore une moisson aussi mauvaise. Je le laisse sous les regards de votre Honneur, et votre Honneur au contentement de son cœur, en souhaitant qu'il réponde toujours à vos souhaits, comme à l'attente et à l'espérance du monde.

Le très dévoué serviteur de votre Seigneurie, William Shakespeare

Ce texte suscite une question d'ordre chronologique et biographique : pourquoi Shakespeare désigne-t-il ce poème comme le premier-né de son invention, alors que nous savons par le pamphlet de Greene, publié un an avant, qu'il avait déjà fait représenter au moins la trilogie d'*Henri VI ?*

Shakespeare a peut-être écrit *Vénus et Adonis* avant *Henri VI* et attendu de trouver un mécène, ou un libraire (c'est-à-dire un éditeur) ou les deux, pour le publier. Ou bien il ne considérait pas son œuvre dramatique comme une véritable création littéraire. Idée étrange, mais qui peut s'appuyer sur le fait que Shakespeare ne semble pas avoir jamais pris l'initiative de publier lui-même ses œuvres théâtrales, alors que les deux grands poèmes narratifs portent les marques d'une publication voulue et surveillée par l'auteur.

Autre hypothèse, avancée par ceux qu'on appelle les *désintégrateurs* : Shakespeare avait des raisons de considérer ses premières œuvres comme non entièrement de lui, il n'avait fait que remanier des textes déjà existants, ou travaillé en collaboration avec d'autres auteurs. D'où cette tendresse paternelle à l'égard d'un poème entièrement écrit par lui.

La première des hypothèses, qui prend Shakespeare au mot et fait de *Vénus et Adonis* sa première œuvre, ne trouve guère de soutien chez les biographes. Elle contrarie la tradition qui veut que le Stratfordien venu accomplir sa destinée à Londres ait appris à écrire sur les planches, à improviser, à composer oralement, à souffler les répliques à ses camarades avant de les porter sur le papier. Grâce à cette vision un peu mythique celui qu'on appelle le Barde se distingue des *University Wits*. Il apparaît comme un produit de l'artisanat théâtral, un organe créé par la fonction scénique, un dramaturge professionnel se permettant des incursions dans la poésie, à l'inverse des poètes que la scène attirait mais qui n'en connaissaient pas tout le langage et la technique.

Mais faut-il opposer les poètes et les dramaturges ? L'œuvre de Shakespeare ne justifie pas un tel cloisonnement. On trouve dans ses poèmes narratifs ou lyriques non seulement des thèmes, des images, tout un matériau mental qu'on reconnaît comme shakespeariens, mais également des procédés d'écriture et de composition tout aussi typiques de leur auteur.

L'usage du vers, pour commencer. En son temps c'était presque une contrainte sociale. Le public n'imaginait pas que l'art dramatique pût se donner pour intention de restituer le langage ordinaire. Or écrire en vers n'est pas facile, mais cela s'apprend. Il n'y a rien d'incongru à supposer que Shakespeare ait commencé par là. Il serait injuste de considérer ses premiers poèmes comme des exercices. Ce sont des œuvres abouties, dont la versification est plus élaborée que celle des œuvres théâtrales, car l'auteur y pratique la rime et la forme strophique, alors que sur scène c'est le vers non rimé qui domine ; mais en tant que compositions littéraires elles apparaissent plus simples, plus linéaires.

Travaux de jeunesse, mais qui préparent la suite, et d'autant mieux qu'ils contiennent des éléments dramatiques. Les dialogues et les monologues y abondent, la déclamation potentielle appelle la voix. Curieusement ces romans en vers respectent les unités de temps, de lieu et d'action, contrairement aux œuvres écrites pour la scène, comme si Shakespeare avait voulu démontrer à ses futurs détracteurs qu'il connaissait les règles et savait les appliquer.

Symétriquement le théâtre de Shakespeare contient des quantités généreuses de substance narrative et poétique, des récits, des retours en arrière, des effusions lyriques, des descriptions, des commentaires sur les événements.

En bref nous ne saurons jamais si l'opus 1 de Shakespeare est vraiment sa première œuvre. On peut supposer que *Vénus et Adonis* a été précédé de brouillons, de *juvenilia* à tout jamais hors d'atteinte. Le fait demeure que les deux premières œuvres publiées par Shakespeare sont des poèmes narratifs, non des pièces de théâtre. De plus il a pris part à la publication, il a certainement porté lui-même les manuscrits à l'imprimeur, qui s'appelait Richard Field et venait de Stratford, il a lu et corrigé les épreuves – il suffit d'examiner attentivement les éditions originales pour s'en convaincre –, les deux fois il a rédigé une dédicace et l'a signée de son nom.

L'opération ne s'est peut-être jamais renouvelée. Il semble, d'après des indices concordants que Shakespeare n'ait plus jamais pris le soin de faire éditer lui-même ses œuvres. Cela fait partie des mystères ou des étrangetés qui entourent sa carrière. Les spécialistes, craignant de voir le public glisser dans l'hérésie anti-stratfordienne s'efforcent de calmer les esprits en rappelant que les pièces appartenaient aux compagnies théâtrales, un peu comme aujourd'hui les films appartiennent aux producteurs ou aux distributeurs, et que guidés par l'intérêt elles décidaient de les diffuser ou de ne pas les diffuser, sans donner aux auteurs une voix prépondérante et sans leur demander de participer à la mise en livres de leurs textes.

6. L'homme public

Les biographes orthodoxes ont beau jeu de faire remarquer qu'à partir de 1593 le mystère shakespearien – qui n'existe que négativement, par l'absence matérielle d'archives – se dissipe en partie, car les traces d'une présence à Londres et à Stratford commencent à apparaître. Elles font état d'une carrière d'acteur, d'auteur, de sociétaire de compagnie théâtrale, d'habitant de Londres et notable de Stratford. Rien d'insolite, mais à force de ne rencontrer que des données objectives on éprouve quelque frustration. Entre l'homme public, qui a laissé derrière lui des empreintes matérielles, et l'œuvre, où tous les types humains expriment et révèlent ce qu'ils ont de plus intérieur, l'espace reste vide, Shakespeare en tant qu'homme privé échappe à toutes les recherches.

Il a créé, ou dépeint, de nombreux personnages, mais lui-même ne semble occuper aucune place parmi eux. Balzac était dans la vie un personnage à la Balzac. On peut affirmer la même chose de beaucoup de créateurs, qui souvent savent exploiter leurs propres excentricités. De Shakespeare en tant qu'individu, nous ne savons rien. Les éloges posthumes de Ben Jonson sur la gentillesse de son caractère relèvent de la convention et s'arrêtent là. Sous la plume de ceux qui l'ont connu et parlent de lui, on ne trouve aucune anecdote personnelle, aucun portrait. Il n'est question que de l'auteur et de l'acteur. À croire que déjà de son vivant on le considérait comme une institution, comme une machine à produire des textes.

À propos de portraits, il en existe deux, plus le buste de Stratford, mais la gravure qui orne le livre publié en 1623 a été réalisée après sa mort, tandis que le tableau appelé le « Chandos », du nom de la famille ducale à laquelle il a appartenu, n'a jamais été authentifié.

Les *Sonnets*, publiés en 1609, font exception à ce parti pris d'impersonnalité, du moins en apparence. Pour une fois le *je* de l'auteur n'est pas un autre, il s'y désigne sans détour comme un poète-acteur prénommé *Will*. Il pratique le mode de la confession, de la méditation lyrique, il converse avec son dédicataire. Mais que révèle-t-il de lui-même ? Rien qui dépeigne un individu, un caractère. Des pensées, des passions, des tourments, qui malgré leur étrangeté ou à cause de leur étrangeté atteignent à l'universel.

À partir de 1593 on peut donc établir une chronologie assez serrée, quoique sèchement factuelle.

En 1594, trois publications portent le nom de Shakespeare : *Le Viol de Lucrèce*, *Titus Andronicus* et la seconde partie d'*Henri VI*. La même année il figure sur une liste d'acteurs rémunérés comme membres de la troupe du Chambellan, *The Lord Chamberlain's Men*. Le Chambellan n'était pas une sorte de mécène entretenant à ses frais une compagnie de comédiens, mais un dignitaire officiel chargé des fastes de la maison royale, maître des cérémonies, chef du protocole, organisateur de spectacles. Il dirigeait aussi le service de la censure. L'homme qui exerçait cette fonction en 1594, Henry Carey, baron

Hunsdon, avait quelque expérience en tant que protecteur des arts et des comédiens.

Les Hommes du Chambellan ne recevaient de l'argent royal que quand ils jouaient devant la cour. Ce salaire ne constituait donc pas l'équivalent des subventions d'aujourd'hui. Mais ce statut leur donnait un prestige qu'ils savaient exploiter auprès du public, à Londres et en province. Il leur arrivait aussi de participer aux festivités qui se donnaient dans des châteaux, à l'occasion de mariages notamment. Les liens avec la Couronne se renforcèrent en 1603, avec l'accession du roi d'Écosse au trône d'Angleterre. Jacques VI, devenu Jacques Ier, ami des arts et amateur de théâtre, prit la troupe sous son patronage direct. *Les Hommes du Chambellan* devinrent *Les Hommes du roi*.

Ce privilège n'empêchait pas la troupe de constituer une compagnie privée. Il n'y avait pas de directeur, elle fonctionnait de manière collégiale, et les revenus étaient répartis entre les sociétaires selon un système de parts et d'actionnariat.

Tout indique que Shakespeare s'est rapidement enrichi. Ce n'est probablement pas en tant qu'acteur qu'il est parvenu à la notoriété. D'après les renseignements qui subsistent, il n'interprétait que des rôles secondaires et épisodiques. Son succès se fonde sur son activité d'auteur principal de la compagnie. Celle-ci ne jouait pas uniquement du Shakespeare, mais une quarantaine de pièces en vingt ans de carrière ne peuvent pas manquer de créer une sorte de monopole et de spécialisation. L'argent gagné par Shakespeare retrouve partiellement le chemin de Stratford. C'est sans doute grâce à son fils que John Shakspere a pu se libérer de ses dettes et recouvrer une respectabilité que confirme en 1596 l'octroi d'un blason orné de la devise « Non sanz droict », en français. En 1597, Shakespeare acheta une maison appelée « New Place ». Quelques années plus tard, il fit, toujours à Stratford et dans la campagne environnante, des investissements, sous forme de champs et de pâturages qui, loués à des fermiers, lui rapportaient des revenus réguliers. Son installation à Londres où il vécut en locataire, ne l'empêcha donc pas de conserver des attaches à Stratford.

Son fils Hamnet y mourut en 1596, à l'âge de onze ans. Ses deux filles restèrent à Stratford et s'y marièrent, Susanna en 1607 avec un médecin, le docteur John Hall, Judith en 1616 avec Thomas Quiney, mauvais sujet notoire, fils d'un ancien maire de la ville avec qui Shakespeare avait entretenu des relations de créancier à débiteur.

Si d'un côté Shakespeare se réimplantait dans son Warwickshire natal grâce à la fortune amassée à Londres, une autre partie de celle-ci servit à des placements plus en relation avec son métier, à savoir la construction d'un théâtre, le Globe, sur la rive sud de la Tamise, érigé en 1599. Il n'en fut pas le seul promoteur et propriétaire. Les principaux maîtres d'œuvre étaient le célèbre acteur Richard Burbage et son frère Cuthbert. Ils construisirent le Globe sur l'emplacement d'un autre théâtre, qui s'appelait simplement Le Théâtre, et avait appartenu à leur père John Burbage.

7. Francis Meres

En tant qu'auteur, Shakespeare occupait une place plus importante que celle d'un modeste associé. En 1598, la publication par un certain Francis Meres (1565-1647) d'une sorte de panorama critique de la littérature anglaise le confirme. Ce livre, intitulé *Palladis Tamia*, c'est-à-dire *L'Intendant de Pallas*, et sous-titré *Wit's Treasury* (*Le Trésor de l'esprit*), contient un paragraphe sur Shakespeare.

Après l'avoir décrit comme l'héritier spirituel d'Ovide, et signalé que ses suaves sonnets – littéralement ses « sonnets sucrés », *sugred Sonnets* – circulent en privé parmi ses amis, Meres parle de son œuvre dramatique :

> De même que Plaute et Sénèque sont considérés comme les meilleurs auteurs de comédies et de tragédies chez les Latins, de même Shakespeare est celui qui excelle au théâtre dans ces deux genres ; pour la comédie, voyez ses *Gentilshommes de Vérone*, ses

Peines d'amour perdues, ses *Peines d'amour gagnées*, son *Songe d'une nuit d'été*, et son *Marchand de Venise ;* pour la tragédie son *Richard II*, son *Richard III*, *Henri IV*, *Le Roi Jean*, *Titus Andronicus* et son *Roméo et Juliette*.

Cette liste permet de dater au moins approximativement des œuvres pour lesquelles il n'existe pas de repères précis. À l'âge de trente-quatre ans, avant d'avoir écrit *Hamlet*, *Othello*, *Lear*, *Macbeth*, *Jules César*, *Antoine et Cléopâtre*, *La Tempête*, Shakespeare était déjà l'auteur le plus célèbre de son temps. Et mieux que de son temps : la comparaison avec Ovide, Plaute et Sénèque le place dans l'histoire.

La célébration de Shakespeare par ses contemporains peut partiellement expliquer pourquoi il ne s'empressait pas de publier ses œuvres. Il pensait peut-être qu'elles ne tomberaient pas dans l'oubli, que les manuscrits – les siens et ceux qui servaient aux acteurs – ne disparaîtraient pas. En quoi, il se trompait. Les manuscrits ont tous disparu, et certaines œuvres ont pu être perdues définitivement. Le *Peines d'amour gagnées* mentionné par Meres n'a jamais été retrouvé. Il s'agissait peut-être d'une suite donnée à *Peines d'amour perdues*, perdue, cette fois, pour la postérité.

8. De Londres à Stratford

Jusqu'en 1612, les documents indiquent, ou plutôt font deviner une activité intense, comme auteur plus que comme acteur. Publications et représentations se succèdent. La troupe joue des pièces nouvelles, elle joue aussi les plus anciennes, qui constituent donc déjà un répertoire. Mais il n'existe pas de journaux, pas de chroniques régulières. Même quand on entre dans le XVIIe siècle, et dans la période relativement paisible qui commence avec le règne de Jacques Ier, l'historiographie de la vie théâtrale continue de se bâtir sur des fragments, des allusions, des recoupements.

Dans le domaine de la vie privée, on ne trouve que quelques documents judiciaires, assortis de signatures, en elles-mêmes précieuses car il n'existe pas d'autre trace manuscrite de la production de Shakespeare. En 1612 il fut appelé à témoigner dans un procès qui opposait son ancien logeur, Christopher Mountjoy, au gendre de celui-ci, au sujet d'une dot non versée. Incidemment, Mountjoy et sa femme étaient français, réfugiés huguenots, bien qu'ayant anglicisé leur nom. Shakespeare cultiva peut-être la langue française à leur contact.

On trouve d'autres traces de Shakespeare, associées à des poursuites civiles contre des débiteurs récalcitrants. D'où l'accusation de mesquinerie portée parfois contre l'auteur du *Marchand de Venise*.

Les dernières années se passèrent à Stratford. Il est séduisant de se représenter Shakespeare comme une transposition dans la réalité de son Prospero, le duc exilé de *La Tempête* qui, après avoir exercé un pouvoir surnaturel comme roi d'une île enchantée, renonce à la magie et retourne à la vie quotidienne.

Mais Shakespeare échappe à tous les schémas, même à celui dont il semble avoir dessiné le mode d'emploi dans *La Tempête*. Le seul fait avéré est qu'à l'âge de quarante-huit ans environ il est retourné vivre à Stratford et qu'il s'y est comporté en habitant aisé, soucieux d'intérêts terre à terre, les siens et ceux de ses concitoyens. Rien ne prouve cependant qu'il ait renoncé au théâtre. Résider en province n'empêche pas d'écrire, ni même de travailler en collaboration avec d'autres auteurs. De plus, *La Tempête*, que l'on a parfois déchiffrée comme exprimant l'adieu de Shakespeare, n'est pas sa dernière œuvre. *Henri VIII* lui a succédé, fresque politique et patriotique qui, à sa façon, se met en parallèle avec le retour à Stratford : après les aventures fantastiques, retour à l'histoire contemporaine d'un auteur qui met son talent au service du réel et de l'ordre établi.

Un auteur, ou deux auteurs. Certains indices font supposer que John Fletcher (1579-1625) a pu collaborer avec Shakespeare. Celui-ci sentait-il sa vigueur diminuer ? A-t-il souhaité finir sa carrière par un effort humblement et généreusement pédagogique, en transmettant une partie de son savoir-faire à une nouvelle génération ? Ces questions demeurent sans réponse.

Si Fletcher est hypothétiquement associé à Shakespeare et à la composition d'*Henri VIII*, c'est parce que certains détails de langage et de versification rappellent son style, et aussi parce que leurs deux noms figurent ensemble sur la couverture d'une pièce publiée après leur mort, en 1634, *Les Deux Nobles Cousins*. C'est une adaptation pour la scène du *Conte du chevalier*, de Chaucer. Les experts sont divisés sur la part qui revient à l'un et à l'autre des deux auteurs. Il est raisonnable d'avancer que le retraité de Stratford a conseillé son jeune collègue, l'a aidé à construire et mettre au point sa pièce.

L'écriture est peu shakespearienne. Mais cette participation révèle indirectement qu'au cours de la dernière phase de sa vie Shakespeare n'a pas rompu avec le théâtre ni avec ses confrères. Une attitude ombrageuse et figée ne lui ressemble pas, ou du moins ne ressemble pas à l'idée qu'on finit par se faire de lui. On imagine un homme doué d'une grande capacité de détachement, mais jamais froid ni insensible ni arrogant. Il était sans doute pénétré de l'idée que l'artiste n'est pas un mage omniscient, que l'art, même arrivé à son point de perfection, ne résout pas les angoisses de l'existence. Mais on ne conçoit pas Shakespeare bâtissant une doctrine ou une morale, même implicite, sur le rejet de l'art et de l'esprit créateur. D'ailleurs le vandalisme sectaire ne date pas de notre siècle. Déjà du temps d'Élisabeth et de Jacques Ier, les puritains préparent leur révolte populiste et rigoriste. Ils promettent d'interdire les divertissements frivoles et élitaires, à commencer par le théâtre. Sur cette question comme sur beaucoup d'autres, le théâtre de Shakespeare prend parti. Sans aller jusqu'au militantisme satirique d'un Jonson, il est défavorable aux puritains.

Ceux-ci virent peut-être une intervention de la Providence dans l'incendie accidentel qui détruisit le Théâtre du Globe, en 1613, au cours d'une représentation d'*Henri VIII*. Shakespeare se trouvait sans doute à Stratford, éloigné de ses activités de naguère.

Il fit rédiger un testament un mois avant sa mort, le 25 mars 1616. Il mourut le 23 avril, le même jour que

Cervantes et pas vraiment le même jour, car le décalage entre le calendrier grégorien et le calendrier julien donnait à l'Angleterre dix jours de retard sur le Continent. On ne connaît pas la cause de sa mort. Il fut enterré dans le chœur de l'église anglicane de la Sainte-Trinité, à Stratford, près de chez lui. Sa femme est venue l'y rejoindre en 1623, son gendre John Hall en 1635, sa fille Susanna en 1649. Judith mourut sans descendance en 1662. Avec elle s'arrête la lignée familiale de Shakespeare.

Un buste représentant le poète, une plume à la main, se trouve dans une niche, sur la partie gauche du chœur. Le monument est attribué à Gheerart Janssen, sculpteur flamand. Sur la dalle qui couvre la tombe est gravée une inscription qui a donné lieu à des commentaires embarrassés, dubitatifs ou sarcastiques. C'est un quatrain dont voici une tentative de traduction, ou plutôt de transposition :

> Doux ami, pour l'amour de Jésus abstiens-toi
> De creuser la poussière enclose en cet endroit ;
> Que béni soit celui qui épargne ces pierres,
> Mais tu seras maudit, si mes os tu déterres.

La plupart des biographes trouvent ces vers indignes de leur auteur supposé, et regrettent qu'il ait été permis à un ami trop zélé de se faire si maladroitement son porte-parole posthume. Pourtant une épitaphe si saugrenue, cela ne s'invente pas. Le ton macabre, légèrement grotesque du quatrain, rappelle la scène du cimetière dans *Hamlet*. L'injonction funéraire a au moins été obéie, personne n'est venu secouer le squelette de Shakespeare, du moins physiquement.

9. L'hérésie anti-stratfordienne

Il y a des gens qui secouent intellectuellement la sépulture du dramaturge. On les appelle les anti-stratfordiens. Ils sont apparus au XIXe siècle et affirment que les œuvres attribuées à un paysan illettré qui s'appelait William

Shakspere, ou Shaxper, ont été écrites par quelqu'un d'autre, contraint de se dissimuler, et que ledit paysan du Warwickshire n'a fait que servir de prête-nom, de nègre à l'envers.

Il serait licite de ne pas les mentionner, mais le public attend des éclaircissements, surtout en France, où l'on s'entend parfois demander si Shakespeare a vraiment existé. En dehors du milieu des spécialistes, et de celui des professionnels du théâtre, qui reconnaissent Shakespeare pour un des leurs, dès que son nom survient dans une réunion mondaine la question à ne pas poser est immanquablement posée. La conversation dérive alors jusqu'à ce qu'un homme d'esprit y mette un terme en reprenant la plaisanterie de Bernard Shaw selon laquelle les œuvres signées William Shakespeare n'ont pas été écrites par William Shakespeare mais par quelqu'un qui s'appelait également William Shakespeare.

Il existe une catégorie de doctrinaires anti-stratfordiens pour qui la pirouette énoncée ci-dessus ne constitue pas une facétie. Ils affirment que le véritable auteur s'appelait ou se faisait appeler William Shakespeare et que, profitant de l'homonymie, l'acteur Shakspere s'appropria une gloire et une source de revenus qui appartenaient au précédent, lequel, tenu par un secret d'État ou d'alcôve, n'eut pas les moyens de défendre ses droits. La municipalité de Stratford est soupçonnée d'avoir entretenu ou même organisé la supercherie, avec le soutien intéressé de l'hôtellerie locale, qui depuis trois siècles prospère grâce à cette usurpation.

L'activité anti-stratfordienne prospère également, surtout aux États-Unis où des associations éditent des bulletins, diffusent des livres, font insérer des placards dans les journaux, organisent des réunions et même des procès. Leur but est de faire reconnaître leur candidat – il s'agit le plus souvent d'Edward de Vere, comte d'Oxford (1550-1604) – comme le vrai Shakespeare, et de réorienter la critique littéraire vers la biographie.

Il y eut quelques prémices à la fin du XVIIIe siècle. Cela commença par des soupçons sur la personne de Shakespeare. Des voix d'abord timides puis plus assurées s'élevèrent pour s'étonner qu'un individu si effacé, d'origine humblement provinciale et n'ayant pas bénéficié de l'enseignement universitaire, ait pu produire une œuvre si brillante, et si bien informée sur les mœurs des grands de ce monde. L'acteur du Globe n'était-il pas l'homme de paille d'un de ces grands qui, pour quelque raison, aimait à composer des pièces de théâtre mais ne tenait pas à le faire savoir ?

À ce jour, plusieurs dizaines de prétendants potentiels ont été trouvés, parmi lesquels la reine Élisabeth, et la plupart des pairs du royaume. Mais au commencement, le militantisme anti-stratfordien se concentra surtout sur Francis Bacon, Lord Verulam (1561-1626). Juriste, essayiste, homme d'État, savant et philosophe – c'est l'un des fondateurs de la philosophie des sciences –, il avait du génie et de l'érudition ; il correspondait en cela au portrait préétabli du véritable auteur selon les anti-stratfordiens.

À force de chercher, les baconiens trouvèrent quelques indices exploitables, mais finirent par des divagations de plus en plus insensées, de sorte qu'ils n'ont plus guère de représentants aujourd'hui. Par exemple, pour faire comprendre le mobile de ce suspect principal, on faisait de lui le fils clandestin de la reine Élisabeth et du comte de Leicester. Il le savait, se considérait comme l'héritier légitime de la couronne, et écrivit toute son œuvre théâtrale pour défendre ses droits, mais de façon codée. Et pour se mettre à l'abri des poursuites que ses revendications dynastiques risquaient de lui attirer, il couvrit ses œuvres du nom de William Shakespeare, provincial naïf qui pouvait d'autant moins deviner le contenu subversif des textes qu'il ne savait ni lire ni écrire. Il n'y a pas de limites au délire des baconiens. Ils ont échafaudé des labyrinthes prétendument cryptographiques pour démontrer qu'à chaque fois que les lettres *b-a-c-o-n* figurent dans un texte, elles ne sont pas mises là par hasard, elles constituent une signature chiffrée.

Parmi les autres prétendants figure William Stanley, comte de Derby, qui vécut de 1561 à 1642 et qui, frère de Ferdinando Stanley, Lord Strange, appartenait à une famille que Shakespeare a certainement fréquentée. Le soutien à la candidature de Derby est un peu une spécialité française, elle a été défendue par des universitaires comme Abel Lefranc et Georges Lambin.

L'hypothèse Stanley se heurte aux mêmes objections que les autres. Il n'y a aucune preuve, aucune vraisemblance non plus. Une pièce de théâtre ne ressemble pas à un roman, qu'un auteur masqué peut publier anonymement, comme Walter Scott, ou sous un nom d'emprunt, comme le firent Henri Beyle ou Romain Gary, le secret n'étant connu que de quelques personnes, ce qui ne l'empêcha de se répandre rapidement. Mais au théâtre, comment garder un tel secret ? La pièce doit être recopiée en de nombreux exemplaires, distribuée aux acteurs, répétée collectivement, éventuellement remaniée et adaptée aux conditions scéniques et autres qui peuvent changer quand la compagnie se déplace.

Il est vrai que beaucoup d'œuvres, théâtrales et autres, sont restées anonymes. Mais il n'y a aucune analogie entre la modestie qui pousse un auteur à publier ses œuvres anonymement, ou à ne pas les publier du tout – comme Shakespeare – et l'excentricité qui pousserait un écrivain à faire signer ses œuvres par quelqu'un d'autre, choisi pour son incompétence.

Si Shakespeare avait été le rustre balourd que décrivent les anti-stratfordiens, comment aurait-il pu dissimuler son imposture à ses collègues ? Ceux-ci devaient donc participer au complot, et de proche en proche tout le monde à Londres devait connaître la vérité. Que personne n'ait jamais rien révélé n'est simplement pas croyable. Que Stanley, par exemple, mort en 1641, c'est-à-dire vingt-cinq ans après Shakespeare, ait laissé ses œuvres circuler sous un autre nom que le sien, et que ses héritiers n'aient jamais rien fait pour lui rendre la place qui lui revenait dans le Panthéon littéraire, contient une dose d'invraisemblance qui pèse infiniment plus lourd que les quelques coïncidences onomastiques et anecdotiques que ses lointains partisans ont mis des années de recherches à trouver et à exploiter laborieusement.

Aujourd'hui la plupart des anti-stratfordiens actifs se trouvent aux États-Unis et appartiennent à la branche oxfordienne qui, comme indiqué plus haut, soutient la candidature d'Edward de Vere, comte d'Oxford, pair du royaume assez remuant et poète à ses heures. Sa mort en 1604 devrait pourtant dissuader quiconque d'adhérer à une telle campagne, car il est établi qu'après cette date des pièces de Shakespeare ont été produites pour la première fois, sur diverses scènes. Les oxfordiens ne se laissent cependant pas démonter. Ils ont pour tactique de répondre à toutes les objections, de contre-attaquer, d'entretenir un débat permanent. Ils recourent à la spirale argumentative qui consiste à justifier des hypothèses par d'autres hypothèses, sans fin. Ils disent qu'à sa mort, le comte d'Oxford a laissé un stock de chefs-d'œuvre dans lequel l'escroc de Stratford n'a eu qu'à puiser. Pourquoi la famille et les amis du comte l'ont-ils laissé faire ? Parce qu'ils avaient peur. Peur de qui, peur de quoi ? Le roman devient captivant. Pour en savoir plus, se reporter aux ouvrages écrits par les propagateurs de la foi oxfordienne, depuis le fondateur J.T. Looney (*Shakespeare Identified*... 1920) jusqu'aux champions actuels, Charlton Ogburn, Russell Des Cognets, Stephanie Capuana.

Un seul fait réellement troublant plaide en faveur d'Oxford : il avait pour beau-père William Cecil, Lord Burghley, le fidèle ministre d'Élisabeth qui a probablement servi de modèle à Polonius, dans *Hamlet*. Une lettre à son fils Robert ressemble aux recommandations sentencieuses que Polonius adresse à Laertes. Comment Shakespeare a-t-il pu avoir connaissance de ces documents familiaux ?

Mais il se trouve que cette source pouvait également alimenter la verve de Stanley : il avait épousé Elizabeth de Vere, petite-fille de William Cecil et avait donc le comte d'Oxford pour beau-père. Les anti-stratfordiens ont beau faire l'union sacrée, leurs revendications s'annulent mutuellement. Quant à la question de la ressemblance entre Cecil et Polonius, il est toujours possible de lui trouver une réponse, à force d'imagination et d'ingéniosité. Mais la manière dont les anti-stratfordiens font fonctionner leur imagination constitue un modèle à ne pas imiter.

On éprouve parfois un plaisir pervers à lire la prose des anti-stratfordiens. Il y a quelque chose de fascinant et de provocant dans ce révisionnisme opiniâtre qui cultive le paralogisme et le cercle vicieux jusqu'à en faire un discours de la méthode. Un de leurs arguments favoris consiste à affirmer que, comme il était jugé indigne d'un grand seigneur d'écrire pour le théâtre, le véritable auteur a dû se dissimuler sous l'identité d'un histrion vulgaire. Le raisonnement peut donc se résumer ainsi : « Un grand seigneur ne devait pas écrire pour le théâtre, *ergo* les pièces de Shakespeare ont été écrites par un grand seigneur. »

Autre pseudo-syllogisme : si on ne trouve aucun témoignage prouvant qu'Oxford a écrit les œuvres en question, c'est parce que ces documents ont été détruits. Or s'ils ont été détruits, c'est qu'ils existaient. Conclusion : Oxford est bien l'auteur.

Les anti-stratfordiens rendent un hommage immérité aux universitaires quand ils postulent que seul un homme ayant bénéficié de l'enseignement supérieur peut avoir écrit les œuvres de Shakespeare. L'état actuel de l'enseignement dans le monde et particulièrement aux États-Unis empêche de concevoir qu'il fut un temps où un écolier de douze ans connaissait la mythologie et lisait Ovide.

Certains stratfordiens ont répondu de façon maladroite, en faisant de Shakespeare un poète instinctif, peu instruit et inapte à la spéculation intellectuelle. En réalité il avait une culture très vaste. Il n'y a jamais eu d'homme plus cultivé que Shakespeare, puisque tout ce qu'il avait lu, vu, entendu et vécu était devenu consubstantiel à son esprit. Mais il avait une curiosité d'autodidacte, universelle plutôt qu'universitaire. Cela se traduit par une sorte d'encyclopédisme diffus, pittoresque, étalé parfois sans restriction, quoique non dénué d'exigence intellectuelle. Les plantes, l'agriculture, les animaux et particulièrement les oiseaux, la chasse, le droit, l'art militaire, la théologie, la sorcellerie, la magie, la divination, la mythologie, la politique, la diplomatie, les mœurs, les rites et les coutumes, les mentalités, la médecine et la pharmacie, les arts et particulièrement la musique, la navigation, l'équitation, les fêtes, l'histoire, la cosmogonie, les jardins et les paysages, l'humanité dans tous ses états, bien entendu, sociaux et individuels, ainsi que le folklore, les proverbes, la rhétorique, la poésie et le théâtre lui-même, constituent un inventaire de tout ce qui donnait aux hommes de la Renaissance le sentiment d'habiter un monde intelligible.

Mais cet inventaire et les certitudes qu'il contient n'auraient qu'un intérêt historique s'il n'était transfiguré par l'art, mis à distance par la pensée, l'ironie ou la pitié, soumis aux lois poétiques du langage.

C'est pourquoi la querelle qui oppose les stratfordiens aux anti-stratfordiens porte sur la source même de la création littéraire, plus encore que sur une pseudo-énigme policière. Pour les anti-stratfordiens, l'art n'est qu'un phénomène issu de la vie, le véritable auteur un homme d'action et d'expérience, nanti d'une biographie aussi tumultueuse et passionnante que son œuvre. Un homme du monde amateur de théâtre, alors que les stratfordiens voient en Shakespeare un homme de théâtre spectateur du monde, conscient du hiatus et de la différence de nature qui existent entre l'art et la vie.

10. La publication des œuvres de Shakespeare

Aucun manuscrit ne subsiste aujourd'hui. Les œuvres connues de Shakespeare ont été publiées de 1593 à 1623. Les manuscrits ont probablement disparu après cette date, car les éditions qui à partir de 1632 se sont succédé abondamment jusqu'à nos jours sont fondées sur les textes imprimés précédemment.

La situation est complexe. À partir du XIXe siècle, des spécialistes ont examiné à la loupe – au sens propre – les textes en question, et ont créé une véritable science bibliographique. Sans connaître le nom des ouvriers typographes qui travaillaient dans les imprimeries, certains érudits en arrivèrent à reconnaître page après page la main de tel ou tel, d'après la forme des lettres, la disposition des vers, la graphie des mots, la ponctuation, et autres détails techniques.

Les éditions originales contiennent de nombreuses coquilles. Or la richesse, l'archaïsme et la bizarrerie du langage shakespearien font qu'il n'est pas toujours facile de deviner ce qui se trouvait dans un manuscrit mal lu, déformé par une malfaçon. Les Sherlock Holmes de l'investigation typographique, ayant acquis une sorte de connaissance personnelle des divers compositeurs, savent quelles étaient pour chacun d'eux les défaillances, les répétitions mécaniques, les erreurs de lecture ou de manipulation les plus fréquentes.

En dehors de ces minuties, l'établissement du texte présente des difficultés d'un autre type, mais plus épineuses encore, quand il s'agit de choisir entre plusieurs versions d'une même œuvre. Voici les faits : en plus des œuvres poétiques, dix-sept pièces ont été imprimées durant la vie de Shakespeare, séparément, en volumes de format in-quarto. On appelle ces livres les in-quartos, ou comme en anglais, les *Quartos*. À ces dix-sept s'ajoute la publication d'*Othello* en 1622, dans le même format.

Les spécialistes divisent les *Quartos* en deux catégories contrastées : les bons et les mauvais. En réalité aucun *Quarto* n'est complètement bon, aucun complètement mauvais, et il existe un état intermédiaire. Ce qu'on appelle un bon *Quarto* semble avoir été imprimé à partir d'un manuscrit complet et authentique. On suppose qu'après avoir exploité le succès d'une nouvelle pièce la compagnie décidait de la vendre à un libraire pour en tirer un bénéfice supplémentaire. L'œuvre tombait dans le domaine public, une autre compagnie pouvait s'en emparer.

C'est sans doute cet aspect commercial et concurrentiel des textes dramatiques qui explique l'existence des « mauvais *Quartos* », appelés aussi « *Quartos* pirates ». Certains libraires, désireux de profiter du succès remporté par une pièce sans traiter avec la compagnie propriétaire, s'emparaient frauduleusement du texte et le faisaient imprimer. Mais comme les textes étaient bien gardés, leur capture ne se faisait pas sans qu'ils fussent malmenés et même mutilés.

Parfois des sténographes transcrivaient comme ils pouvaient une pièce pendant une ou plusieurs représentations. Ou bien un acteur vendait au libraire ce qu'il connaissait d'une pièce : son rôle, et ce qu'il se rappelait des autres rôles, les scènes où il jouait étant naturellement mieux mémorisées que celles où il ne jouait pas. Les typographes ajoutaient leurs erreurs aux transcriptions brouillonnes dont les fournisseurs disparaissaient après avoir empoché la récompense de leur larcin, sans se soucier de revenir corriger les épreuves. Il en résulte des textes estropiés, mais qui contiennent des éléments exploitables et permettant de compléter les versions officielles.

Les prétendus bons *Quartos* ne sont pas non plus des modèles de propreté ni de rigueur éditoriale. Les fautes abondent, la prose est quelquefois imprimée comme des vers, les vers comme de la prose. La liste des personnages n'est pas donnée ; il y a peu d'indications de scène, en dehors des entrées et sorties de personnages. Il n'y a pas de divisions en actes et en scènes. Le nom de Shakespeare figure sur la couverture dans la plupart des cas ; on y trouve aussi des sous-titres et résumés pittoresques, comme dans le *Quarto* de *Richard III* :

LA TRAGÉDIE DU ROI RICHARD III

> Ses perfides complots contre son frère Clarence ; le meurtre pitoyable de ses innocents neveux ; son usurpation tyrannique ; avec le cours entier de sa détestable vie et de sa mort ô combien méritée. Ainsi qu'elle a été jouée récemment par les serviteurs du Très honorable Chambellan.

Pour une fois le nom de l'auteur n'est pas indiqué. On trouve en revanche au bas de la page le nom de l'imprimeur et celui de l'éditeur-libraire, sous la forme suivante :

À LONDRES
imprimé par Valentin Sims, pour Andrew Wise,
qui demeure au cimetière Saint-Paul,
à l'enseigne de l'Ange.
1597

Il peut s'être passé un certain temps entre la composition et la publication d'une œuvre, mais grâce à ces datations, nous savons au moins que telle pièce a été écrite au plus tard en telle année. On suppose que les *Quartos* pirates étaient imprimés peu de temps après les premières représentations, pour profiter de l'effet de nouveauté, alors que les versions plus officielles n'étaient fournies aux libraires que plus tard.

Voici la chronologie des *Quartos*. Les astérisques indiquent les éditions pirates. Quand il y a deux dates, il s'agit non pas d'une réédition, mais de deux éditions différentes, la première étant généralement piratée. Dans ce cas l'astérisque se trouve devant la date :

Titus Andronicus (1594)
* *2e partie d'Henri VI* (1594)
* *3e partie d'Henri VI* (1595)
Richard II (1597, 1608)
Richard III (1597)
Roméo et Juliette (* 1597, 1599)
Peines d'amour perdues (1598)
1re partie d'Henri IV (1598)
2e partie d'Henri IV (1600)
* *Henri V* (1600)
Le Songe d'une nuit d'été (1600)
Le Marchand de Venise (1600)
Beaucoup de bruit pour rien (1600)
* *Les Joyeuses Commères de Windsor* (1602)
Hamlet (* 1603, 1604)
* *Le Roi Lear* (1608)
Troilus et Cressida (1609)
* *Périclès* (1609)
Othello (1622)

11. Le Folio

On revient aux œuvres dramatiques avec le fameux in-folio ou *Folio* de 1623, publié sept ans après la mort de Shakespeare. Sur les mille exemplaires du tirage initial il en reste environ cent cinquante, devenus objets de musée. C'est un volume de 910 pages, imprimé feuille par feuille, de 34 cm de hauteur sur 25 cm de largeur. Le texte des pièces est présenté sur deux colonnes.

On trouve d'abord une adresse en forme de dixain, écrite par Ben Jonson. Il invite le lecteur à regarder le portrait de Shakespeare qui figure sur la page de droite, dû au graveur flamand Martin Droeshout, et surmonté par le titre de l'ouvrage :

> *Les comédies, drames historiques et tragédies de M. William Shakespeare, publiés d'après les manuscrits authentiques et originaux.*

Au bas de la page on lit

LONDRES, imprimé par Isaac Jaggard et Ed. Blount, 1623.

Viennent ensuite plusieurs pages de dédicaces et avant-propos : une épître adressée au comte de Pembroke et à son frère Philip, comte de Montgomery, par les deux acteurs et amis de Shakespeare qui furent les artisans de cette édition, John Heminge et Henry Condell. Dans un autre texte, ils annoncent que pour la première fois le public pourra lire les textes complets et originaux. Seules circulaient jusque-là, disent-ils,

> des copies volées, frauduleuses, mutilées et déformées par la malhonnêteté et les falsifications des imposteurs infâmes qui les ont répandues...

Suit un second poème de Ben Jonson, dédié à la mémoire de son confrère. En quatre-vingts vers, l'auteur de *Volpone* parcourt l'histoire de la poésie et du théâtre, de l'antiquité grecque à l'Angleterre contemporaine, berceau d'un nouvel Âge d'Or de la littérature, et assigne à Shakespeare la première place. C'est dans ce texte que se trouve le vers célèbre :

> *He was not of an age, but for all time !*

Il n'appartenait pas seulement à son temps, mais il écrivait pour l'éternité. Jouant une fois de plus sur son nom, Jonson attribue à Shakespeare un rôle inattendu de maître à penser, de pourfendeur de l'obscurantisme :

> ...il paraît secouer une lance,
> Comme pour la brandir aux yeux de l'Ignorance.

Les pages suivantes contiennent trois autres dithyrambes, composés par trois poètes d'inégales renommées, Hugh Holland (1603-1633), Leonard Digges (1588-1635), le plus connu, et James Mabbe (1572-vers 1642). Au milieu de tout cela se trouve la table des matières, puis une liste de vingt-six acteurs ayant interprété les œuvres. William Shakespeare y est cité en premier. Parmi eux on reconnaît des noms encore célèbres aujourd'hui, Richard Burbage, William Kempe, Robert Armin.

Le *Folio* contient trente-six pièces, dont dix-huit

n'avaient jamais été imprimées auparavant. Elles se succèdent en trois groupes, les Comédies, les Pièces historiques, les Tragédies.

On remarque l'absence de *Périclès, prince de Tyr*. L'inclassable *Troilus et Cressida*, absent de la table des matières, se glisse entre les drames historiques et les tragédies.

C'est par *La Tempête* que commence la série des comédies, disposées dans un ordre qui ne correspond pas à ce que nous savons ou devinons des dates de composition. De même, les tragédies. Les drames historiques se suivent dans l'ordre chronologique des événements, et vont donc du *Roi Jean* à *Henri VIII*.

Le Conte d'hiver figure parmi les comédies, et *Cymbeline* parmi les tragédies. Les critères actuels les font entrer en commun dans la catégorie des tragi-comédies fabuleuses.

Contrairement à ce qu'affirment Heminge et Condell, la publication du *Folio* ne rend pas caduques les éditions antérieures. Dans beaucoup de cas ils disposaient de versions meilleures et plus complètes que celles qui avaient servi de base aux éditions pirates. Sinon les manuscrits de l'auteur, qui avaient probablement déjà disparu en 1623, au moins des textes utilisés par le souffleur de la troupe et les acteurs. Mais quand pour certaines on compare le *Folio* avec un précédent *Quarto*, on s'aperçoit que les éditeurs ont pris ce dernier pour modèle : mêmes graphies, même ponctuation, mêmes erreurs. Ils ne disposaient donc plus d'un manuscrit utilisable et ont dû recourir à ces éditions décriées.

Dans plusieurs cas, ceux de *Hamlet* et d'*Othello* notamment, des différences importantes séparent le *Quarto* du *Folio* : des variantes, phénomène fréquent dans la littérature dramatique, mais aussi des coupures ou des ajouts, l'un des deux textes contenant des passages, parfois assez longs, que l'on ne trouve pas dans l'autre. Naguère on postulait que la meilleure façon de se rapprocher de l'état idéal du texte était d'amalgamer tout le matériau provenant des diverses sources, y compris éventuellement les plus contestables, et en cas de variantes portant sur un mot ou une expression, de choisir la lecture paraissant la meilleure, sans préférer *a priori* tel ou tel texte. Depuis quelques années certains éditeurs adoptent une autre attitude. Ils partent de l'idée que si les textes diffèrent, c'est parce que Shakespeare a fait représenter au cours de sa vie plusieurs versions sous un même titre (ou peut-être sous des titres différents), que chacune possède sa cohérence, son harmonie, son rythme, et que la méthode du rapiéçage accumulatif, visant à réunir un texte complet à partir de plusieurs textes jugés incomplets, ne peut aboutir qu'à une compilation artificielle, laborieusement reconstituée dans un laboratoire, au mépris de l'élan vital dont est créditée toute œuvre d'art. Les éditeurs en question s'en tiennent donc à une version unique, quitte à ajouter en note et en appendice le matériau écarté.

En réalité cette théorie, qui ne concerne que quelques œuvres, principalement *Hamlet*, *Othello*, *Lear*, repose sur le postulat invérifiable que Shakespeare a réécrit ses pièces à l'occasion de diverses circonstances. L'autre doctrine pose en principe que l'existence de versions différentes vient non des repentirs et fluctuations de l'auteur, mais des accidents propres à la transmission des textes en un temps qui, en amont de l'imprimerie, ne connaissait que la plume d'oie, et où les copistes étaient mal payés, donc mal nourris et surmenés. Cette hypothèse paraît plus plausible car malgré les variantes et les coupures – ou ajouts – une comparaison attentive des textes en litige ne donne guère l'impression qu'on ait affaire à des compositions différentes, comme dans le cas des œuvres théâtrales de Claudel.

Même quand les éditeurs, depuis la fin du XVIIe siècle jusqu'à nos jours, prétendent fournir un texte authentique, celui-ci présente des différences importantes avec les originaux. La graphie est modernisée, régularisée, la ponctuation également, au détriment de la respiration oratoire des tirades ; des indications de scènes sont ajoutées, ainsi que la liste des personnages et la division en actes et en scènes, parfois absentes ou incomplètes à l'origine.

En langage technique les corrections s'appellent *émendations* : les coquilles, les lacunes, les répétitions accidentelles, les irrégularités prosodiques, les inconséquences, les obscurités, suscitent des conjectures qui tentent de deviner ce que Shakespeare a écrit. Cela a commencé dès l'impression du premier *Folio* : d'un exemplaire à l'autre on voit des modifications. Il est vrai que les premiers éditeurs s'appuyaient sur des manuscrits. Leurs successeurs ont fait fonctionner leur intuition et leur ingéniosité. Depuis le second *Folio*, publié en 1632, chaque éditeur a introduit des corrections nouvelles et annulé en partie celles de ses prédécesseurs, provoquant parfois des querelles violentes, comme celle qui à partir de 1726 opposa Alexander Pope à Lewis Theobald.

Les éditeurs d'aujourd'hui ne s'avancent plus que prudemment dans les corrections. Ils reviennent au texte original, quitte à indiquer en bas de page les émendations habituellement proposées. Il arrive aussi qu'à force de réflexion et de recherches on arrive à comprendre le sens d'un texte autrefois considéré comme victime d'un défaut de transmission.

Il y a un autre point sur lequel les éditeurs se montrent également moins aventureux qu'au commencement de ce siècle, quand certains d'entre eux, revendiquaient le titre pourtant inquiétant de *désintégrateurs*. Convaincus que Shakespeare n'avait pas toujours travaillé seul, ils se donnaient pour tâche de déceler la part due aux collaborateurs. Cela avait pour conséquence de disjoindre des pans entiers de l'œuvre publiée sous son nom, surtout dans sa première phase. Ces théories et ces méthodes ne sont plus guère pratiquées, mais curieusement c'est dans des œuvres tardives, telles que *Macbeth* ou *Cymbeline* en plus de *Périclès* et *Henri VIII*, que certains critiques continuent de soupçonner des interventions étrangères.

12. La datation des œuvres

Les historiens aimeraient connaître la date de composition de chacune de ces œuvres. De plus, connaître les dates dans l'absolu, c'est aussi les connaître les unes par rapport aux autres, et donc savoir que telle pièce est antérieure ou postérieure à telle autre. Dans la série historique, on peut affirmer que les trois parties d'*Henri VI* ont été écrites successivement et que *Henri V* est venu après *Henri IV*. Mais entre *Macbeth* et *Lear* ou entre *Coriolan* et *Antoine et Cléopâtre* personne ne peut établir à coup sûr un ordre chronologique.

On ne connaît aucune date avec précision, mais on dispose d'informations qui permettent de serrer la vérité : les dates de publication des *Quartos*, précédées des dates d'inscription au Registre des Libraires (*Stationers' Register*) qui suivaient celles de l'examen des textes par la Censure, des annonces ou des comptes rendus de représentations, ainsi que des documents comptables faisant état des rémunérations versées aux acteurs. Ces témoignages font partie des preuves *externes*.

Il y a aussi les preuves *internes*, contenues dans le texte. Les plus manifestes ne sont pas forcément les plus probantes. Il s'agit des allusions à des événements contemporains. Par exemple, dans *Henri V* le Chœur parle de l'expédition du comte d'Essex en Irlande, ce qui situe la représentation entre mars et septembre 1599. Il y a peu de détails de ce genre dans Shakespeare.

Les véritables preuves internes se trouvent dans l'écriture. Shakespeare n'a pas cessé d'évoluer, de changer de style, de conception esthétique, tout en restant lui-même. Ce sont des notions difficiles à saisir, mais l'un des aspects de cette écriture permet des évaluations mesurables : la versification. Grâce à elle, on peut déterminer la date, au moins relative, d'une pièce.

On dispose de révélateurs qui reflètent une évolution profonde, visible, mais qui entraînent des appréciations différentes. Il y a trois grandes tendances chez les critiques dans leur façon de se représenter et d'expliquer l'évolution de la pensée créatrice de Shakespeare.

La plus traditionnelle considère le travail du dramaturge comme un métier qui s'apprend, qui demande de l'expérience. Selon cette doctrine, la perfection ne s'obtient qu'au bout d'un cheminement plus ou moins long. La carrière artistique de Shakespeare doit correspondre à une conquête progressive, les premières œuvres se caractériser par des défauts juvéniles, les dernières par un aboutissement peut-être un peu froid et abstrait.

La seconde théorie, souvent soutenue au XIXe siècle, voit dans l'évolution de Shakespeare un reflet de sa vie et de sa personnalité. À une jeunesse ardente et pleine de joie de vivre succède une période mélancolique, où s'expriment le scepticisme, l'amertume, voire la révolte. Puis vient la période finale. Les tumultes intérieurs se calment, laissent la place à une sérénité hautaine. Sur le seuil à moitié franchi d'un mysticisme solitaire, l'auteur tourne définitivement le dos au public.

La troisième conception, ni artisanale ni psychologique et jugée ici préférable aux deux autres, interprète l'évolution de l'esthétique shakespearienne comme un phénomène artistique *sui generis*. Il y a un approfondissement, une intériorisation progressive des thèmes et de la vision. Cela n'entraîne pas des différences flagrantes de qualité, car il y a toujours une harmonie naturelle entre le style et le sujet traité. *La Mégère apprivoisée* et *Titus Andronicus* sont des œuvres de jeunesse. La verve bouffonne de l'une, la brutalité histrionique de l'autre, appartiennent à la jeunesse. Il ne faut pas en déduire que Shakespeare aurait fait du meilleur travail s'il avait traité les mêmes scénarios quinze ans plus tard. Chacune est venue en sa saison et il y a une maturité propre à la jeunesse.

III

POÉSIE ET POÈMES

Il a été indiqué que peu de spécialistes considèrent *Vénus et Adonis* comme sa première œuvre. Ils s'appuient sur des documents, faisant état d'activités théâtrales antérieures à 1593. Ils s'appuient aussi sur la conviction que c'est la matrice du théâtre qui a fait naître Shakespeare à l'écriture, contrairement à ce qui s'est passé pour nombre de ses contemporains.

Certains biographes avancent même que c'est pendant une épidémie de peste ayant entraîné la fermeture des théâtres que Shakespeare désœuvré écrivit *Vénus et Adonis* et *Le Viol de Lucrèce*. Il n'y a de cela aucune preuve. Ces poèmes peuvent avoir été composés dix ans plus tôt et laissés en réserve. Mais la question des dates et des antériorités n'a pas une grande importance. Il s'agit de décider si la poésie et le théâtre constituent des domaines séparés. Il est au contraire permis de penser que le théâtre est une forme exaltée de la poésie.

Par la vertu de la mimésis, ce qui se passe sur la scène paraît naturel, proche des préoccupations de chacun. Pourtant dès que les acteurs s'expriment, ils émettent une sorte de musique, ils parlent un langage insolite, ouvragé. La violence des événements, l'âpreté des passions, ne sont ni adoucies ni amplifiées par le langage poétique, mais transfigurées.

Shakespeare s'exprime dans une langue archaïque, qui n'existe plus. En réalité elle n'a jamais existé. Une périphrase courante dit de l'anglais que c'est « la langue de Shakespeare ». Au sens strict la langue de Shakespeare n'appartient qu'à lui, et elle a pour inconvénient une grande difficulté, surtout quand elle perd le support de la vocalité théâtrale. Grâce à celle-ci une sorte de miracle se produit parfois, la langue littéraire atteint les zones réceptives du cerveau, la poésie se matérialise. L'auditeur le moins sensible entend la beauté des sons, l'ingéniosité des tournures, la vigueur des paroles.

Cela commence par un rituel, la déclamation versifiée, sorte de convocation formelle que la poésie s'adresse à elle-même, et à laquelle elle répond quand à l'habileté de la facture s'ajoute la sincérité de l'incantation.

1. La versification de Shakespeare

La mise en forme du langage au moyen de la versification, constitue un domaine mal connu, même dans les pays de langue anglaise. Le public se contente souvent de l'idée vague selon laquelle le vers de Shakespeare est également une chose vague, non régi par des normes. Parce que le vers le plus souvent utilisé par Shakespeare n'est pas balisé par des rimes et qu'on le désigne par le terme collectif de *blank verse*, il se produit un glissement qui fait du vers blanc un précurseur du vers libre, une sorte de prose rythmée ou de récitatif oratoire.

La réalité est différente. Pour commencer, le théâtre shakespearien ne dédaigne pas les vers rimés. En dehors des poèmes proprement dits, l'œuvre dramatique contient quelque 7 800 vers rimés, contre environ 68 500 non rimés. De son côté la prose représente un peu plus du quart du volume total.

De même que la prose les rimes sont inégalement réparties et ont des fonctions variées. On les trouve plus fréquemment dans les comédies que dans les tragédies, et leur nombre diminue avec le temps. Ainsi dans *Peines d'amour perdues* il y a plus de vers rimés (1036) que de vers non rimés (688), de même que dans *Le Songe d'une nuit d'été* (945 contre 764). Ces deux œuvres se situent non loin du commencement de la carrière de Shakespeare. À l'autre bout, dans *Le Conte d'hiver*, le dialogue dramatique ne contient pas une seule rime. On n'en trouve que dans le prologue chorique du quatrième acte et dans les chansons d'Autolycus. Les vers rimés en effet ont souvent une fonction non dramatique, on les trouve dans les chansons, poèmes récités en tant que tels et produisant un effet dit de « mise en abyme », oracles, prologues, épilogues, qui se situent en dehors de l'action.

Il arrive cependant aux vers rimés de s'insérer dans le dialogue, et même en majorité, puisque leur nombre s'élève à 5 400 environ. Dans ce cas ils ont encore une fonction distinctive, par contraste avec les vers non rimés. Sous forme de distiques ou de quatrains isolés, ils marquent la fin d'une scène, la sortie d'un personnage, la péroraison d'une tirade, l'expression d'une pensée aphoristique ou prophétique, la proclamation d'une promesse ou d'une volonté engageant l'avenir. Dans ce dernier cas il arrive que le claquement sonore de la rime produise un effet ironique. Quand des tirades ou des scènes entières sont écrites en vers rimés, il en résulte presque toujours un climat lyrique, voire fantastique, parfois bouffon. Par exemple, dans *Tout est bien qui finit bien*, la scène (II.I.) où Hélène de Narbonne convainc le roi de France, miné par une maladie mortelle, d'accepter le remède que lui a légué son père, commence en vers blancs puis par une modulation, passe au vers rimé, au moment où le charme de l'éloquence commence à agir, et où les deux personnages, soudain isolés de ce qui les entoure, semblent soulevés par une force mystique.

Rimé ou non rimé, le vers utilisé par Shakespeare et par ses contemporains dans le dialogue dramatique est généralement connu sous deux désignations différentes et concurrentes : le *décasyllabe ïambique* et le *pentamètre ïambique*. Malgré la présence du même adjectif, elles impliquent des doctrines différentes.

L'expression *décasyllabe ïambique* établit une distinction entre les deux coordonnées qui régissent l'écriture versifiée : le mètre et le rythme. Le mètre concerne la longueur, ou la durée de chaque vers. Quand un poète décide de donner à tous ses vers une durée approximativement égale, le récitant devra émettre des tranches vocales calquées sur un modèle immuable, qui correspond le plus souvent à la durée d'une expiration tranquille. La déclamation versifiée conduit l'auteur à calibrer la construction des phrases, voire la pensée elle-même, sur la respiration. C'est une façon de soumettre l'esprit au corps, non pour l'humilier mais pour lui imposer une gymnastique, pour maintenir l'harmonie entre les éléments physiques et mentaux qui composent la parole.

Au phrasé mélodique s'ajoute la pulsation rythmique. La langue anglaise offre une distinction contraignante et perceptible entre syllabes faibles et syllabes fortes, c'est-à-dire inaccentuées et accentuées. Pour créer un rythme régulier, les poètes choisissent et juxtaposent les mots de façon que les accents reviennent avec plus de périodicité que dans le discours ordinaire. C'est pourquoi on parle en l'occurrence de vers *ïambique*. Le mot est emprunté assez librement au vocabulaire antique. Il désigne un rythme ascendant, c'est-à-dire qui va de la faible à la forte. Un décasyllabe ïambique constitue donc une séquence de dix syllabes où les accents tombent sur les syllabes paires. Ainsi dans le vers célèbre de *Richard III* (V.IV.7) :

> A **horse** ! a **horse** ! my **king**dom **for** a **horse** !
> Un cheval ! un cheval ! mon royaume pour un cheval !

le nombre de syllabes, faciles à compter, et la position des syllabes accentuées, imprimées ici en caractères gras, indiquent la double articulation du vers : mètre numérique et rythme binaire, à caractère ascendant.

On entend souvent parler de *pentamètre ïambique*. Cette notion, qui contourne les sources françaises et se rapproche des modèles gréco-latins, tend à opérer une fusion, et parfois une confusion, entre le mètre et le rythme. Au lieu de se représenter le vers comme une structure mentale autant que vocale, comme une phrase calibrée, animée par une pulsation régulière, elle part de cette pulsation elle-même et d'une cellule rythmique de base à laquelle est attribué un pouvoir génératif. Ce que dans ce système on appelle la *scansion* consiste à couper le vers en cinq segments appelés pieds, en l'occurrence des ïambes :

> A **horse !** / a **horse !** / my **king**/dom **for** / a **horse !**

Cette méthode favorise le battement rythmique et le tissu sonore. Elle a l'avantage de mieux absorber certaines exceptions et irrégularités qui font que le vers de Shakespeare, ou le vers anglais en général, s'écarte souvent de l'exemple donné plus haut. Les métriciens qui définissent ce vers sous le nom de pentamètre ïambique ajoutent que s'il s'agit d'une succession de cinq pieds ceux-ci ne sont pas uniformément des ïambes. L'ïambe occupe une place prioritaire et fondatrice, non exclusive. Grâce au procédé de la *substitution*, d'autres pieds peuvent à tout moment prendre la place des ïambes : trochées, spondées, pyrrhiques, et même des pieds de trois syllabes, notamment des amphibraques et des anapestes.

Dans la pratique il est souvent difficile de faire coïncider les théories avec la réalité du texte. La doctrine sur laquelle s'appuie la scansion par pieds ramène la phonétique anglaise à une polarité de syllabes fortes et faibles, alors que la chair vocale des mots, les nombreux monosyllabes grammaticaux, peu saillants mais non effacés, les intonations du discours, créent une échelle de hauteurs et d'amplitudes non réductible à un système simplement binaire. Cela peut conduire à infléchir la prononciation des vocables afin de faire ressortir le dessin rythmique que l'on suppose organisé par l'auteur et imposé par la convention littéraire. En effet, selon une évaluation globale des virtualités rythmiques de la langue anglaise, celle-ci ne contient pas une densité suffisante de syllabes accentuées pour permettre une pulsation alternée. Il faut donc susciter les accents, en adoptant une diction appropriée, et proche de ce qui se pratiquait probablement du temps de Shakespeare. L'exemple cité plus haut illustre cette difficulté car la préposition *for* dans « My kingdom *for* a horse ! » ne porte un accent, ou *ictus* rythmique que si l'acteur appuie volontairement sur elle, ce que, emporté par l'urgence de la situation, il peut oublier de faire.

La théorie du décasyllabe, qui met en avant le découpage mesuré des phrases, échappe un peu à ces dilemmes, bien qu'elle affiche également la présence du balancement ïambique. Elle se heurte aussi à des obstacles pratiques. À la lecture beaucoup de vers semblent ne pas se conformer à la norme syllabique. Il est possible cependant de les y ramener, en les forçant. Si l'on tient compte des changements qui ont affecté la graphie et la prononciation depuis quatre siècles, et de la possibilité d'articuler les mêmes mots de façon différente selon les besoins du mètre, le nombre des exceptions peut diminuer jusqu'à ce qu'elles deviennent vraiment des exceptions. Mais la question reste controversée.

Le mot *décasyllabe* n'est pas à prendre au sens strict, quand il s'agit de vers dotés d'une terminaison dite *féminine*. Ainsi le vers de *Hamlet* (III.I.56)

> *To be or not to be, that is the question.*
> Être ou ne pas être, cela est la question.

a onze syllabes. On ne considère pas cet hendécasyllabe comme une exception à la règle, mais comme une version *féminine* du modèle de base. La tradition donne un sexe aux vers. Masculins, ils s'achèvent sur une dixième syllabe accentuée ; féminins, ils se prolongent par une onzième syllabe inaccentuée. Pourquoi *féminins* ? Probablement par analogie avec la métrique française, où l'on désigne ainsi les rimes qui comportent un *e* final, marque fréquente du genre féminin, et retombée vocale plus ou moins audible. Peut-être aussi parce que cette syllabe un peu débordante adoucit les contours des vers, contrairement au claquement péremptoire de l'accent masculin.

Il se trouve que la relation entretenue par Shakespeare avec les terminaisons féminines représente un cas unique dans la littérature, car sa pratique a évolué de manière constante et progressive. Il y en a peu dans les premières œuvres, puis la proportion augmente régulièrement, partant de 5 % du total pour arriver à 44 % dans *Henri VIII*. Cela ressemble à un phénomène de croissance naturelle, de sorte que les experts utilisent le pourcentage de terminaisons féminines pour déterminer l'âge qu'avait l'auteur quand il écrivit telle ou telle œuvre. Ce critère est exploité en corrélation avec d'autres indices. Il fait partie de ce qu'on appelle les preuves *internes*, quand on établit la chronologie des œuvres.

Autre indice, autre moyen de dater les pièces : le nombre d'enjambements. En eux-mêmes les enjambements, rejets, contre-rejets, tous les chevauchements et débordements qui empêchent l'architecture de la phrase de coïncider avec la structure métrique, tendent à ébrécher le décasyllabe, à rendre sa carrure moins facilement perceptible. Là aussi l'œuvre dramatique a poursuivi une progression régulière. La proportion va de 7,5 % dans *La Mégère apprivoisée* à 47 % dans *Le Conte d'hiver*. On peut dessiner sur un graphique les deux courbes d'évolution, elles apparaissent presque calquées l'une sur l'autre. Parallèlement à la raréfaction des rimes et à d'autres indices plus techniques, cette évolution traduit un style de moins en moins oratoire, de plus en plus introverti.

D'autre part les vers rimés qui se situent en dehors du dialogue dramatique, poèmes, chansons, etc. offrent une grande variété de mètres et de rythmes. Quand, par exemple, des personnages plus ou moins surnaturels prononcent des incantations magiques, les vers deviennent plus courts, fondés sur un mètre impair et sur un rythme trochaïque, plus mordant et insistant que le rythme ïambique. Par exemple ces deux vers de *Macbeth* (I.III.19).

> ***Sleep*** *shall* ***neither night*** *nor* ***day***
> ***Hang upon*** *his* ***pen****thouse* ***lid.***

> Le sommeil ni le jour ni la nuit
> Ne se perdra à l'auvent de sa paupière.

Dans les farces écrites pendant la première phase on trouve des vers de mirliton appelés parfois *doggerel*, assez longs, ayant un nombre irrégulier de syllabes, rythmés de façon décousue, mais principalement anapestique, c'est-à-dire ternaire. Leur caractère comique vient en partie de ce qu'ils ne tiennent que par la rime. Ils semblent courir après la rime et n'ont rien d'autre qui puisse marquer leur appartenance à l'écriture poétique, le contenu étant prosaïque et relâché. Voici un exemple tiré de *La Comédie des erreurs* (III.I.13-14).

> *If the skin were parchment and the blows you gave were ink,*
> *Your own handwriting would tell you what I think.*

Si la peau était du parchemin et les coups que vous m'avez
[donnés de l'encre
Votre propre écriture vous dirait ce que je pense.

2. Le langage poétique de Shakespeare

Shakespeare a bénéficié d'une situation linguistique analogue à celle qui a existé en France pendant tout le XVIe siècle, à l'époque de Rabelais, de Ronsard et de Montaigne, quand la langue nationale connaissait une sorte de prospérité, de vigueur foisonnante, pouvait absorber des apports venus de partout, reconnaître pour sienne la richesse des dialectes, sans rien perdre de son identité.

L'Angleterre a connu le même phénomène, un peu plus tard qu'en France. La langue de Shakespeare appartient à l'anglais moderne, tout en étant difficile d'accès. L'abondance du vocabulaire constitue une première difficulté : 18 000 mots environ représentent une importante masse lexicale. Beaucoup de ces mots ont disparu ou ont changé de sens. Cela rend indispensable l'utilisation d'un glossaire spécialisé. Inversement, d'autres mots et locutions semblent avoir été inventés ou introduits par Shakespeare, ou bien c'est lui qui leur a donné leur acception définitive. Shakespeare appartient à l'histoire de la langue anglaise autant qu'à celle du théâtre, et ce n'est pas seulement à titre de témoin ou de fournisseur d'exemples. Il a contribué à nourrir et à façonner cette langue.

Elle a, comme on sait, des origines composites, étant née d'un métissage brutal entre les dialectes germanico-scandinaves des anciens envahisseurs devenus autochtones et le franco-normand des nouveaux envahisseurs du XIe siècle. À ce mélange s'ajoutent le latin et le grec des clercs et des savants. Le langage de Shakespeare reflète cette pluralité. On trouve chez lui des vocables anciens rescapés du vieil anglais aussi bien que les termes à la mode venus de France ou d'Italie, et les mots savants que vulgarisent les humanistes.

La nature hybride de la langue a laissé des traces dans

la syntaxe. Le vieil anglais, doté d'un système de déclinaisons, possédait certains des caractères propres aux langues anciennes dites synthétiques : la souplesse, la relative liberté de l'ordre des mots, la concentration. Même après avoir perdu ses désinences et être devenue une langue analytique, l'anglais de la Renaissance se souvient de ses origines germaniques. Certaines constructions, comme l'inversion du verbe et du sujet quand la phrase commence par un adverbe, le rejet du verbe ou de l'auxiliaire à la fin d'une proposition subordonnée, non obligatoire mais possible, ressemblent à de l'allemand. De plus, les contraintes plastiques de la versification entraînent une syntaxe tourmentée ou éclatée, rendue plausible cependant par la mémoire que la langue a conservée de ses origines. Tout cela fait qu'il arrive à Shakespeare de construire ses phrases à la manière d'un poète antique, ou d'un poète moderne. Les mots et les pensées se bousculent et s'agglutinent en un tissu serré d'où émanent des chatoiements profonds, des juxtapositions paradoxales, des ambiguïtés qui émerveillent ou désespèrent le commentateur.

Shakespeare utilise aussi largement la disponibilité fonctionnelle du vocabulaire anglais, qui permet la création de mots composés ainsi que la conversion mutuelle de noms, verbes et adjectifs, de sorte que l'invention littéraire agit directement sur le langage.

Comme sa prosodie, son style a évolué. Ses premières œuvres donnent une grande place à la rhétorique, à la véhémence, aux tirades argumentatives, aux envolées chaleureuses, aux duels verbaux. La richesse littéraire est déjà présente, elle demande à l'auditeur un certain degré d'attention et de connivence, mais tout est fait pour que le contenu du message parvienne rapidement aux destinataires. La syntaxe reste assez simple et directe, comme chez la plupart des contemporains, Kyd et Marlowe par exemple.

Plus tard la parole s'intériorise, la pensée retourne d'où elle vient et, dans son isolement réflexif, produit des objets poétiques d'un grand raffinement. La syntaxe se condense, devient elliptique ou labyrinthique, de sorte qu'aujourd'hui l'anglais des dernières œuvres de Shakespeare paraît plus archaïque que celui de ses débuts.

À la source il y a une jouissance verbale que le lecteur ou l'auditeur ne peut pas manquer de sentir. La relation sensorielle que Shakespeare entretient avec le langage produit d'innombrables jeux de mots. Jadis cette pratique lui était reprochée, comme une faiblesse indigne, un vice, un manque de goût trahissant ses origines plébéiennes. L'opinion a changé. Sous l'influence de certaines branches de la psychanalyse qui s'intéressent au langage, les calembours shakespeariens font maintenant l'objet de spéculations exégétiques. Certains commentateurs consacrent leurs efforts à chercher des jeux de mots dans les replis cachés du texte, les plus inconscients et involontaires étant supposés les plus révélateurs.

Sans aller jusqu'à développer une mystique du jeu de mots, il faut souligner que ce n'est pas pour faire rire, que Shakespeare les utilise. On en trouve autant dans les tragédies que dans les comédies. Ils font partie de son style. Ce n'est pas l'effet burlesque des quiproquos du vocabulaire qu'il exploite, mais la pluralité de sens qu'un même agglomérat de sons peut assumer. Quand par exemple Gloucester déclare, au début de *Richard III*

Now is the winter of our discontent
Made glorious summer by this son of York.

Voici enfin l'hiver de nos chagrins
Transformé en un splendide été par ce fils d'York.

le mot *son*, qui veut dire *fils*, se réfère à son frère Édouard, redevenu roi. Mais *son* se prononce comme *sun*, *soleil*. Certains éditeurs remplacent *son* par *sun*, afin de respecter la cohérence de la métaphore antithétique qui oppose l'hiver à l'été, et qui reçoit le renfort du symbolisme héraldique, car le soleil figure dans les armoiries de la maison d'York.

Les jeux de mots s'étendent au-delà du calembour. Shakespeare joue sur la polysémie des vocables, c'est-à-dire sur le spectre des significations et des résonances qui en émanent. Ainsi dans l'exemple cité plus haut, le mot *glorious* a été traduit par *splendide*, parce que c'est son sens le plus fréquent, et qu'il s'accorde avec l'image de l'été. Mais la nuance de gloire militaire s'y trouve aussi, car c'est par les armes que la faction yorkiste a conquis le pouvoir : « glorious summer » est une métaphore qui exprime la joie des vainqueurs, et aussi, plus littéralement, l'été glorieux qui a vu leur victoire.

Autres types de jeux de mots se prêtant plus encore que le précédent à la description technique : la *paronomase*, qui consiste à juxtaposer des mots de sons voisins mais de sens différents, voire opposés ; l'*antanaclase*, qui en utilisant la répétition joue sur les significations diverses d'un même mot ; le *polyptote*, qui brode sur les dérivations et modulations, les formes issues d'un même radical, ou qu'un verbe adopte selon la conjugaison.

Ce ne sont que des exemples parmi d'autres. Toutes les figures, toutes les tournures possibles et impossibles que les rhétoriqueurs et les stylisticiens, depuis Aristote et Quintilien jusqu'à nos jours ont étiquetées, répertoriées et décortiquées, se rencontrent dans son œuvre.

Le langage poétique de Shakespeare est un creuset où les procédés de transmutation exercent leur pouvoir et agissent les uns sur les autres. Non seulement on y trouve tous les processus de glissement, de substitution, de transposition, qui appartiennent traditionnellement à l'outillage poétique – métaphore, métonymie, hypallage, etc. – mais ils se combinent, se fondent les uns dans les autres. Voici un exemple : quand dans *Tout est bien qui finit bien* la comtesse de Roussillon donne à son fils des recommandations morales, elle lui dit (I.I.62)

keep thy friend
Under thy own life's key.

littéralement : Garde ton ami sous la clé de ta propre vie. Mais il faut paraphraser pour comprendre : que ton ami te sache prêt à risquer ta vie pour protéger la sienne, de sorte qu'il se sentira à l'abri comme derrière une porte de fer ou comme un objet précieux dans un coffre. Il y a donc, comprimées à l'extrême, une métaphore et une métonymie. Le courage protecteur est comparé à un coffre (métaphore) et le coffre est remplacé par un objet qui lui est associé, la clé (métonymie).

Le procédé que l'on désigne du nom italien de *concetto* va chez lui plus loin que la métaphore filée ou la juxtaposition d'éléments ingénieusement disparates. Le *concetto* shakespearien résulte d'une compression verticale d'images autant que d'un enchaînement horizontal.

Les procédés poétiques, leur fusion, leur enchevêtrement, la liberté grammaticale et lexicale que Shakespeare s'accorde, voire sa désinvolture, créent des difficultés de compréhension. On peut avoir l'impression agacée qu'il cultive une esthétique de l'obscurité. Mais cette impression doit céder la place à une appréciation plus sereine et plus juste. D'une part la tension dramatique, l'élan du discours et la présence humaine à la source du discours permettent à l'auditeur de capter la teneur générale du texte, malgré les difficultés de détail. D'autre part quand on prend le temps d'examiner ces difficultés, on finit par les trouver fécondes. Elles ne consistent pas à dire des choses simples de façon compliquée, mais à en dire beaucoup en peu de mots. Il y a quelque chose d'éclairant dans les obscurités de Shakespeare.

Cet art poétique ne se réduit pas à une technique verbale. Il se fonde sur une pensée, une vision également poétiques. Il faut s'attendre à trouver un climat de fantaisie et d'irrationalité qui déconcerte le public ou incite certains usagers à réécrire le texte. Cela s'est toujours fait, bien que les normes changent d'un siècle à l'autre. Une pièce de théâtre se présente comme une succession d'événements, où il est tentant de voir un enchaînement de causes et d'effets obéissant à des lois stables, donc de chercher la raison des choses. Mais Shakespeare dévoile plus volontiers la déraison des choses et des gens, en quoi il montre une connaissance du monde dont le monde ne lui sait pas toujours gré.

La recherche critique a, pendant les années qui furent peut-être les plus fécondes de son histoire, de 1930 à 1960 environ, dirigé une partie de ses efforts sur les images, terme qui englobe les métaphores, les comparaisons, les descriptions, voire le décor, ce dernier étant d'autant plus important que sur la scène élisabéthaine il existe dans le texte plutôt que sous forme d'accessoires et de toiles peintes. Il en résulta une philosophie littéraire qui, sans nier son efficacité théâtrale ni sa pénétration psychologique, mettait en valeur ce que le texte de Shakespeare contient de spatial et de pictural. La trame dramatique est alors considérée comme le support d'une vision poétique de l'existence, ou, pour aller plus loin encore en inversant les termes, d'une poésie visionnaire.

Une lecture attentive du texte montre l'importance quantitative et structurelle des images. Elles sont foisonnantes et cohérentes, elles forment des réseaux, des motifs récurrents, qui invitent à y lire des significations autres que décoratives. L'expression imagée de la pensée, son immersion dans la nature, la pratique de la synesthésie, impliquent des correspondances entre le concret et l'abstrait, le vécu et l'imaginaire. C'est paradoxalement quand la pensée s'incarne dans le vocabulaire de la perception sensorielle qu'elle prend un envol qui peut la mener jusqu'au mysticisme.

Tout cela conduit à des interprétations symboliques des œuvres. De là aussi leur rattachement à la production ou à la perpétuation de mythes, propres à Shakespeare ou transmis par des héritages divers, trouvant leur origine dans l'inconscient ou dans l'imaginaire collectif.

Quand, dans *Le Marchand de Venise*, Lorenzo décrit la musique des sphères, l'harmonie universelle, et se réfère au mythe d'Orphée, il prend soin d'indiquer discrètement (V.I.79-80) qu'il s'agit d'une fiction transmise par un autre poète, Ovide en l'occurrence.

Therefore the poet
Did feign that Orpheus drew trees, stones, and floods,

C'est pourquoi le poète
Imagina qu'Orphée charmait les arbres, les pierres et les eaux,

Le verbe *feign*, traduit ici par *imaginer*, vient du français *feindre* et du latin *fingere*, d'où vient *fiction*. On ne saurait mieux reconnaître que les mythes ne sont que des constructions de l'esprit. Mais comme aux mythes de Platon, on peut leur allouer une fonction pédagogique.

Il arrive à la poésie shakespearienne de pratiquer une autocritique plus acerbe. On pense à l'explication matérialiste, physiologique, donnée par Thésée dans sa célèbre tirade (*Le Songe d'une nuit d'été*, V.I.2-22) où, comparant le fou, l'amoureux et le poète, il expose que dans les trois cas des vapeurs chaudes venues des profondeurs du corps montent au cerveau et provoquent des hallucinations. La peur et l'appétit sexuel fabriquent leurs propres objets ; la poésie reconstruit le monde selon ses désirs.

3. La rhétorique

Le texte shakespearien utilise toutes les ressources de la rhétorique, à commencer par les formes traditionnelles de l'éloquence, les grandes draperies oratoires, les locutions sentencieuses ou piquantes, dessinées avec l'aide de la versification pour se graver dans la mémoire, les procédés de construction, de répétition, d'amplification, d'organisation, de dramatisation du discours, et de trituration du langage.

Tout cela donne à la rhétorique un poids, une luxuriance, qui ne plaisent pas à tout le monde. C'est pourquoi on assiste rarement à une représentation intégrale des œuvres de Shakespeare. Les compagnies théâtrales obéissent à l'injonction de Verlaine, et compriment ou suppriment les grandes tirades.

Mais, indépendamment de certains phénomènes de mode, il faut rappeler que la rhétorique ne se réduit pas à une esthétisation séductrice et conventionnelle de la parole. L'aspect dialectique ne doit pas être négligé. Argumenter, plaider, se défendre, attaquer, dissuader, convaincre, ironiser, impliquent de véritables stratégies discursives, de la virtuosité mentale, la connaissance des thèmes philosophiques, politiques, moraux, et souvent juridiques, sur lesquels porte le débat. Tout cela met l'intelligence en jeu, de sorte que les jeux de l'intelligence font partie de la rhétorique théâtrale ou narrative.

VÉNUS ET ADONIS

C'est un poème de 1194 vers, organisé en 199 strophes de six vers. On se demande si ce nombre de 199 a été voulu pour suggérer une sorte d'inachèvement, pour symboliser la frustration du désir, motif obsédant du récit et peut-être de la poésie de Shakespeare en général.

Depuis le Moyen Âge la poésie narrative de l'Angleterre a souvent cultivé la division en strophes, bien qu'elle paraisse inadaptée à la continuité du récit. Mais elle permet de combiner ou d'alterner la description et la narration, auxquelles s'ajoutent ici d'abondants dialogues et discours. On y reconnaît l'auteur dramatique. Chaque strophe constitue une sorte de vignette ou de moment du récit sur lequel le lecteur peut s'arrêter, comme sur un petit poème aux contours nettement dessinés. Le schéma des rimes contribue à ce découpage : les six décasyllabes ïambiques de la strophe suivent le plan *ababcc* que l'on trouve souvent dans Shakespeare, y compris dans son œuvre dramatique, celui des six derniers vers d'un sonnet. Le distique final produit un effet de clôture.

Inspiré d'Ovide, le scénario amalgame deux épisodes des *Métamorphoses*, l'histoire de Vénus et de son amant Adonis, et celle de la nymphe Salmacis, amoureuse du bel indifférent Hermaphrodite. Vénus, éprise de la beauté d'Adonis, s'offre à lui. Mais Adonis repousse les avances de la déesse, il s'en offusque, il dédaigne l'amour. Il ne s'intéresse qu'à la chasse et à la poursuite d'un sanglier. Des présages annoncent une fin tragique. Elle se produit, le sanglier tue l'adolescent, Vénus n'a plus qu'à étreindre avec déploration le cadavre de celui qu'elle n'a pas pu initier à l'amour et qui emporte avec lui toute la beauté du monde.

Il y a un aspect platonicien dans ce poème mythologique, car c'est de la beauté idéale d'Adonis que la déesse de l'amour tombe amoureuse. Mais Shakespeare ne se contente pas d'inverser la situation des romans courtois où c'est l'homme qui sublime la beauté féminine pour en faire l'objet d'une quête d'idéal. *Vénus et Adonis* est aussi un poème érotique. Platonicienne si l'on veut, la quête de Vénus n'a rien de platonique. C'est un appétit forcené, une rage, elle se jette sur Adonis comme sur une proie. Elle est brûlante, tremblante, moite de désir.

Pourquoi Adonis reste-t-il fermé à tant d'attraits ? A-t-il fait vœu de chasteté, comme un moine païen ? Mais

Adonis n'est pas le héros d'une histoire de résistance à la tentation féminine, comme on en trouve dans les romans de la Table Ronde et autres légendes. Cette tentation n'existe pas pour lui. De plus le récit est mené de façon que le lecteur s'identifie avec Vénus et avec son désir, non avec l'objet de ce désir.

Est-il impubère, malgré sa beauté d'adolescent épanoui ? L'ignorance des choses de l'amour fait-elle de lui un ingénu incongrûment vaudevillesque ? A-t-il été mutilé, comme cela apparaît dans certaines versions de la légende, par le sanglier qu'il poursuit de sa pique impuissante, tel le capitaine Achab qui, dans *Moby Dick*, cherche vainement la vengeance contre l'animal géant qui l'a amputé ? A-t-il en lui une part de nature féminine si grande qu'elle le rende insensible au charme d'un sexe qui n'est pas vraiment complémentaire du sien ? Le nom même d'*Hermaphrodite*, qui figure dans l'une des deux sources ovidiennes, peut suggérer une clé de ce genre.

De la frigidité d'Adonis le texte ne fournit aucun diagnostic. Adonis fait partie des personnages de Shakespeare dont les motivations restent inexpliquées. Son comportement constitue une donnée initiale, une situation. À défaut de motivation, il a une fonction, celle de donner au récit un point de départ extraordinaire. Il résiste à l'irrésistible, au plus aphrodisiaque des encouragements à l'amour, puisqu'il vient d'Aphrodite elle-même.

Mais c'est le nom latin de *Vénus* que porte la déesse. *Venus* et *venatio*, la chasse, ont la même origine lointaine. La vénerie est vénérienne par nature. L'amour est une poursuite d'assouvissement promis par la capture d'une proie en partie imaginaire, parce que ce sont les feux du désir qui l'embellissent de leurs lueurs. L'amour se dévore lui-même, le désir d'une proie fait de l'amoureux ou de l'amoureuse la proie du désir.

Si la proie existe réellement, elle se montre cruelle, par la non-réciprocité du désir, ou la volatilité du plaisir obtenu. Cruelle aussi parce qu'elle finit par s'identifier avec la mort. L'inquiétude infinie de l'amour ne peut s'apaiser que dans l'anéantissement. Éros et Thanatos conduisent à une lecture moderne des mythes anciens.

On comprend pourquoi Shakespeare a intégré en une

les deux légendes antiques. En faisant des deux personnages le double l'un de l'autre et de la mort d'Adonis le symbole à la fois de l'échec et de la consommation de l'amour, il recrée un mythe cohérent.

Mais le texte du poème offre plus qu'une allégorie à décrypter. Vénus et Adonis ne représentent pas seulement un même contenu thématique. Ils ont autre chose en commun, la parole. Si envahissante que soit la présence charnelle de Vénus, véritable athlète de la volupté, c'est par le discours qu'elle cherche à séduire Adonis. C'est de ses tirades, au style effervescent et alambiqué, que coule l'élixir d'amour. Quand Vénus promet à son bien-aimé les délices éternellement renouvelés de son paradis, c'est dans un langage lui aussi renouvelé par de délicieux artifices, conjuguant l'exercice de style et le lyrisme.

Face à elle, Adonis ne reste pas muet, bien que parfois suffoqué par la gêne et la surprise. Il a autant de présence physique que Vénus, et Shakespeare sait décrire la beauté masculine, assaisonnée ici par la rougeur pudique qui rend plus appétissant encore le teint virginal de l'éphèbe. Mais la pruderie cocasse du jeune homme ne l'empêche pas d'opposer sa rhétorique à celle de son antagoniste. Au panégyrique de l'amour il répond par une diatribe argumentée. Il répète ce qu'il a entendu professer sur l'amour, occupation frivole, suivie de désenchantements amers.

Tout cela ne va pas sans quelque comédie. Adonis croit que Vénus veut l'entraîner dans une intrigue prolongée, une liaison sentimentale où chacun se complaît dans les émois, les attentes, les crises. Une chasse amoureuse aux règles compliquées. Vénus ne joue pourtant pas les héroïnes de roman courtois ni les précieuses avant la lettre. Elle invite crûment Adonis à faire ce que son cheval, libéré de sa bride, est en train de faire avec une jument du voisinage. Les strophes consacrées aux ébats des deux quadrupèdes, et à la description de la nature, cosmique et agreste, créent un décor et un contrepoint dont la fraîcheur grandiose contraste avec les bizarreries du comportement humain.

En effet, la Vénus de Shakespeare ne s'identifie pas entièrement à une force de la nature divinisée par l'imagination païenne. Elle est anthropomorphe à l'intérieur aussi, sa relation avec Adonis ne peut guère s'interpréter comme la situation qu'on trouve parfois dans les contes, quand une créature humaine rencontre un être extra ou infra-terrestre. La fixation sur Adonis, et l'idéalisation de sa beauté ne relèvent pas de la pure énergie vitale. Ce sont des syndromes humains.

LE VIOL DE LUCRÈCE

Dans le volume publié en 1594, l'œuvre est intitulée successivement *Lucrece*, et *The Rape of Lucrece*. Les contemporains se réfèrent le plus souvent au titre abrégé.

Plus long que le précédent, le poème contient 1 855 vers, ou 265 strophes de 7 vers. Passant des rimes croisées aux rimes plates, la strophe, appelée *rime royale*, intègre les deux systèmes grâce à la deuxième rime qui appartient aux deux schémas et sert de pont entre eux : *ababbcc*.

La tragédie de Lucrèce a certainement une base historique, et elle a eu des conséquences également historiques, puisque le viol d'une dame romaine, en 509 avant J.-C., par un rejeton de la famille royale des Tarquins provoqua le soulèvement qui mit fin à la monarchie.

Le poème de Shakespeare, inspiré de Tite-Live (*Histoire de Rome*, I, LVII-LX), d'Ovide à nouveau (*Les Fastes*, II, 721-852) et de Chaucer (*La Légende des femmes exemplaires*), met l'accent sur l'aspect moral et privé du drame, plutôt que sur les conséquences historiques et politiques, mais la richesse du texte envoie des résonances dans toutes les directions.

Il traite un thème identique à celui du poème précédent, le désir fatal, mais forme avec lui un diptyque aux tonalités contrastées. *Vénus et Adonis* est une œuvre diurne, qui baigne dans la lumière du soleil naissant, « au visage pourpre », comme le décrit l'épithète homérique du premier vers, dans un monde d'avant la conscience du péché. La conclusion tragique résulte de l'ordre, ou du désordre des choses, elle n'apparaît pas comme un châtiment ni comme un sacrifice. *Lucrèce* est une œuvre nocturne, austère jusque dans la luxuriance didactique de son style, imprégnée de moralisme culpabilisant. On y trouve une sorte de

Leçon de ténèbres, sur les malheurs et les péchés du monde, analogue à celles que les Lamentations de Jérémie inspirèrent à la liturgie catholique. Le désir n'est plus seulement tragique, mais maléfique par nature.

Le récit commence *in medias res*, usant avec économie du retour en arrière. Le prince Tarquin, ayant entendu son compagnon Collatin vanter la beauté et la vertu de sa femme Lucrèce, brûle pour elle *des feux de l'envie*, ou du « désir mimétique », pour reprendre les expressions de René Girard. Shakespeare n'a pas seulement amalgamé ses trois sources, il les a modifiées sur ce point : Tarquin se met à désirer Lucrèce sans l'avoir jamais vue, contrairement aux données traditionnelles. La violence et la perversion ont une origine psychique plutôt que simplement animale.

Hanté par cette pulsion qui devient consubstantielle à son *moi* Tarquin sait qu'il trahit toutes ses valeurs. Très rhétoriquement il énumère les arguments qui devraient le dissuader de perpétrer son forfait, puis les réfute au nom du désir roi, d'une exaltation du courage et de la volonté, d'une morale inversée pour laquelle le souverain bien consiste à abattre les obstacles qui empêchent l'assouvissement des appétits. L'ambivalence du mot *will* qui, en anglais élisabéthain signifie le désir et la volonté, facilite les arguties justificatrices. De plus le caractère verbal et verbeux du discours de Tarquin, qui préfigure celui de Macbeth, ne traduit pas seulement la démission de l'esprit face aux exigences de l'instinct et de la passion. C'est l'esprit lui-même qui fabrique son propre dysfonctionnement. Comme celles auxquelles le nom de Sade reste attaché, la perversion sexuelle de Tarquin résulte d'un intellectualisme dévoyé. Elle se professe comme une doctrine et se complaît dans une verve cyniquement provocante.

Elle se complaît aussi dans la subversion cruelle et raffinée. Pour obliger Lucrèce à se soumettre, il la menace non seulement de la tuer, mais de lui faire perdre après sa mort ce à quoi elle tient le plus, son honneur. En plaçant un esclave mort sur son cadavre et en faisant croire que c'est la surprise et l'indignation qui l'ont poussé à châtier les amants.

Lucrèce plaide en vain, usant des mêmes arguments que ceux qui figurent dans la première partie du monologue de Tarquin. Son méfait accompli, celui-ci s'enfuit, en proie aux remords et à l'insatisfaction.

Suivent alors les longues lamentations de Lucrèce, et le débat qui la conduit au suicide. Contaminée par le mal quoique innocente, elle écarte toute casuistique et ne peut se satisfaire que du plus exigeant des témoignages. Elle se donne la mort pour que vive l'honneur des femmes : *nec ulla deinde impudica Lucretiae exemplo vivet.*

Comme au théâtre, Shakespeare ne conclut pas son récit sur un paroxysme grandiose. Le martyre de Lucrèce, qui a convoqué son mari, son père, et le futur consul Brutus, est aussi un geste politique ; son immolation appelle à la vengeance. On descend des hauteurs d'une sainteté quasi religieuse pour trouver des motifs d'action plus ordinairement humains. Le changement d'altitude sert de catharsis à la tragédie.

Cette tragédie en forme de narration strophique n'a pas la même popularité que les autres. Elle reste la plus mal aimée des œuvres de Shakespeare. Emphase, verbosité excessive, manque de vraisemblance et de profondeur psychologiques, sont les reproches les plus fréquents.

Le grief principal vise le personnage de Lucrèce, considérée comme peu crédible. Le public attend d'une femme violée qu'elle reste muette de stupeur. Or la Lucrèce de Shakespeare se montre la plus éloquente de toutes ses héroïnes. Elle prononce des discours, construit de véritables dissertations, déclame des élégies, se lance dans des digressions savamment ouvragées. L'un de ses monologues atteint presque trois cents vers. Son suicide se présente comme la conclusion logique d'un débat, non comme le point final d'une course à l'abîme.

La réputation de Shakespeare fait que le public attend de lui quelque chose de moins explicite, de plus obscurément convaincant. L'immolation de Lucrèce devrait, pour satisfaire cette attente, apparaître plus irréfléchie, motivée par des pulsions psychiques plutôt que mentales, par le traumatisme ineffaçable, par le dégoût de soi qui peut en résulter. Peut-être par une pulsion de mort enfouie dans l'inconscient et qui, liée à une sexualité mal assumée, trouve dans l'outrage subi l'occasion de se réaliser. En s'enfonçant un poignard dans le sein, cette fois en plein jour et en présence de ceux qui pour elle représentent l'autorité morale, Lucrèce s'inflige un second viol pour se punir de celui qu'elle a consenti et exécré.

Telle est la lecture que l'on pourrait donner du texte que Shakespeare n'a pas écrit. Il a préféré écrire un poème au style archaïque, tourné vers le passé médiéval, où ce sont les notions abstraites, les vices, les vertus, les affects, les situations typiques qui constituent les personnages du drame, lui donnent un sens et le construisent en parabole. Allégorie morale et poème précieux, où les ratiocinations scolastiques, les procédés argumentatifs, les concetti, les jeux de mots, se mêlent à un bouillonnement d'images, *Le Viol de Lucrèce* ne cultive pas le réalisme.

On y trouve pourtant un éloge de l'imitation en art. Au cours d'une longue tirade apparemment digressive Lucrèce contemple et décrit un tableau qui représente la chute de Troie. C'est l'un des nombreux passages où Shakespeare insère une œuvre d'art dans l'autre œuvre d'art que constitue son texte, et médite sur la technique, la fonction, la signification de la création artistique. Lucrèce admire l'habileté avec laquelle le peintre a su rendre la vie, le mouvement, la ressemblance. Puis elle se voit dans le tableau comme dans un miroir symbolique, lisant son sort dans celui de la ville forcée par traîtrise, détruite, massacrée. Cette comparaison doublement épique amplifie le pathétisme des déplorations de Lucrèce, mais il y a quelque consolation à savoir que les peintres et les poètes donnent un sens, une dignité aux souffrances, et en perpétuent le souvenir.

LA PLAINTE D'UNE AMANTE

Tel est le titre le plus souvent donné en français. *A Lover's Complaint* pourrait également se traduire par *Complainte d'une amante*, ou *d'une amoureuse*, ce qui se référerait au genre littéraire de la complainte.

On ne connaît pas la date de sa composition. Le poème fut publié pour la première fois en 1609, dans le même volume que les *Sonnets*, mais il rappelle *Lucrèce :* même versification, la rime royale, style analogue, volubile et dense, thème voisin. Beaucoup plus court, il est fait de 47 strophes, ce qui donne 329 vers.

La banalité du thème et les références aux pastorales antiques font penser à une œuvre de jeunesse, à un exercice d'écriture. On devine un auteur débutant, conscient d'appartenir à un siècle finissant, qui s'appelle encore « La Renaissance », et soucieux de le faire savoir.

Ledit auteur se présente conventionnellement comme un témoin. Présent et caché au sein d'un paysage, il a entendu, grâce à l'écho que lui renvoyait « le ventre concave » d'une colline, le récit qu'une jeune fille abandonnée par son amant a fait à un vieux berger. Discours insérés dans le discours selon le procédé gigogne utilisé depuis l'Antiquité, les tirades captieuses du séducteur sont rapportées au style direct. La virtuosité du poète-dramaturge s'exerce à reproduire la parole de personnages supposés être eux-mêmes des virtuoses de la parole. Il fait plus toutefois que mimer les deux rhétoriques, celle de la victime et celle du trompeur, il les transforme en art, sans atténuer le pathétisme édifiant de l'histoire.

LE PHÉNIX ET LA TOURTERELLE

Inclus dans un recueil publié en 1601 *The Phoenix and Turtle* est un poème étrange, apte à susciter toutes sortes d'interprétations. Le genre et le sujet montrent autant d'invention que l'écriture. Il se compose de 67 vers trochaïques, heptasyllabes pour la plupart, octosyllabes en cas de rimes féminines. Le rythme trochaïque, où les accents tombent dès la première syllabe, puis sur toutes les syllabes impaires, produit une diction plus propulsive et incantatoire que le rythme ïambique. De plus, les vers étant plus courts que les habituels décasyllabes, l'énergie s'y concentre davantage.

Dans toute la production de Shakespeare, *Le Phénix et la tourterelle* est l'œuvre qui annonce le plus nettement la poésie dite « métaphysique », importante au XVIIe siècle. Le qualificatif, avancé par John Dryden (1631-1700) à la fin du siècle, n'est pas à prendre au sens strict. C'est une poésie intellectualiste et sensuelle à la fois, mêlant les images et les abstractions, cultivant l'aphorisme, la brièveté, parfois l'enjouement et le paradoxe, l'ingéniosité et la densité tendue de l'expression comme de la pensée. Le thème de l'amour platonique, ou de l'érotisme sublimé, revient avec obstination, soit pour être âprement contesté, soit pour être développé jusqu'à ses conséquences ultimes.

La première partie, divisée en deux phases, la convocation et l'« antienne », se compose de 13 quatrains en rimes embrassées. Une sorte de héraut appelle les oiseaux – sauf les espèces criardes ou de mauvais augure – à célébrer les obsèques du phénix et de la tourterelle, morts ensemble après avoir vécu ensemble, en une union parfaite, dans l'amour et la chasteté. Les significations habituelles – le phénix symbole d'immortalité et la tourterelle symbole de fidélité – s'unissent et sont réinventées allusivement plutôt que traitées comme des clés interprétatives.

Une seconde partie, intitulée *Thrène*, c'est-à-dire *ode funèbre*, se compose de cinq tercets monorimes, ce qui accentue la solennité liturgique des paroles, gravées comme sur une épitaphe. La mort et la réunion de leurs cendres dans une même urne parachève la fusion en une seule essence, en un *moi* et un *toi* indissociables, des deux époux mystiques qui ont vécu dans un « hymen de chasteté ».

L'amour inassouvi et se résolvant dans la mort continue de constituer le leitmotiv des poèmes de Shakespeare. La déesse de *Vénus et Adonis*, pourtant immortelle, apprend le goût de la mort à travers son expérience du plaisir insaisissable, de même qu'Adonis est tué par l'objet de son désir. Dans *Le Viol de Lucrèce*, la perversion amoureuse provoque la mort spirituelle de Tarquin autant que la destruction de sa proie humiliée. Dans *La Plainte d'une amante*, l'héroïne, vieillie prématurément, porte les signes d'une mort prochaine.

Mais *Le Phénix et la tourterelle* inverse le processus, tout en le reproduisant. La mort n'est plus tragique. Elle se trouve au commencement du poème comme au commencement d'une immortalité. Comme dans *L'Ode à l'urne grecque* de Keats la non-consommation du désir assure aux amants une éternité.

Le Pèlerin passionné

The Passionate Pilgrim, publié en 1599, porte un second titre dans l'une de ses éditions, *Sonnets to Sundry Notes of Music*, ce qui, en raison de l'ambiguïté de la préposition *to*, peut signifier *Sonnets pour* ou *sur diverses notes de musique*. Comme dans un recueil célèbre des poèmes de John Donne, publié en 1633, le mot *sonnet* pouvait s'appliquer à des compositions lyriques autres que formées sur le modèle venu d'Italie, en quatorze vers. Sur les vingt poèmes que contient le recueil, la critique n'en attribue avec certitude que cinq à Shakespeare. Trois sont extraits de *Peines d'amour perdues*, dont un sonnet en alexandrins.

Quelques pièces restent en quête d'auteur. On aimerait attribuer à Shakespeare le numéro XII, sorte de chanson enjouée qui, en une série de balancements antithétiques, oppose la vieillesse maussade à la gracieuse jeunesse, pour se terminer par un appel inattendu de la bergère au berger :

> Vieillesse, je t'abhorre ! Jeunesse, je t'adore !
> Jeune est mon amour, ô mon amour !
> Vieillesse, je te défie ! Doux berger, hâte-toi,
> Tu tardes trop, je crois.

Un peu moins dense que d'habitude, le style semble cependant shakespearien. L'énigme paraît mineure, comparée à celles qui entourent la composition et la publication des *Sonnets*.

Les *Sonnets*

Ce sont les plus connues des œuvres non théâtrales de Shakespeare. D'ailleurs on les théâtralise souvent, sous forme de lectures accompagnées de musique, dédoublées en mimodrames, ou transformées en saynètes.

En 1609 fut publiée à Londres une édition sans doute à peu près complète des *Sonnets* de « Shake-Speare », « jamais imprimés jusqu'à présent ». Sur la page suivante figure la dédicace la plus commentée de toute l'histoire, adressée non pas par l'auteur, mais par un certain T.T. à Monsieur W.H. (*Mr. W.H.*), lequel est apostrophé en ces termes : « *To the onlie begetter of these insuing Sonnets* », c'est-à-dire « À l'unique engendreur de ces subséquents Sonnets ».

L'identité de T.T. n'a pas échappé aux enquêteurs. Il s'agit de Thomas Thorpe, l'éditeur. En revanche personne ne sait avec certitude qui se cache derrière W.H. Le mot *begetter*, traduit plus haut par *engendreur*, a de quoi rendre perplexe, car celui qui engendre des poèmes est logiquement l'auteur. Il faut sans doute comprendre le mot au sens d'*inspirateur*. On a expliqué parfois *begetter* comme signifiant l'obtenteur, le procurateur des poèmes, et la dédicace de Thorpe comme une manière de remercier celui qui a rendu possible leur publication. Mais cette interprétation est difficile à justifier lexicalement.

Inspirateur est une meilleure hypothèse, d'autant plus plausible que la dédicace ajoute, après *Mr. W.H.*, des vœux de « bonheur et l'éternité promise par notre immortel poète ». Or les *Sonnets* sont en grande partie adressés à un jeune homme que le poète considère comme sa Muse, et à qui il promet, grâce à la poésie, une survie éternelle.

Il reste que paradoxalement le nom du jeune homme auquel l'auteur des *Sonnets* a promis l'éternité dans la mémoire des hommes se réduit à d'énigmatiques initiales.

Les conjectures ne manquent pas. La plus courante désigne le comte de Southampton. Dédicataire des premiers poèmes de Shakespeare, il a pu contracter avec son protégé la relation amoureuse qui forme le thème principal des *Sonnets*. Certains détails biographiques rendent l'hypothèse plausible. Le jeune comte avait pour nom personnel Henry Wriothesley, et il a été supposé que, pour brouiller les pistes, tout en confirmant à l'usage des initiés ce qu'ils savaient déjà, Thomas Thorpe a inversé H.W. en W.H.

En l'absence de preuves, d'autres candidats se sont rétrospectivement présentés, par exemple William

Herbert, comte de Pembroke (1580-1630), dont le prénom et les initiales s'accordent mieux avec les quelques indices dont dispose l'enquête. Shakespeare joue plusieurs fois sur son propre prénom, du moins sur son diminutif, *Will*, homophone d'un verbe auxiliaire, d'un substantif qui signifie la volonté, le désir, et qui par métonymie a des dérivations sexuelles. Or le Sonnet 135 semble s'appuyer sur le fait que le dédicataire s'appelle également William. Certains commentateurs ont avancé l'idée qu'il ne fallait pas forcément chercher l'inspirateur des *Sonnets* dans l'aristocratie. Le poète ne s'adresse pas à l'ami comme à un mécène, et la relation de protecteur à protégé a pu s'exercer dans le sens inverse de celui qu'on imagine habituellement. Les lecteurs de Shakespeare n'ont pas manqué de comparer la situation décrite par les *Sonnets* et celles où l'on voit un homme mûr protéger affectueusement un homme plus jeune. Ainsi les deux Antonio, celui du *Marchand de Venise* et celui de *La Nuit des Rois*.

À partir de cette supposition Oscar Wilde a bâti un petit roman où il affirme que le dédicataire s'appelait William Hughes, jeune acteur et musicien pour qui Shakespeare éprouvait un amour du genre de celui que décrit Platon dans *Le Banquet*. Le nom de *Hughes* n'a pas de base documentaire, il se fonde sur un jeu de mots supposé. Wilde voyait dans ce Hughes le modèle d'Adonis, ce qui identifie Shakespeare à Vénus, et donne une clé permettant de comprendre la répugnance du jeune homme.

D'après une hypothèse de Leslie Hotson reprise par Wilson Knight, le dédicataire est un étudiant en droit du nom de William Hatfield connu pour sa beauté et sa popularité auprès de ses condisciples qui l'avaient élu roi d'une sorte de carnaval corporatif en 1588.

Ces conjectures n'ont pas convaincu les spécialistes. Sans donner d'indications précises, le ton général des *Sonnets* suggère que le dédicataire appartient à une classe privilégiée, contrairement à l'auteur, conscient de son infériorité, et de la façon dont la société la lui fait sentir. Shakespeare fait plusieurs fois allusion à sa condition d'acteur, tandis que celle du jeune homme se caractérise, d'après le Sonnet 35, par la beauté, la naissance, la richesse et l'esprit. Il est vrai que tout cela n'est pas nécessairement à prendre à la lettre, de même que le portrait que fait le poète de lui-même, vieux, pauvre et méprisé.

Le vrai mystère des *Sonnets* ne se trouve pas dans les circonstances extérieures, mais dans le texte. Une question se pose : les amours du poète sont-elles de nature homosexuelle ? On ne peut donner qu'une réponse ambiguë : oui et non.

Oui, parce que l'auteur s'adresse à un jeune homme et ne cesse de lui dire qu'il l'aime. Le mot *love*, qui signifie à la fois *aimer* et *amour*, revient continuellement, jusqu'à onze fois dans le seul Sonnet 40. Contrairement à ce qu'on pourrait attendre le discours amoureux ne cultive pas l'allusion, il ne joue pas à cache-cache entre le dit et le non-dit. Tout est dit, répété, assené. L'auteur fait savoir à son destinataire que c'est sa beauté physique qui le met en extase et provoque son idolâtrie. Il ne s'agit pas d'un attachement fondé sur l'amitié, l'estime réciproque, la fraternité du cœur et de l'esprit, comme entre Montaigne et La Boétie. Shakespeare aime le jeune homme comme on aime une femme, par inclination, ou comme Jupiter a aimé Ganymède. Il pétrarquise cet attachement, en ayant recours à tous les lieux communs et artifices de la poésie amoureuse. Il se livre à des arabesques pathétiques sur son état d'amant jaloux, inquiet, conscient d'être dans le couple celui qui aime, non celui qui est aimé. Il ironise, de façon plaintive ou sarcastique, sur les caprices du jeune homme, exposé par sa beauté à des tentations auxquelles il ne résiste pas.

Pourtant on peut répondre négativement à la question. L'amour éprouvé par l'auteur est sentimental et sensoriel plutôt que sensuel. Exclusif et possessif, non libidineux. Le bonheur réside dans la certitude d'être aimé en retour, d'être l'élu du choix amoureux, l'objet de la même fixation ou cristallisation, dans les occasions de contempler le visage de son ami, de partager son intimité. Le comble de la félicité serait de savoir que l'ami éprouve les mêmes craintes, les mêmes jalousies et frustrations, celles que provoquent l'absence, l'infidélité, l'attiédissement. Si l'on s'en tient à la lettre du texte, l'homosexualité charnelle ne fait pas partie de l'expérience qu'il relate. Dans le

Sonnet 20 l'auteur dit crûment que la Nature a donné au jouvenceau de quoi combler les femmes, non les hommes. Les dix-sept premiers poèmes contiennent des incitations au mariage. Le jeune homme est sommé de prendre femme afin de perpétuer sa beauté, d'en faire usage, de rendre à la Nature ce qu'elle lui a donné. Plus loin, l'auteur parle de sa maîtresse, la fameuse *Dark Lady* (la dame aux cheveux sombres, et au teint basané), à qui plusieurs sonnets sont adressés. Il se plaint d'une double trahison : l'ami et l'amie ayant couché ensemble, le poète le leur reproche. Cela ne reflète pas une situation de libertinage triangulaire, bisexuel et échangiste.

On peut continuer à se livrer à toutes sortes de suppositions, y compris à celle qui verrait dans le canevas biographique une pure fiction. Mais s'il relate une expérience vécue, on peut déduire du texte que les amours du poète sont des amours *de* poète. Les émois de l'imprégnation amoureuse ne se séparent pas de l'émotion esthétique. Si l'amour est un instinct naturel et universel, seul un poète pouvait l'éprouver de cette façon. Il y trouve l'occasion de faire de sa vie une œuvre d'art, comme le souhaitait Oscar Wilde.

L'exaltation de la beauté masculine et de la jeunesse lui permettait de résoudre les difficultés inhérentes à la tradition courtoise et néoplatonicienne. La meilleure façon de sublimer le désir est de s'en passer. Shakespeare invente un érotisme sans désir et sans désenchantement, une carte de Tendre où les rivières s'efforcent de toujours remonter vers leur source, pour retrouver le moment miraculeux de la naissance de l'amour partagé. C'est là que s'accomplit la véritable consommation de l'amour. C'est à la perpétuation de cet instant que vise la poésie.

Elle vise aussi à sa propre perpétuation, et la série des 154 sonnets ne constitue pas seulement une sorte de journal intime ou de document épistolaire. C'est un monument littéraire installé dans le patrimoine, une broderie poétique non dénuée de virtuosité ni d'humour.

La forme est celle du sonnet dit shakespearien, bien que Shakespeare ne l'ait pas inventée : trois quatrains en rimes croisées et un distique, *abab*, *cdcd*, *efef*, *gg*. La simplicité du schéma et la non-récurrence des rimes donnent une impression de découpage argumentatif. Chacun des quatrains se présente comme une phase dans un raisonnement et le distique final tombe comme une conclusion aphoristique, parfois épigrammatique. Cette structure rhétorique convient aux ratiocinations du pétrarquisme réinventé par Shakespeare, mais parfois elle conduit à la parodie. La solidité des constructions et la distance intellectuelle qui en résulte équilibrent le lyrisme un peu fou qui traverse les *Sonnets*. On peut dire aussi que l'emphase hyperbolique du discours trouve son antidote dans ses propres excès, et dans le climat d'enjouement fantasque qu'ils produisent.

La série des *Sonnets* se présente également comme un cycle, c'est-à-dire une succession liée par un fil narratif et par des situations dramatiques, tensions, crises, péripéties, etc. Le mot *cycle* se justifie, car l'ensemble paraît plus circulaire que linéaire, plus spatial que chronologique. Certains sonnets se suivent, comme des strophes dans un poème narratif, mais plus souvent ils forment des groupes assemblés autour d'un même thème ou d'une même situation. Toutefois la numérotation de 1609 ne correspond pas nécessairement à celle que Shakespeare aurait choisie s'il avait participé à l'édition. Plusieurs sonnets ne semblent pas à leur place.

Les phases principales de cette succession sont bien connues, en voici un bref résumé :

– Les 17 premiers sonnets, hymnes à la beauté, à la Nature, exhortent le jeune homme au mariage. Il est impie de garder pour soi cette beauté, car seules alors la vieillesse et la mort en hériteront. Il faut la perpétuer en procréant des enfants.

– Viennent ensuite 16 poèmes où il n'est plus question d'amour matrimonial. Ce sont des odes à la beauté et à l'amour, mais à l'amour mutuel que se portent le poète et son destinataire. Cette fois c'est à la poésie que Shakespeare confie le soin d'éterniser la beauté de son ami, tout en la décrivant comme indescriptible. Le panégyrique reste abstrait, il n'y a pas de portrait, encore moins de blason.

– À partir du Sonnet 33, le climat s'assombrit, il est question d'infidélités, d'aigreurs, de ressentiments suivis de pardons ; le bien-aimé éparpille son affection, trahit son ami de diverses façons, fait appel à un poète rival pour célébrer sa beauté. Incidemment, le poète en question reste aussi inconnu que son inspirateur supposé. Plus loin, c'est le poète lui-même qui s'accuse d'infidélité ou de froideur, qui avoue avoir commis des actes répréhensibles. Les rôles sont inversés, c'est lui qui fait souffrir le jeune homme, à supposer que celui-ci soit capable de souffrir. Les thèmes traités auparavant reviennent, l'auteur continue de jongler avec le glossaire et la grammaire du discours amoureux, et la méditation poétique s'élève au-dessus de l'anecdote. Le ton peut devenir grandiose ou satirique, comme dans le Sonnet 66 où Shakespeare énumère les iniquités du monde.

– C'est à partir du Sonnet 127 qu'arrive la maîtresse aux cheveux noirs. Le lyrisme change de registre, devient gouailleur, sarcastique, sensuel et tourmenté. Le goût du péché, la conscience de céder à des charmes indignes, tempérés par des accès de bonne humeur et d'indulgence complice, donnent au plaisir d'amour une saveur amère, baudelairienne. C'est parmi cette série que se trouvent le célèbre Sonnet 129, description âpre du désenchantement qui suit l'acte d'amour, et le Sonnet 130, où l'auteur énumère les appas lourdement terrestres de sa maîtresse en inversant les conventions dithyrambiques qu'il a pourtant cultivées auparavant. Autre texte célèbre, le Sonnet 146 où, dialoguant avec son âme, le poète retrouve les thèmes traditionnels du *contemptus mundi* et de l'oraison mortificatrice.

On y trouve donc une grande diversité de thèmes et de climats moraux ou psychologiques, mais ce n'est pas seulement quand on passe d'un sonnet à un autre, ou d'un chapitre à l'autre de ce roman éclaté que l'on change de paysage et de philosophie. À l'intérieur de chaque sonnet se conjuguent des tensions contradictoires. Shakespeare porte un théâtre en lui, et l'intériorité de son lyrisme est animée de conflits proprement dramatiques.

IV

LA DRAMATURGIE SHAKESPEARIENNE

1. Les origines du théâtre élisabéthain

Qu'aurait écrit Shakespeare s'il était né cinquante ans plus tôt, sous Henri VIII ? Nul ne peut le dire, mais il n'aurait pas pu produire les mêmes œuvres ; ni le climat littéraire, ni les conditions matérielles de la représentation théâtrale ne s'y prêtaient. Quand il arriva à Londres il y avait des théâtres en activité, des troupes d'acteurs dotés d'un statut moins précaire que celui des saltimbanques itinérants, des protecteurs haut placés, un public nombreux et fidèle, et déjà une tradition, des thèmes, des schémas, un style, mais depuis peu de temps.

Le théâtre élisabéthain date du règne d'Élisabeth, bien que les conventions de l'histoire littéraire le fassent durer jusqu'en 1642, date de la victoire des puritains et de la suppression des spectacles. Il existe des textes dramatiques antérieurs à ce règne, et certains sont signés, échappant à l'anonymat qui affecte souvent ce type de littérature, mais la fonction et la nature des représentations auxquelles ils étaient destinés rappellent le Moyen Âge plus qu'ils n'annoncent les temps modernes. Pendant toute la première partie du XVIe siècle, cela reste une activité d'amateurs, liée aux périodes de carnaval ou de fêtes corporatives. Dans le prolongement des mystères sacrés, ces œuvres, appelées *moralités* ou *interludes*, ont souvent une inspiration morale et religieuse. Ce sont des paraboles édifiantes, mêlées parfois d'épisodes bouffons et truculents qui rappellent l'esprit du fabliau. Malgré une certaine variété de sujets, dont certains sont empruntés à l'Antiquité, le thème principal est la destinée de l'homme, déchiré entre le péché et la grâce, entre les voies de la tentation et celles du salut. Les notions morales s'y incarnent en personnifications allégoriques : le Vice, le Désordre, la Vertu, la Charité, la Grâce, y ont leur emploi et y tiennent des discours. On les retrouve d'une pièce à l'autre. Les textes sont le plus souvent écrits en vers rimés par des membres du clergé ou des écrivains occasionnels soucieux d'élégance autant que d'édification. La musique jouait un rôle important dans ces spectacles rituels et festifs.

Les universités ont également contribué à la formation du goût et à l'établissement d'un répertoire. La Renaissance et l'humanisme ont développé l'amour des belles-lettres, les universités ne se vouent plus exclusivement à la théologie et à la perpétuation du clergé. La Réforme n'a pas aboli l'étude du latin, et de plus c'est seulement à partir du règne d'Édouard VI, de 1547 à 1553, que s'instaure une nouvelle liturgie en anglais. Il se forme un lien entre le renouveau de la culture latine et la découverte du théâtre : les étudiants des universités ne connaissent pas bien les tragiques grecs, mais ils lisent les adaptations que Sénèque en a tirées. Ils les jouent, en latin, lors des cérémonies qui ponctuent la vie des collèges. Les plus doués, ceux qui se piquent de talent littéraire, écrivent des tragédies à la manière de Sénèque, en latin d'abord, en anglais plus tard, sur des sujets empruntés à l'histoire ou à la légende, à l'instar de Robert Garnier en France.

La comédie n'est pas oubliée. Plaute et Térence servent de modèles. C'est un traducteur de Térence, directeur d'école à Westminster, Nicholas Udall (1504-1556), qui écrivit et fit jouer par ses élèves la première véritable comédie du répertoire anglais, *Ralph Hoister Doister*. C'est une farce dont l'action se situe dans un monde familier, sans interventions allégoriques ni débats éthico-religieux. Représentée probablement en 1552, elle précède de quelques années l'avènement d'Élisabeth en 1558. Cela montre que le théâtre dit élisabéthain ne coïncide pas étroitement avec un règne et qu'il ne résulte pas d'un décret royal. Toutefois le mot *théâtre* ne désigne pas seulement un genre littéraire, mais aussi la salle de spectacle construite *ad hoc*. Sur ce point l'expression *théâtre élisabéthain* prend tout son sens, car c'est sous le règne d'Élisabeth que les premiers théâtres permanents conçus pour accueillir des spectateurs payants furent édifiés à Londres.

Le théâtre anglais de la fin de la Renaissance ne s'étend guère au-delà de Londres, encore que la pratique des tournées en province et même à l'étranger soit devenue un aspect non négligeable de l'activité théâtrale.

Cependant, la production des textes dramatiques et la pratique du théâtre ont précédé la construction des bâtiments spécialisés, en Angleterre comme ailleurs. Non seulement cette littérature existe depuis l'Antiquité, mais le style élisabéthain a précédé son instrument architectural. On peut lui donner une date de naissance, l'année 1561, où deux juristes écrivains, Thomas Sackville (1536-1608) et Thomas Norton (1532-1584) écrivirent ensemble la tragédie de *Gorboduc*. Là se trouve le point de départ d'une période de production qui devait durer quatre-vingts ans et qui, si l'on fonde une évaluation sur les quelque sept cents textes imprimés qui subsistent, a fait preuve d'une belle fécondité.

Gorboduc contient beaucoup des ingrédients qui caractérisent ce théâtre. La forme, l'usage du décasyllabe ïambique non rimé, pour la première fois dans une œuvre dramatique. Le climat, il s'agit d'une tragédie, et aux yeux de la postérité le théâtre élisabéthain passe pour atteindre son plus haut degré de perfection, ou d'originalité, dans le domaine tragique. Sur un point *Gorboduc* annonce le théâtre classique plus que le drame élisabéthain : les actions violentes ne se déroulent pas sur la scène, elles sont narrées par de grandes tirades. Mais le déploiement rhétorique appartient à la période, de même que la dimension historique de la pièce, dont l'intrigue ne se concentre pas sur une crise délimitée par les unités chères aux exégètes d'Aristote.

Le sujet est tiré de l'histoire légendaire de la Bretagne celtique, c'est-à-dire de la Grande-Bretagne d'avant les conquêtes. Le roi Gorboduc décide imprudemment de diviser son royaume entre ses deux fils, provoquant un tourbillon de déchirements familiaux et nationaux : rivalités, désordres, fratricide et même infanticide, guerres civiles. Cela ressemble à la tragédie du roi Lear, puisée dans le même fonds légendaire, avec lequel la dynastie des Tudors entretenait une relation fervente. *Gorboduc* exalte doublement le thème de l'unité nationale, comme le faisait la pensée officielle au XVIe siècle : la division du royaume est dénoncée comme une folie criminelle, et le passé lointain réapproprié comme appartenant au patrimoine de tous les habitants de l'île, y compris des descendants de ceux qui en expulsèrent les Celtes, ne leur laissant que le pays de Galles et l'Irlande.

Contrastant avec les moralités de l'époque précédente, le drame élisabéthain a donc souvent un caractère national et historique. Ce qui s'y joue n'est pas la destinée de l'âme tiraillée entre l'ici-bas et l'au-delà, entre le péché et la grâce, mais le destin de la nation, dont la paix et l'unité sont menacées par le désordre et l'usurpation.

D'après cette description, le drame élisabéthain semble fondé sur des préoccupations politiques et non métaphysiques, sur des valeurs terrestres, tributaires du temps, de l'espace, du devenir irréversible. Cela est vrai en partie, et explique l'impression de modernité que donne ce théâtre. Mais en partie seulement. L'imagination poétique ne se satisfait pas d'une vision strictement sécularisée de l'histoire. L'opposition entre Nature et Histoire trouve dans le drame élisabéthain une sorte de résolution visionnaire. Les situations tragiques ou heureuses reviennent comme les orages et les éclaircies, comme les saisons de la vie et de la mort, superposant le revenir au devenir.

De plus, le patriotisme quasi mystique des poètes anglais de la Renaissance, la sacralisation de la fonction royale dont ils se font les chantres, donnent aux thèmes politiques une dimension autre que temporelle. Mais la superposition du temporel et du spirituel ne se fait pas sans dissonances tragiques. Les rois ont une nature duale, transcendante et terrestre. Ils sont des dieux pour les hommes mais des hommes pour Dieu. Et par là les auteurs de la Renaissance continuent le Moyen Âge, en donnant à la condition humaine une grandeur royale.

La tragédie de *Gorboduc* fut jouée par des étudiants de

l'école de droit de l'*Inner Temple* le soir du 6 janvier 1561. C'est la date de l'Épiphanie, c'était aussi celle du carnaval qui rappelle les saturnales romaines. En dehors de cette rencontre entre le paganisme et le christianisme, l'événement illustre la fonction festive du théâtre, conçu pour accompagner les fêtes religieuses, les mariages, les commémorations, les réunions corporatives. Le nom d'*interludes* donné aux pièces indique leur vocation : servir de divertissements entre deux cérémonies ou célébrations, de réjouissances ludiques au milieu d'autres réjouissances.

On pourrait penser que l'essence carnavalesque ou saturnalienne du théâtre s'incarne mieux dans la comédie que dans la tragédie. Si l'une des comédies de Shakespeare s'intitule *Twelfth Night*, ce qui signifie la douzième nuit – après Noël –, autrement dit *La Nuit des Rois*, c'est certainement parce qu'elle fut jouée pour la première fois un 6 janvier, conformément à une coutume ancienne, et dans son contenu même elle exprime l'esprit du carnaval : déguisements, changement de sexe et de nom, bouleversement de la hiérarchie sociale par un pouvoir temporaire donné aux domestiques, congédiement de la raison, atmosphère folâtre et dansante.

Les tragédies pouvaient également contribuer à l'esprit de la fête, surtout quand elles se fondaient sur l'histoire nationale. Les tragédies légendaires participent à la ferveur commémorative, nourrissent le sentiment communautaire. Elles se terminent presque toujours par le rétablissement de l'harmonie après les tumultes. La mort violente des rois à laquelle le public attribuait peut-être une signification à la fois sacrilège et sacrificielle, voire christique, n'empêche pas l'Angleterre de retrouver la paix.

De plus, bien que l'on considère le théâtre élisabéthain comme un art auditif plus que visuel, surtout à ses débuts, avant l'invention des machines et des *masques*, le public a eu très tôt le goût du spectacle et du pittoresque. La municipalité de Londres organisait des défilés somptueux appelés *pageants* pour représenter des scènes et figures du passé. Certaines pièces historiques sont appelées *pageant-plays*, pièces-cortèges, où la reconstitution du passé, sous forme de déploiement cérémonial et de costumes occupe une place importante. Shakespeare, dont l'œuvre contient une réflexion continuelle sur le théâtre et sur les diverses formes de spectacles, a introduit dans *Peines d'amour perdues* une parodie burlesque de ce genre d'activité, avec le défilé des neuf Preux.

Gorboduc offre aussi un exemple de pantomime : avant chaque acte les acteurs viennent mimer l'action qui va se dérouler. Ce dédoublement du jeu théâtral, dont on trouve une illustration dans *Hamlet*, implique un haut degré de stylisation, la recherche d'une expression visuelle et gestuelle, une façon d'assumer l'artifice du théâtre.

La reine se contentait peut-être de voir dans *Gorboduc* une homélie contre la sédition. C'est sans doute pour cela, et pour encourager la production d'œuvres analogues qu'en janvier 1562 elle fit représenter la pièce à Whitehall, palais londonien qui contenait des salles d'apparat. Quels étaient les acteurs qui jouèrent devant la reine et sa cour en 1562 ? On ne le sait pas. Des étudiants en droit, comme l'année précédente, des professionnels, une troupe mixte ? Les uns comme les autres devaient faire l'effort d'apprendre et déclamer de longues tirades, tout en respectant le principe fondateur du théâtre, qui est l'imitation de la vie. Les premiers privilégiaient peut-être la déclamation, au détriment du jeu, à l'inverse des professionnels qui appartenaient encore à la catégorie des bateleurs et des jongleurs. Mais la compagnie réunie pour la circonstance obtint un grand succès. L'œuvre devint célèbre et eut même l'honneur, avant Shakespeare, de circuler sous forme d'éditions pirates.

Il est difficile d'établir comment sont nées les compagnies d'acteurs. Il n'y avait pas de conservatoires d'art dramatique, et pendant les premières années du règne d'Élisabeth il n'y avait pas non plus de théâtres. Mais leur construction, ou la transformation en salles de spectacle de locaux ayant servi à d'autres usages, commença à partir des années 70.

2. Les théâtres

Les historiens opposent les *théâtres publics* aux *théâtres privés*, mais ces désignations, calquées sur les adjectifs anglais *public* et *private*, risquent de créer des confusions. Les uns et les autres étaient autant publics que privés : on y admettait le public et ils appartenaient à des propriétaires. Les premiers étaient des sortes de cirques de grande capacité, où l'on jouait l'après-midi, à ciel ouvert. Les seconds d'anciens bâtiments couverts, où l'on jouait à la lumière des chandelles devant un public plus réduit, payant plus cher.

Le premier grand théâtre fut construit en 1576 par un menuisier devenu acteur, James Burbage, père de Richard Burbage, le plus célèbre comédien du temps. Il s'appelait simplement *The Theatre*. Après sa destruction en 1598, la compagnie et une partie des matériaux furent transportés de l'autre côté de la Tamise, sur la rive sud, pour y construire le Théâtre du Globe, resté célèbre et emblématique grâce à son association avec Shakespeare. Grâce aussi à son nom. Une enseigne représentait Hercule portant le globe terrestre et on y lisait l'inscription *Totus mundus agit histrionem*. La formule résume un certain nombre d'aphorismes et de développements que l'on trouve dans Shakespeare : le théâtre reflète le monde, lequel est lui-même un théâtre où chacun joue le rôle que la nature ou la fortune lui ont assigné. De reflet en reflet, le monde perd sa substance, il ne reste plus que des ombres et des images.

Le Globe, incendié accidentellement en 1613, puis reconstruit, puis démoli définitivement après la prise du pouvoir par les puritains en 1642, faisait partie des théâtres ouverts, qui tous subirent le même sort. La révolution populaire mit fin au théâtre populaire. La restauration de la monarchie en 1660 marque le commencement d'une période favorable au théâtre, mais dans d'autres lieux, pour un autre public, selon une autre esthétique. Sur l'architecture des théâtres de l'époque pré-révolutionnaire les documents sont si rares qu'il ne subsiste qu'un seul vestige graphique, un croquis fait par un prêtre hollandais qui s'appelait Johann De Witte, de l'intérieur du Théâtre du Cygne en 1596. Et encore ne connaît-on de ce dessin qu'une copie due à un certain Arend van Buchell. Au dessin s'ajoutent quelques notes écrites en latin par De Witte dans son journal. Il dit que ces théâtres ont la forme d'un amphithéâtre, qu'ils sont bâtis en bois sur des fondations de pierre, qu'ils peuvent contenir trois mille spectateurs.

Grâce à divers recoupements, à quelques allusions contenues dans les œuvres elles-mêmes, les historiens ont reconstitué le plan de ce à quoi ressemblaient le Globe et les autres théâtres ouverts. Les spectateurs étaient installés sur plusieurs niveaux, les acteurs également. Les spectateurs du parterre restaient debout, autour d'une plateforme que les spécialistes appellent le *proscenium.* La plus grande partie de la pièce se jouait sur cette estrade surélevée, sans rideau et sans doute sans décor. Il arrivait aux acteurs de s'interpeller d'un niveau à l'autre. Ainsi les scènes de balcon, de remparts, de forum, etc. trouvaient une structure toute prête. Des trappes communiquaient avec le sous-sol, permettant aux personnages d'apparaître ou de disparaître. Il y avait des portes au fond de la scène, mais pas de coulisses. Le souffleur avait une fonction importante ; c'est grâce à lui, et à ce qu'on appelle le « livre du souffleur » (*the prompt-book*) que beaucoup de textes ont pu être retrouvés. En l'absence de l'auteur, c'est peut-être lui qui jouait le rôle du régisseur.

En effet, la représentation dramatique suppose un travail préalable de coordination, autrement dit une mise en scène, ou une régie. Nous sommes peu renseignés sur cet aspect de l'artisanat théâtral du temps de Shakespeare. Le metteur en scène, qui refaçonne l'œuvre entière, impose une vision d'ensemble où décors, costumes, scénographie, rythme, gestuelle et diction concourent au résultat voulu, n'avait probablement pas d'équivalent. C'est l'auteur qui devait faire office de metteur en scène. La question des décors et même des costumes ne devait pas se poser, car il n'y avait guère de décors et les mêmes costumes servaient d'une pièce à l'autre. Certains acteurs n'hésitaient pas à se mettre en valeur par des démonstrations emphatiques, au détriment du travail d'équipe et de la continuité dramatique, un peu à la manière des chanteurs d'opéra au XIXe siècle. Le discours que Hamlet adresse aux comédiens, au troisième acte de la pièce, contient des indications intéressantes. On y apprend que les acteurs spécialisés dans les rôles de bouffons transformaient parfois leurs interventions en monologues comiques, ajoutant au texte des plaisanteries de leur cru.

Les textes contiennent peu d'indications de scène. Celles qui sont portées sur les éditions que nous utilisons couramment ont été ajoutées longtemps après. Sans doute la présence de l'auteur pendant les répétitions palliait-elle l'absence d'indications écrites, que les éditeurs des siècles suivants ont tenté de suppléer, avec maladresse parfois et excès de zèle.

Un espace était aménagé pour les musiciens, mais il leur arrivait de prendre place sur la scène quand la musique faisait partie de l'action elle-même. Les textes shakespeariens, pauvres en indications de scènes, ne manquent pas cependant de signaler l'intervention des fanfares, des concerts de hautbois et autres commentaires musicaux.

À défaut de décors, il existait des accessoires et des machines à treuils, qui se perfectionnèrent au cours des années. Il y avait même des petits canons, comme celui qui déclencha l'incendie de 1613, pendant une représentation de *Henri VIII*. Il n'y a pourtant pas de scène de bataille dans cette pièce. Les salves d'artillerie contribuaient à l'apparat des solennités royales, diplomatiques ou funéraires, comme à la fin de *Hamlet*.

Il y eut neuf théâtres de ce genre à Londres, ce qui n'est pas négligeable pour une ville de 160 000 habitants. Ils ne fonctionnaient pas en permanence, à cause des épidémies et des intempéries, non rares sous le ciel d'Angleterre. Cela explique aussi la création des théâtres fermés. Le plus célèbre est celui des Blackfriars, installé dans un ancien couvent de dominicains (les « frères noirs »). On y joua des pièces de Shakespeare, ce qui amène une question souvent posée : les architectures différentes entraînaient-elles des conceptions différentes ? Il y eut, par la force des choses, un certain degré de spécialisation. Les auteurs travaillaient en symbiose avec les compagnies, de sorte que leurs œuvres dépendaient des moyens dont elles disposaient. C'est dans les théâtres fermés, de forme généralement rectangulaire, que se développa l'art du décor grâce notamment à l'architecte Inigo Jones (1572-1652), que l'on associe à la vogue des *masques*, divertissements poétiques, musicaux et chorégraphiques. Mais ces masques étaient souvent interprétés par des amateurs appartenant à l'aristocratie, qui ainsi se donnaient à eux-mêmes et à leur entourage des spectacles somptueux et raffinés. Ces fêtes artistiques constituaient pour les femmes la seule occasion de participer à un spectacle théâtral, puisque la loi leur interdisait de jouer en public.

Les compagnies, exclusivement masculines, se composaient donc d'hommes et de jeunes garçons à la voix non encore muée préposés aux rôles féminins. En dehors du cas particulier des quelques troupes ne comportant que des enfants, les compagnies avaient peu de ces jeunes acteurs, et, cause ou conséquence de cet état de fait, il y a peu de rôles féminins dans les pièces élisabéthaines. L'œuvre de Shakespeare comporte environ 140 rôles féminins, sur un total de quelque 900. Dans chaque œuvre, le nombre varie de 1 à 7, mais le plus souvent il n'y en a que trois ou quatre. Même dans *Tout est bien qui finit bien*, la plus féminine et peut-être la plus féministe de ses œuvres, le nombre de rôles fait pencher la balance du côté masculin.

À l'origine de cette interdiction se trouvait l'idée que la présence de femmes sur la scène ne pouvait pas manquer de provoquer dans le public – que l'on suppose aussi majoritairement masculin que celui des combats de coqs et que la clientèle des tavernes – une montée de désirs coupables et dangereusement collectifs. Certains commentateurs pensent cependant que l'ambiguïté sexuelle qui résultait du travestissement des éphèbes devait troubler les sensibilités plus profondément que ne l'auraient fait des comédiennes aux charmes ostentatoires. C'est possible, mais le trouble était peut-être plus mental que charnel, provenant du sentiment soudain de l'instabilité des codes, comme au spectacle des comédies de Shakespeare où le paradoxe de la ressemblance dans la différence, ainsi que la convention théâtrale selon laquelle l'habit fait le sexe, sont poussés très loin. Les spectateurs contemporains pouvaient voir un garçon travesti en femme se déguiser une seconde fois pour faire semblant d'être ce qu'il était réellement.

Ces distributions entièrement masculines devaient produire un climat plus austère que sensuel, proche encore de cette sorte de liturgie distanciée qui, bien avant Brecht, caractérisait le théâtre antique et les mystères médiévaux.

Aussi bien dans le jeu des jeunes acteurs que dans l'imagination des auteurs, cette convention a dû infléchir la conception même qu'ils avaient des femmes en général. On s'en rend compte *a contrario* en étudiant les comédies de la Restauration, écrites après l'arrivée de Charles II en 1660, quand les actrices furent enfin admises sur la scène. Les personnages féminins y acquièrent un relief et une importance sans précédent. Objets de désirs et sujets désirants, elles témoignent à la fois de la condition des femmes et du pouvoir qu'elles ont de la surmonter. Enserrées par les contraintes que la société leur impose, elles les bousculent par une agitation obstinée qui forme le ressort comique et le rythme même de la pièce.

Les personnages masculins sont également transfigurés par la stylisation, ne serait-ce que pour des raisons techniques : le grand nombre de personnages entraîne que les mêmes acteurs jouent plusieurs rôles au cours de la représentation. Le théâtre poétique a ses lois propres. S'il renvoie l'image du monde, ce n'est pas nécessairement celle du monde proche et contemporain. Son universalité suppose une certaine dose d'intemporalité, la création d'un espace imaginaire libéré des pesanteurs physiques, l'institution d'une typologie et d'une psychologie au service de l'art.

3. Les formes et les conventions du théâtre shakespearien

Shakespeare appartient à la deuxième génération des dramaturges élisabéthains. La génération des pionniers, de Sackville et Norton, de Lyly, de Greene, de Peele, a le mérite d'avoir créé ce théâtre presque à partir de rien, de lui avoir donné un langage, des conventions, des thèmes, d'avoir construit des modèles et écrit des pièces que leurs successeurs se sont appropriées en les remaniant.

L'époque de Shakespeare est celle qui combine les vertus de la jeunesse et de la maturité, celle aussi de quatre grands auteurs dramatiques, les trois autres étant Kyd, Marlowe et Jonson. Thomas Kyd (1558-1594) auteur de *La Tragédie espagnole* (1592), histoire de vengeance située dans une Espagne à la Hugo, et peut-être d'un premier *Hamlet* dont le texte est perdu, incarne le préromantisme pittoresque et grandiose qui vient à l'esprit dès qu'on parle de drame élisabéthain.

Christopher Marlowe (1564-1593), poète dont les vers au rythme de marche soulevaient le public, esprit libre et original, dramaturge impétueux, a le premier donné un ton personnel au théâtre, le plus impersonnel de tous les genres littéraires. En s'identifiant à des protagonistes qui sont des héros de la démesure dans le pathétisme, l'ambition ou la cruauté – Didon, Édouard II, Faust, Tamerlan, le duc de Guise – il a inventé la tragédie lyrique.

Ben Jonson (1572-1637), auteur prolifique dans tous les genres, est surtout connu aujourd'hui pour ses comédies satiriques qui font de lui l'Aristophane anglais : *Volpone*, *L'Alchimiste*, *La Foire de la Saint-Barthélemy*. Jonson, autodidacte fier de sa culture, se considérait comme le théoricien du théâtre de son temps. Traditionaliste, il aurait pris le parti des Anciens contre les Modernes si une querelle de ce genre avait éclaté, mais ses pratiques étaient novatrices.

Shakespeare n'était ni novateur ni théoricien. S'il lui arrive souvent d'inclure dans ses œuvres des réflexions sur le théâtre, elles concernent la signification quasi métaphysique de l'art, ou du jeu de l'acteur, non la technique de composition ni le choix à faire entre plusieurs écoles. Pour ce qui est de la forme, des conventions scéniques, de la grammaire dramatique, il s'est coulé dans les moules que lui fournissait la tradition récente et vivante. Il a réutilisé des thèmes déjà traités, et fait un travail d'adaptateur sur des pièces existantes.

Le théâtre élisabéthain fonctionnait selon un certain

nombre de conventions, sinon de règles. L'idée de convention implique un pacte avec le public, une collaboration au moins passive de sa part.

Les œuvres sont en principe divisées en actes et en scènes, mais les textes originaux omettent souvent de les mentionner, ou ne le font que d'une manière désinvolte et décousue. En fait l'unité de découpage est la scène, que l'on pourrait appeler *tableau* si les décors pouvaient matérialiser les changements de lieu, ou *séquence* au sens cinématographique. À la différence du système français où un changement de scène est indiqué à chaque fois qu'un personnage entre ou sort, la scène, au sens dramatique, est une partie de l'action se déroulant dans un même lieu et en continuité. Par exemple la première scène du *Roi Lear* comporte trois phases : une conversation entre quelques personnages, l'arrivée solennelle du roi et la confrontation qui s'ensuit, puis retour à la sphère privée avec un dialogue entre les deux filles aînées du roi.

L'espace est donc assez grand et assez vague pour y loger plusieurs groupes de personnages et plusieurs types d'action. Cela rappelle le théâtre classique, avec la différence que dans Shakespeare s'il y a unité d'action, de lieu et de temps, c'est dans le cadre de la scène qu'elle se concentre. Par exemple dans *Antoine et Cléopâtre* il y a 42 scènes se déroulant chacune dans un lieu différent, au long d'une action qui historiquement a duré plusieurs années.

Cette liberté de construction n'empêche pas Shakespeare de concentrer l'action quand la nécessité l'impose. La présentation panoramique fait place à une dramaturgie ramassée, focalisée sur le nœud de l'action et sur la crise qui mène l'émotion à son paroxysme. Dans *Antoine et Cléopâtre* le quatrième acte, qui se termine par la mort d'Antoine, se passe dans un espace restreint et dans la limite des vingt-quatre heures classiques. Dans *Macbeth*, entre le moment où l'idée du meurtre vient à l'esprit des assassins et son accomplissement, l'action se concentre sur un espace réduit et une durée limitée propice aux hésitations et péripéties génératrices de suspens. C'est comme si Racine avait fait précéder et suivre son *Britannicus* de scènes historiques, faisant se dérouler la pièce de l'avènement de Néron à sa mort, tout en conservant au milieu une sorte de noyau tragique de structure serrée. Cette modulation du temps et de l'espace entre une dramaturgie éclatée, atmosphérique, et une dramaturgie concentrée préfigure l'art cinématographique.

Le passage d'une scène à l'autre se fait très rapidement, comme par un effet de montage, où l'on anticipe encore sur le cinéma. La brusquerie des transitions apparaît d'autant plus nettement que Shakespeare aime à rattraper ses personnages *in medias res*, au milieu d'une action ou d'une conversation déjà commencées hors champ. L'absence de décors, donc de changements de décors, rendait possible la juxtaposition de scènes où se succèdent parfois des groupes de personnages appartenant à des secteurs différents, évoluant dans des lieux également différents, menant des intrigues parallèles, d'où des effets de contrepoint, de contraste, de simultanéité. Dans d'autres cas le glissement d'une scène à l'autre fait franchir une longue distance dans le temps et dans l'espace.

Parce que la dramaturgie shakespearienne se déploie sous forme de fresque et que la disposition des scènes crée un effet d'espace autant que de succession temporelle, on assiste parfois à des représentations où l'ordre des éléments a été modifié. Cela ne nuit pas forcément à la logique ni à l'intelligibilité, et on constate que l'intérêt du texte ne dépend pas étroitement de la mécanique linéaire des événements.

Le théâtre a ses lois propres. Même si on en fait le plus figuratif de tous les arts, il reste que l'espace de la scène et la durée d'une représentation ne peuvent pas restituer telle quelle la réalité. L'art ne vise pas à restituer la réalité, il s'efforce de la recréer. De même que dans la peinture les impressions de volume, de perspective, de relief, résultent d'une manière d'exploiter les modalités spécifiquement humaines de la perception, ce qui fait apparaître le tableau comme émanant de l'esprit et non du monde extérieur, le théâtre reflète la réalité par un processus d'appropriation déformante. La représentation de l'espace sur les planches ne résulte pas d'une simple miniaturisation, comme le laisse entendre naïvement le Chœur au commencement d'*Henri V*. De même le temps ne coule pas au théâtre comme dans la vie. Tout le monde connaît le problème de la double temporalité dans *Othello* : d'après certaines données, les trois derniers actes représentent en valeur réelle un laps de deux ou trois jours, alors que d'autres données indiquent plusieurs semaines, voire une durée longue et indéterminée. À ceux qui considèrent cette invraisemblance comme un défaut ou une tricherie, les spécialistes répondent que le théâtre vit d'illusions et que les spectateurs n'ont pas le temps de faire attention au temps.

Ils devraient ajouter que Shakespeare lui-même souligne l'impossibilité du processus. Il fait dire à Emilia que les accusations d'adultère portées par Othello contre Desdémone sont absurdes, car cette dernière ne peut pas avoir eu le *temps* et la *place* de commettre ce qui lui est reproché (IV.II, vers 139). Qu'un homme puisse croire à des faits impossibles n'est pas sans relation avec le thème de la pièce. Que l'auteur se serve subtilement de l'illusionnisme de son art pour traiter des illusions de l'esprit ne manque pas de pertinence.

Le cas d'*Othello* n'est pas isolé. Ainsi *Le Marchand de Venise* présente deux séquences temporelles aussi incompatibles que dans *Othello* : le séjour de Bassanio à Belmont est crédité d'une durée très élastique, entre un jour et trois mois. La tétralogie *Henri VI-Richard III* retrace une suite d'événements qui couvre plus d'un demi-siècle, de 1422 à 1485. Or, les actions se suivent et s'enchaînent avec une urgence proprement tragique, les personnages sont contemporains les uns des autres, alors que des indications rétrospectives décrivent comme du passé lointain ce qui sur scène semble être arrivé très récemment.

La compression du temps produit d'étranges effets de simultanéité. Dans *Richard II* on apprend au même instant la mort du duc de Lancastre, la confiscation de ses biens, et le retour de son fils venu de France pour récupérer son héritage. Il n'y a pas une seule pièce de Shakespeare où une enquête vétilleuse ne puisse déceler des inadvertances de ce genre. Mais s'agit-il vraiment d'inadvertances ? Ces illogismes apparaissent comme la conséquence logique des lois du théâtre, et les déformations de perspective qui en résultent servent le dessein profond des œuvres, comme on le voit dans le cas d'*Othello* où l'aplatissement du temps est inséparable de la vision tragique.

Les lois du théâtre ne s'identifient pas à celles de la probabilité. Quand l'espace de la scène constitue un lieu de rencontres, c'est parce que la convergence des trajectoires doit beaucoup à des coïncidences fatales ou providentielles. Le théâtre forme un monde en soi, doué d'une ubiquité voyageuse et d'une autonomie qui s'approprie le hasard.

C'est aussi un endroit où l'on parle, y compris à soi-même et au public. Les apartés, les soliloques, les discours choriques, font partie de l'attirail de conventions que Shakespeare utilise avec humour parfois, comme lorsque des personnages se surprennent mutuellement en train de parler tout seuls. Par exemple dans *Peines d'amour perdues* où trois personnages révélant leurs secrets au public sont entendus par leurs amis cachés, chacun prenant place successivement à son poste d'observation (IV.III.). C'est une plaisanterie scénique que l'on trouve dans les comédies de Plaute mais jamais aussi développée que par Shakespeare. L'auteur fait semblant d'oublier la clause de la convention qui stipule que le monologue sert à transmettre les cogitations intimes d'un personnage au public, non aux autres personnages. Le théâtre devient alors un monde dont les habitants s'expriment à haute voix et n'ont pas les moyens de se parler à eux-mêmes sans risquer d'être entendus.

D'autres procédés restent protégés par la convention qui les a fait naître : ainsi l'aparté permet à un personnage de communiquer une pensée au public à l'insu des autres personnages, même au milieu d'une conversation. Les déguisements et les cachettes jouissent d'une sorte de privilège, mettant leurs bénéficiaires en congé de vraisemblance. Quand un personnage change d'identité ou de sexe, personne d'autre que les spectateurs ou les amis partageant le secret ne le reconnaît. Dans *Les Deux Gentilshommes de Vérone* Proteus ne reconnaît pas sa fiancée Julia en la personne du page Sebastian qu'il a pris à son service. Le vieux duc de *Comme il vous plaira* ne reconnaît pas sa fille devenue Ganymède, etc. Le procédé appartient au genre comique mais la tragédie du *Roi Lear* en fait usage, quand Kent et Edgar se travestissent pour échapper à leurs persécuteurs. Le déguisement d'Edgar consiste à se dénuder, ce qui montre combien cet ensemble de procédés implique la connivence du public.

Les conventions impliquent un principe de stabilité, un contrat à respecter. Elles n'admettent pas d'exception. Le masque sous lequel Tybalt soupçonne la présence de Roméo n'en constitue pas une, car ce n'est pas un déguisement de théâtre, mais un masque de bal. De même s'il arrive à Falstaff ou à Henri VI d'être surpris dans une cachette, celle-ci appartient à la géographie du monde extérieur, non à celle du théâtre, dont la magie opère sans intermittence.

Le théâtre élisabéthain déploie un certain nombre de types humains et sociaux qui constituent une sorte de personnel permanent. À la typologie humaine et sociale se superpose une typologie fonctionnelle, définissant les rôles comme celui de l'amoureux, de l'usurpateur, du tyran, du vengeur, du scélérat (*the villain*), etc. Les rôles secondaires et utilitaires sont parfois désignés en tête de réplique par le nom de leur emploi : *nourrice*, *pédant*, *vieillard*, *serviteur*, *roi*, *marin*, *maquerelle*, etc. Certains acteurs étaient spécialisés dans des emplois de ce genre.

Cela ne va pas jusqu'à redistribuer les mêmes rôles dans des intrigues plus ou moins variables. La récurrence des caractères établit une comédie humaine plutôt qu'une *commedia dell'arte*. Celle-ci n'était pas inconnue en Angleterre et Shakespeare fait allusion au personnage de Pantalon (*Comme il vous plaira*, II.vii.158) en le renvoyant à la vie réelle. Mais ses personnages, même inspirés par les caricatures traditionnelles, les dépassent par une forte dose d'individualité. De plus, il prend ses distances à l'égard de la tradition théâtrale en s'y référant par un vocabulaire emprunté au théâtre. Le cas de Pistol, soldat fanfaron qui traverse la seconde partie d'*Henri IV*, *Henri V*, et *Les Joyeuses Commères de Windsor*, montre une grande ingéniosité. Au lieu de s'inspirer directement du *Miles Gloriosus* de Plaute, comme Jonson ou Corneille, Shakespeare fait du vantard pleutre un anachronique admirateur de Marlowe, mêlant à ses vociférations d'ivrogne des réminiscences de *Tamerlan le Grand*.

Il existe une tradition que Shakespeare traite au premier degré, tout en y investissant son originalité créatrice, celle des fous et des bouffons, que des acteurs spécialisés interprétaient avec costume bariolé, accessoires emblématiques, chansons et acrobaties. On s'attend à les trouver dans les comédies, mais c'est dans *Le Roi Lear* qu'apparaît le plus célèbre et le plus individualisé malgré son anonymat, de tous les Fous, pour disparaître mystérieusement au troisième acte, après que le roi lui-même a appris assez de folie pour pouvoir le remplacer.

Le *Fool*, avec une majuscule, est le fou de cour, le bouffon officiel, censé amuser les gens par les enfantillages dus à une absence congénitale d'intelligence. En réalité les fous shakespeariens sont pleins d'esprit. Ils pratiquent l'irrespect, s'abritent derrière leur ineptie prétendue pour justifier leurs impertinences, qui n'ont pas pour seules cibles les bonnes manières et la hiérarchie sociale, mais également la raison et le langage.

Le *Clown* est un bouffon rustique. Sa franchise déplacée, ses insolences, ses incongruités, viennent de la campagne.

Il y a aussi des bouffons non officiels, des paysans de ville comme les artisans dans *Le Songe d'une nuit d'été*, qui se prennent pour des comédiens, et le sont en effet, mais à leur insu et pas dans les rôles qu'ils ont choisi d'interpréter ; ou des agents de police peu policés, comme Verges et Dogberry dans *Beaucoup de bruit pour rien*. Ceux-là font rire à leurs dépens, conformément à la tradition du personnage comique parce que ridicule. Au contraire, les plaisantins cyniques, irresponsables, qui font de la pitrerie un art autant qu'un moyen de vivre, car la société admet en son sein le parasitisme de la dérision, rient eux-mêmes autant qu'ils font rire. Falstaff, Lucio dans *Mesure pour mesure*, appartiennent à cette catégorie de pseudo-fous et authentiques bouffons destinés à une fin peu glorieuse.

Comme la plupart de ses contemporains, Shakespeare pratique parfois l'intrigue multiple. Il se distingue d'eux cependant par son souci d'intégration et l'aisance avec laquelle il la réalise. Alors que sur la scène élisabéthaine on assiste souvent à des œuvres faites de scénarios parallèles, dans Shakespeare les fils s'entrecroisent et finissent par se réunir, sans qu'il soit fait appel à une machinerie de coïncidences vaudevillesques. Le cas de *Beaucoup de bruit pour rien* est frappant : au commencement, il y a deux intrigues distinctes, qui auraient pu fournir deux pièces. Puis elles deviennent indissociables.

Il y a des cas où l'intrigue multiple vient d'une sorte de prolifération engendrée par un même motif. Dans *La Mégère apprivoisée* deux sœurs sont courtisées par plusieurs soupirants et coureurs de dots, ce qui entraîne des complications, mais l'unité de lieu au sens large, la convergence et la solidarité des situations, la consonance thématique, font que le spectateur n'a pas l'impression de voir une superposition d'intrigues différentes. De même dans *Les Joyeuses Commères de Windsor* : un séducteur grotesque courtise simultanément deux femmes, tandis que la fille de l'une d'elles est recherchée en mariage par trois prétendants, autour desquels gravitent des auxiliaires plus ou moins efficaces ou maladroits. Malgré l'imbroglio et les épisodes annexes – car dans une pièce de Shakespeare le courant principal reçoit de nombreux affluents – tout reste clair.

La multiplicité des sources n'engendre pas forcément celle de l'intrigue. Quand Shakespeare amalgame des matériaux de provenances diverses par le procédé appelé *contamination*, il en résulte une composition homogène, et malgré la richesse de la polyphonie, une unité d'action telle que seule l'érudition littéraire permet de déceler la pluralité des sources. C'est le cas notamment du *Marchand de Venise* et de *Cymbeline*.

Dans les pièces historiques, la notion d'intrigue n'a pas la même validité que dans les œuvres bâties à partir d'une fable dont la nature implique un principe d'unité. L'histoire, même simplifiée et même si l'auteur ne fait qu'en extraire des situations de crise, se présente comme une suite d'accidents peu prévisibles et n'obéissant pas à la même logique que les événements imaginaires. On y voit une collectivité en action, une destinée nationale gouvernée par le hasard plus que par la nécessité, et par des causes disparates *a priori* incompatibles avec l'épure organique que l'on attend d'une œuvre d'art.

Il y a cependant plusieurs façons de concevoir une œuvre d'art. Dans Shakespeare le respect des sources, l'animation diffuse, le foisonnement, ne caractérisent pas seulement les grandes fresques historiques.

4. L'esthétique du théâtre shakespearien

L'art de Shakespeare appartient-il à l'école baroque ? La réponse peut dépendre de ce qu'on entend par *baroque*. Si on prend le mot dans un sens plus quantitatif que qualitatif, en faisant état de la longueur des œuvres, du grand nombre de personnages, d'événements et de lieux, de l'écheveau des intrigues, de la sinuosité des itinéraires dramatiques, de la volubilité luxuriante et recherchée de l'écriture, ainsi que de son hétérogénéité, des anachronismes et invraisemblances de toutes sortes, on peut répondre positivement.

Les historiens de l'art sont plus exigeants et mettent l'accent sur la dissymétrie, la bizarrerie voulue, la diffraction des formes ou leur tremblement, les développements tronqués, l'absence de centre focal proposé à la perception. En essayant de les déceler dans l'œuvre de Shakespeare, on s'engage dans une démarche délicate, car on ne peut comparer les arts plastiques et les genres littéraires qu'en ayant recours à des correspondances et métaphores plus ou moins forcées.

Il y a des rencontres thématiques et formelles entre le théâtre de Shakespeare et certaines productions, notamment italiennes, de la période baroque : l'image dans l'image, la réflexion, à tous les sens du mot, de l'art sur lui-même, l'importance de l'arrière-plan, l'onirisme. Mais ces rencontres tiennent peut-être à la richesse de la pensée plus qu'à une méthode de composition. La vraie question est de savoir ce que signifie la notion de forme en littérature, et si en l'occurrence Shakespeare a eu des préoccupations constructivistes.

Toute peinture est abstraite en ce que toute composition picturale peut se définir en termes de lignes, de volumes, de symétries ou de dissymétries, de contrastes et de complémentarités, etc. On peut répertorier les styles à partir de la façon dont ces paramètres sont traités. Or, décrire une œuvre littéraire comme baroque, c'est impliquer que son auteur a imprimé à son matériau un dessin ou un dessein formel, qu'il a obéi à un idéal abstrait, non nécessairement en harmonie avec le contenu de l'œuvre, ou avec la pente du mouvement dramatique.

De telles opinions sont défendables, appliquées à Shakespeare, mais tout aussi défendables celles qui avancent qu'il a conçu ses drames sans autre programme que celui de respecter leur développement naturel, de rendre lisible l'enchaînement des causes et des effets, d'accomplir les virtualités contenues dans ses sources.

Il n'est pas mauvais quand on étudie Shakespeare de partir des pièces historiques. Lui-même a certainement commencé par là, et ces œuvres témoignent de son humilité à l'égard de l'histoire. Tout en utilisant les conventions de la scène, il donne l'impression modestement de mettre le théâtre au service de l'histoire, non l'inverse.

L'exemple de *Jules César* illustre les controverses sur ce point. Beaucoup de commentateurs se sont étonnés que le personnage éponyme meure au troisième acte, après avoir prononcé un nombre réduit de vers. On y a vu une maladresse, ou une transgression, ou une habileté, l'absence physique de César étant compensée par une présence quasi mystique. Mais si l'on s'interroge sur le genre auquel appartient cette tragédie, on trouve une réponse dans une réplique prononcée par Brutus avant la bataille décisive, au cinquième acte (I. 113-14) :

> Ce jour
> Doit achever l'œuvre que les Ides de Mars ont commencée.

C'est ce que fait le dramaturge, il achève l'œuvre qu'il a commencée, et qui consiste à mettre sur le théâtre une tranche d'histoire. Il était naturel d'y inclure toutes les phases du complot contre César ainsi que ses conséquences. De là vient ce sentiment de plénitude et presque d'exhaustivité. Le processus dramatique se déploie en entier, horizontalement, de même que verticalement la foule, la société. Sauf dans deux farces, *La Mégère appri-*

voisée et *Les Joyeuses Commères de Windsor*, la hiérarchie humaine est présente, au complet, depuis le roi, ou le duc, ou au moins le candidat au Consulat (dans *Coriolan*) jusqu'au plus humble domestique. Le théâtre élisabéthain joue un rôle analogue à celui du roman pendant sa période triomphante, le souci de réalisme documentaire en moins, la poésie en plus.

V

SHAKESPEARE ET L'HISTOIRE

Le théâtre exploite de diverses façons les faits historiques. En constatant que la réalité est plus inventive que l'imagination, l'auteur en tire des situations adaptées à son art : crises, dilemmes, conflits, affrontements et déchirements, impasses, ruptures, chutes et ascensions. À l'inverse, l'accent peut être mis sur l'histoire elle-même, sur les changements qu'elle a apportés, sur la différence entre le passé et le présent, avec la vogue de ce qu'on a appelé les Chroniques (*Chronicle Plays*) ou les Cortèges (*Pageant Plays*). Shakespeare combine les deux modalités. Il pratique une sorte de célébration des gloires et des vicissitudes du passé national, mais donne aux événements une forme et un rythme proprement dramatiques.

On peut leur trouver une matrice, selon le triptyque shakespearien : ordre, désordre, retour à l'ordre. La légitimité d'un roi est contestée, son pouvoir est attaqué. Un conflit s'ensuit, entraînant la nation dans une guerre civile, quelquefois une guerre étrangère. L'un des deux partis remporte une victoire, parfois amère, et rétablit l'ordre, pas toujours pour longtemps. L'histoire n'a pas de fin. Mais Shakespeare n'applique pas cette grille de façon mécanique, puisqu'il avait d'abord pour tâche de transcrire l'histoire, telle du moins qu'il la trouvait dans ses sources, c'est-à-dire dans Froissart, Hall, More et surtout Holinshed, ainsi que chez ses prédécesseurs poètes et dramaturges. Elle avait déjà un caractère édifiant et à moitié légendaire, et s'organisait en situations dramatiques.

La particularité des pièces historiques apparaît d'après leur disposition dans la grande édition de 1623. Alors que les autres œuvres semblent classées n'importe comment, hormis leur séparation entre comédies et tragédies, les dix *Histories* se suivent dans l'ordre chronologique des événements, non dans celui de leur composition. De plus, sur ces dix œuvres, huit constituent une saga nationale. Elles forment les deux tétralogies, celle dont l'action s'étend de la fin du règne de Richard II au triomphe d'Henri V, et celle qui, commençant à la mort d'Henri V en 1422, va jusqu'à l'accession d'Henri VII en 1485. Si l'on parle de deux groupes au lieu d'une série de huit, c'est parce que Shakespeare a écrit la seconde tranche avant la première, et que chacun des deux groupes forme un ensemble, ayant son style propre.

Le nom générique qui est donné à ces œuvres, *Histories*, précise leur spécificité. On dit quelquefois *English Histories*, pour les distinguer des pièces romaines inspirées de Plutarque et incluses parmi les tragédies.

En surface elles présentent un projet apparemment banal, conforme à l'idéologie officielle : autant dans les tirades lyriques ou exhortatoires que par la vibration émotive que communique l'histoire mise en spectacle, les œuvres exaltent les valeurs nationales. Éloge de l'unité, justification de la monarchie garante de cette unité, condamnation de la guerre civile, tandis que les guerres étrangères – en l'occurrence contre la France – qu'elles soient défensives, offensives, ou préventives, apparaissent toujours comme légitimes, vues d'Angleterre. Mais la ferveur même et la candeur d'un discours patriotique qui n'est ni lancinant ni subreptice, qui exprime un sentiment plus qu'une doctrine, écartent le soupçon de propagande ou de courtisanerie. Le patriotisme apparaît comme une fanfare hymnique donnée en ouverture, comme la façade de l'édifice. À l'intérieur s'exerce une étonnante liberté de pensée, non pas subversive ou pamphlétaire, mais d'une lucidité sans limites.

D'autre part, bien que le culte de la nation s'associe à celui de la monarchie, Shakespeare ne les confond pas. Chacune des pièces historiques porte un nom de roi, mais plutôt que le monarque éponyme, c'est l'Angleterre qu'il faut considérer comme la véritable héroïne.

Cela a des conséquences sur la structure, comme le

montre la comparaison entre l'*Édouard II* de Marlowe et le *Richard II* de Shakespeare. Les deux œuvres se ressemblent, les deux rois affichant le même syndrome d'autoidolâtrie et subissant le même sort, victimes d'une révolte des barons. Mais l'Angleterre en tant que nation affectée par les luttes pour le pouvoir est constamment présente dans la pièce de Shakespeare alors que Marlowe cultive le monodrame. Malgré la personnalité en relief du roi Richard II, Shakespeare donne à sa pièce un contenu politique, alors que Marlowe fait de la sienne la tragédie de l'individu d'exception ou marginal, homosexuel en l'occurrence, face à une société qui l'écrase.

Il a pu arriver à Shakespeare, dans *Timon d'Athènes*, dans *Coriolan*, et même peut-être dans *Hamlet*, de faire du conflit entre l'individu et la société le ressort, ou l'un des ressorts tragiques du drame. Dans les pièces historiques dont l'action se passe en Angleterre – et en France, pour cause d'invasion – ce type de situation ne peut guère se présenter car l'auteur semble parler au nom de la société tout entière. Ou plutôt de la nation. La nation, entité quelque peu abstraite et mystique, ne s'identifie pas à la monarchie, mais pas non plus à la multitude. Shakespeare n'a pas la fibre populiste. En incluant parmi les manifestations du désordre la révolte des gueux, dans la deuxième partie d'*Henri VI*, il descend de sa hauteur habituelle et force le trait jusqu'à la caricature.

Il y a beaucoup de violences dans le théâtre de Shakespeare, mais lui-même n'a inventé ni la barbarie, ni les luttes tribales, ni les vendettas féodales, ni les ambitions meurtrières, ni le machiavélisme, la *Realpolitik*, la raison d'État. Il a trouvé ces forces destructrices à l'œuvre dans l'histoire, il les dévoile, les fait fonctionner avec une motricité si efficace et si bien intégrée au processus théâtral que l'opinion générale les lui attribue, en y ajoutant l'inspiration prophétique. Quand se commettent dans le monde des actes choquants, avec un mélange paradoxal de cynisme et d'hypocrisie, des palinodies éhontées, un soudain renversement d'alliance, la violation d'un traité enveloppée de casuistique cauteleuse, les commentateurs déclarent « C'est du Shakespeare ! ». Mais si les violences et les perfidies qui s'exhibent dans le théâtre de Shakespeare troublent le public, ce n'est pas parce qu'il les traite avec complaisance ou excès, c'est parce qu'il fait apparaître comme immorales et sacrilèges des actions que le monde nous montre ordinairement.

La cruauté de l'usurpateur Richard III, la sottise et l'aveuglement de ceux qui ne savent pas ou ne veulent pas s'opposer à sa résistible ascension sont traités avec une verve âpre et satirique. Mais au-dessus de la dérision amère flotte un sentiment de pitié et de piété. Le nouvel Hérode massacreur d'innocents est inséré malgré lui dans un cérémonial de lamentations et de prières émises par un chœur de femmes, principales victimes de la violence politique. La solennité quasi liturgique du style exprime et transfigure le pathétisme de cette tragédie collective.

La dernière partie d'*Henri VI*, triptyque tout entier constitué d'un enchaînement et d'un déchaînement de violences, contient la scène la plus pathétique peut-être de toute l'histoire du théâtre. Sur un champ de bataille où des Anglais, recrutés de force par leurs suzerains, se sont battus entre eux, un homme s'apprête à dépouiller le cadavre d'un ennemi qu'il a tué, et s'aperçoit que c'est son père. Non loin, un père découvre de la même façon qu'il a tué son fils. À leurs déplorations s'ajoute l'élégie du roi Henri VI qui assiste impuissant à la guerre qu'il a provoquée par sa seule présence sur le trône. L'émotion communiquée aux spectateurs n'est pas un épiphénomène, elle forme la substance du déroulement dramatique.

Le Roi Jean

(The Life and Death of King John)

Date approximative : entre 1590 et 1595.
1re édition en 1623. 2 570 vers.

Le titre que donne l'édition de 1623, *La Vie et la mort du roi Jean*, situe l'action entre 1199 et 1216. Historiquement la plus ancienne, la pièce figure en tête de la série, mais on ne sait pas si elle fut composée avant ou après la première tétralogie, ou parallèlement à celle-ci. Incidemment *Le Roi Jean* fait partie des quatre pièces de Shakespeare intégralement écrites en vers, les trois autres étant la première et la troisième parties d'*Henri VI* ainsi que *Richard II*.

Jean Plantagenêt, surnommé Jean sans Terre par ses ennemis français, cinquième fils d'Henri II et d'Aliénor d'Aquitaine, s'empara du trône d'Angleterre après la mort de son frère Richard Ier Cœur de Lion en 1199. La couronne aurait dû revenir à son neveu, Arthur, fils de son défunt frère Geoffroy et de Constance de Bretagne.

Le roi Jean est donc marqué par l'illégitimité dès le commencement. Il a la fragilité dynastique d'un usurpateur, il en a aussi l'énergie, le manque de scrupules, la résolution et la ruse qui font de lui un disciple anachronique de Machiavel. Cette illégitimité est exprimée de façon subtile et symbolique : Jean est aidé dans ses combats par son neveu Faulconbridge, surnommé le Bâtard, fils naturel de Richard Cœur de Lion, personnage truculent presque entièrement inventé par Shakespeare. Sa qualité d'enfant naturel en fait un représentant du peuple et du terroir. Il prononce deux tirades célèbres, la première pour s'indigner de l'opportunisme politicien, la deuxième, qui sert d'épilogue à la pièce, pour exalter l'indépendance de l'Angleterre, forteresse inexpugnable. Malgré cette énergie patriotique, le roi, la reine Aliénor et le Bâtard, c'est-à-dire le frère, la mère et le fils du légendaire Richard, ont du mal à réincarner sa majesté léonine. La peau de lion dont il s'enveloppait constitue un objet de litige hautement symbolique ; elle est tombée entre les mains du duc d'Autriche que le Bâtard poursuit de ses quolibets et de sa rage, jusqu'à ce qu'il le tue et se réapproprie, pour s'en revêtir, la fourrure fauve de son père.

L'emblème quasi totémique du lion domine la plupart de ces drames historiques, où le monarque régnant est souvent comparé désavantageusement à son père ou à quelque ancêtre glorieux qui, lion parmi les hommes, avait tous les attributs royaux, la légitimité, la vaillance, la gloire. Les rois dont la légitimité est douteuse, qui sont parvenus au pouvoir et s'y maintiennent par la ruse, tiennent du renard. Le criminel Richard III, plus brutal encore que rusé, peut être comparé à un loup. Les rois et les princes qui n'ont pas la vocation du pouvoir parce qu'ils sont trop tendres appartiennent à la catégorie des agneaux et en subissent le sort.

Le prince Arthur, qui n'est qu'un enfant, et dont sa mère Constance défend les droits avec plus de pathétisme criard que de sens politique, fait partie des agneaux. Constance compte sur le roi de France Philippe Auguste pour rétablir son fils sur le trône des Plantagenêts, mais son allié utilise la situation pour affaiblir l'Angleterre, avec l'espoir de l'envahir, après s'être emparé des duchés d'Anjou et d'Aquitaine.

Le public se sent partagé entre des sympathies contradictoires. Il n'ignore rien de l'illégitimité de Jean, ni de sa dureté, mais comme c'est l'ambassadeur de France, porteur d'un ultimatum belliqueux, qui lui rappelle cette illégitimité, l'ingérence étrangère pousse le public de Shakespeare à identifier la cause du roi Jean avec celle de l'Angleterre. Cette adhésion rétrospective se renforce quand le roi doit affronter le pouvoir de Rome et les manœuvres tortueusement menaçantes du légat Pandolfe. Il se pose alors en précurseur de la Réforme.

La pièce est construite sur des dilemmes, des conflits de valeurs et de loyautés, mais c'est le public qui éprouve ces déchirements et ces fluctuations de sentiments, plus que les personnages, bêtes politiques trop engagées dans l'action pour hésiter longtemps avant de se décider. Et leurs décisions, cruelles, absurdes ou inconséquentes, provoquent un enchaînement tragique du plus pur style shakespearien, bien que Shakespeare ne l'ait pas inventé. Il est difficile d'en tirer une leçon : si l'injustice et l'illégitimité entraînent des désordres, leur redressement par la force militaire et par les combinaisons politiques en entraîne encore plus. De quoi rester perplexe, mais le vrai message de la pièce se trouve dans son rayonnement émotif, dans un mélange de pathétisme et de dérision qui véhicule les valeurs plus efficacement que des discours ou des démonstrations en forme de théorèmes dramatiques.

En parodiant Marx on pourrait dire que le théâtre est la conscience d'un monde sans conscience.

Après avoir remporté une bataille en France, le roi s'empare de son neveu Arthur. C'en est trop pour Constance, déjà abandonnée par le roi de France qui, reniant ses promesses, a conclu avec son ennemi de la veille une alliance matrimoniale. Elle perd la raison mais non sans raison prophétise la mort de son fils, prononçant des divagations visionnaires et macabres qui l'isolent dans un lyrisme incommunicable. Comme elle l'a prévu, le roi ordonne la mort de son neveu, mais ému par ses supplications son bourreau lui fait grâce. Cette péripétie n'est pas historique, Arthur fut assassiné. Dans la pièce de Shakespeare, qui a édulcoré la réalité, il fait une chute mortelle en voulant s'évader. Autre péripétie, le roi se ravise, non par remords, mais par calcul politique. Il veut sauver son neveu, mais trop tard, et les barons l'accusent.

L'étroitesse de la classe dirigeante entraîne l'imbrication des conflits politiques et des crimes familiaux. En se transmettant par le sang, le pouvoir appelle le sang selon un jeu de mots très shakespearien.

Alors que la sympathie des spectateurs se porte vers les victimes innocentes, la pièce se précipite vers sa conclusion. Les barons, indignés, complotent contre le roi assassin et appellent l'intervention française, mais leur allié les trahit à son tour. Bien qu'il se soit soumis à l'Église après son incartade, le roi meurt empoisonné par un moine. C'est une mort providentielle, que lui-même accepte avec résignation. Son fils Henri III lui succède. Comme il n'y a plus d'autre héritier vivant et que ce prince n'a semble-t-il pas été mêlé aux crimes de son père, son titre ne peut pas être contesté. L'invasion française n'est pas complètement repoussée, mais le Bâtard résiste, il fait revenir les nobles, et dans la tirade finale met le monde entier au défi de conquérir l'île. Cette tragédie amère se termine sur une fanfare héroïque : si les rois passent, l'Angleterre demeure.

La première tétralogie : Henri VI - Richard III

Dates approximatives : entre 1590 et 1592.
1re PARTIE D'*HENRI VI*
(*The First Part of Henry the Sixth*) 2 676 vers.

2e PARTIE D'*HENRI VI*
(*The Second Part of Henry the Sixth*)
2 560 vers. 539 lignes de prose.

3e PARTIE D'*HENRI VI*
(*The Third Part of Henry the Sixth*) 2 902 vers.

RICHARD III (*The Tragedy of Richard the Third*)
3 507 vers. 90 lignes de prose.

L'appellation wagnérienne de tétralogie n'est pas de Shakespeare, elle est commode pour désigner l'ensemble. On se réfère également à la trilogie d'*Henri VI*. On joue souvent *Richard III* isolément ; cette pièce célèbre a une certaine autonomie stylistique et dramatique, mais les spectateurs comprendraient mieux ce qui se passe s'ils avaient vu les épisodes précédents.

Il arrive que les trois parties d'*Henri VI* soient abrégées et fondues. Mais cette altération appauvrit l'œuvre qui comporte exactement cent scènes, ce qui signifie presque cent lieux et tableaux différents, ainsi que cent situations ou drames partiels englobés dans un ensemble qui, joué dans son intégralité, dure une quinzaine d'heures. On y voit évoluer quelque cent trente personnages – parmi lesquels Jeanne d'Arc, Charles VII, Louis XI, René et Marguerite d'Anjou – sans compter les figurants.

C'est tout un monde en mouvement qui évolue sur la scène, de façon convulsive et titubante. De plus cette œuvre de jeunesse ébauche des thèmes ou des situations développées ultérieurement. Ainsi, dans la seconde partie, quand Eleanor Cobham, épouse du Régent, le « bon duc Humphrey », veut inciter son mari à tuer le roi son neveu et à s'emparer du trône (elle-même étant poussée par des agents provocateurs déguisés en sorciers et manipulés par les ennemis du Régent) elle préfigure Lady Macbeth.

La première partie d'*Henri VI* est une épopée de la défaite en même temps que le commencement d'une tragédie de la dissension. Les deux structures forment un contrepoint en miroir. En perdant la guerre de Cent Ans, l'Angleterre tombe dans la guerre des Deux-Roses. Les deux désastres sont liés, car ce sont les prémices de la guerre civile, avec les trahisons et les querelles qu'elle provoque, qui sont tenues responsables de la perte des conquêtes en France. La leçon est sommaire, mais dramatiquement et idéologiquement efficace.

Le premier acte s'ouvre sur les funérailles d'Henri V, l'irremplaçable vainqueur d'Azincourt, mort prématurément en 1422. Tout au long de la pièce, ses conquêtes partent en lambeaux, malgré le combat héroïque du légendaire Talbot et de son fils, trahis par les barons. Autour du roi-enfant, destiné à rester toute sa vie politiquement mineur, une sorte d'innocent, les factions complotent et se déchirent. Le roi-lion est mort, un agneau le remplace, les renards et les loups se disputent le pouvoir. Pour bouter les Anglais hors de France et en chasser le jeune roi que l'auteur de la pièce semble considérer comme leur monarque légitime, les Français font appel à des moyens illégitimes, à Jeanne d'Arc par exemple.

L'image que Shakespeare donne de notre héroïne nationale, vierge guerrière pas très vierge et un peu sorcière, témoigne d'un certain chauvinisme. C'est une Pucelle piquante, pleine d'esprit, dotée d'une fraîcheur et d'une lucidité candides qui l'isolent des dignitaires à l'esprit épais qui l'entourent. Il fait des scènes d'amour entre Jeanne et le Dauphin Charles – qu'elle a reconnu sans le connaître, comme dans l'épisode relaté par les chroniques – une comédie au second degré, parodiant à l'usage des initiés, le style de Marlowe dans les dialogues amoureux de *Tamerlan*. Son ironie est perceptible dans de nombreux passages apparemment grandioses et emphatiques. Malgré cette distance le parti pris anti-français se manifeste de diverses façons. Quand le comte de Suffolk ramène de France une épouse pour le roi, après en avoir fait sa maîtresse – Marguerite d'Anjou, fille du roi René –, il est indiqué au public que cette reine française est une calamité de plus pour l'Angleterre.

Dans la seconde partie, la guerre des Deux-Roses éclate. Richard, duc d'York, après avoir bénéficié des faveurs du roi, s'insurge contre lui. Parce qu'il descend de Lionel, deuxième fils d'Édouard III, il se proclame héritier légitime de la couronne, accusant d'usurpation le roi Henri VI, arrière-petit-fils de Jean de Lancastre, troisième fils d'Édouard III. Le duc d'York attendait son heure, et la fin de la guerre en France, qu'il a précipitée par ses trahisons, pour se déclarer. Ses partisans arborent une rose blanche, ceux du roi une rose rouge, d'où le nom donné à cette guerre intestine qui ravagea l'Angleterre de 1454 à 1471. En fait, la faction yorkiste avait commencé à créer de l'agitation avant 1454, elle continua d'ébranler le pays jusqu'en 1485 et même au-delà. Shakespeare n'indique aucune date, il bouscule, recompose et comprime la chronologie, il cumule sur une seule tête les rôles tenus dans l'histoire par plusieurs personnes. Bien que stylisée, sa version des événements est éclairante.

Cela ne signifie pas qu'il impose une quelconque rationalité aux passions et aux pulsions qui provoquent les épidémies de violence. La violence possède une logique propre, un rythme, un mouvement irrésistible et destructeur. Ce n'est pas pour rien qu'on parle de *mobilisation* en temps de guerre. L'art dramatique a également ses périodes de mobilisation, et l'espace scénique enferme la violence dans son propre tourbillonnement. Les passions politiques sont suicidaires et sacrilèges. Les partisans du roi se déchirent entre eux et s'affaiblissent. La reine Marguerite s'engage dans la lutte car son saint homme d'époux est fait pour la vie contemplative, non pour l'action. Une femme en armes, comme Jeanne d'Arc précédemment, heurte les conceptions du temps, mais l'art vit de transgressions. Elle n'avait pas autant d'intelligence politique que d'énergie et de férocité. Elle participe au complot qui a pour effet de destituer, puis de faire assassiner le duc Humphrey, protecteur du royaume. Elle prive ainsi le trône de son plus loyal et plus efficace soutien. De plus, le meurtre de Humphrey, frère d'Henri V et oncle du roi, tient du parricide. Perpétré sur l'ordre du cardinal

Beaufort, allié à la famille royale, mais par la main gauche, cet assassinat révèle la dégradation du pouvoir spirituel. Le pouvoir royal, en la personne du dévot Henri VI, aspire à une sainteté inaccessible, tandis que l'Église sombre dans un activisme criminel.

Le chaos s'étend. Une révolte populaire éclate, menée par un agitateur nommé Jack Cade, plébéien qui se fait passer pour un ayant-droit dynastique. S'emparant de Londres, les insurgés mettent à mort quiconque sait lire et écrire et par là opprime le peuple. Les scènes où apparaît Jack Cade parmi la populace, ainsi qu'une autre scène où se disputent un artisan et son apprenti, sont écrites en prose, selon le système qui établit une distinction sociale entre les deux modes d'écriture.

Parmi d'autres incidents horrifiques, Suffolk, l'amant de la reine, qui tente de s'enfuir par la mer, est reconnu par des pirates qui le tuent et lui coupent la tête, qu'un messager rapporte à la reine. Elle se lamente bruyamment sur cette mort et sur ce lugubre vestige, ce qui provoque l'étonnement naïf du roi :

> Comment, Madame, encore à gémir sur la mort de Suffolk !
> Je crains, m'amie, que si j'eusse été tué,
> Vous n'eussiez point pleuré autant pour moi !

À quoi la reine répond, dans la même veine pré-moliéresque :

> Mon amour, je ne pleurerais pas, mais je mourrais pour toi.

La seconde partie se termine sur la victoire remportée à Saint-Albans par le duc d'York, en 1455.

Dans la troisième partie, la violence atteint son paroxysme ; les batailles, représentées sur la scène avec les moyens dont dispose la compagnie, se succèdent dans le bruit et la fureur, tandis que la fortune des armes oscille entre les deux roses. Le tumulte n'empêche pas la rhétorique de se déployer : menaces, défis homériques, discours de vengeance dans le style néo-sénéquéen, déplorations, plaidoyers, méditations lyriques, monologues machiavéliens (quand un personnage complote à haute voix), insultes, imprécations, malédictions, qui expriment la magie du langage, ou plutôt le désir de magie.

Abasourdi par la défaite de Saint-Albans, le pusillanime Henri VI accepte le compromis que lui proposent ses adversaires, qui veulent bien lui laisser son trône à condition qu'il fasse du duc d'York son hériter. Cela implique qu'il déshérite son fils Édouard, prince de Galles. L'arrangement provoque la fureur du parti des Lancastre. Le roi se détache du monde cruel qui l'entoure, il se transforme en roi pasteur, en roi ermite, en personnage chorique. En de longues tirades élégiaques, il médite sur le malheur de vivre, sur la vanité des choses d'ici-bas, et sur l'absurde et suicidaire cruauté des hommes. Il est le premier en date des rois, princes ou ducs qui, dans Shakespeare, ont un tempérament incompatible avec leur fonction. Henri VI, qui dans la réalité historique souffrait d'une démence intermittente, peut-être héritée de son grand-père maternel Charles VI de France, constitue un archétype, porteur d'une leçon amère, celle des hommes aux mains pures qui n'ont pas de mains.

La guerre reprend, plus sauvage que jamais. Les enfants ne sont pas épargnés, le duc d'York est capturé, torturé moralement, massacré. Mais ses trois fils continuent le combat et grâce notamment au comte de Warwick, « le Faiseur de rois », s'emparent du trône, déposent Henri VI, qui s'enfuit. C'est alors que se produit une scène comique, accompagnée d'une péripétie spectaculaire. Marguerite d'Anjou s'est rendue en France pour demander de l'aide à Louis XI, qui l'accueille par des circonlocutions diplomatiques. Il est d'autant moins disposé à accorder cette aide que Warwick est venu demander sa sœur en mariage pour le compte du nouveau roi d'Angleterre, Édouard IV, l'aîné des York. Mais un messager arrive pour annoncer qu'Édouard IV vient d'épouser une veuve. Indignation générale, retournement de situation et d'alliance. Effaçant les querelles passées dans un bel élan de réconciliation, Marguerite et Warwick se liguent. Le propre frère d'Édouard IV, Georges, duc de Clarence, gendre de Warwick, rejoint son beau-père dans son nouveau combat. Il espère profiter un jour du désordre en vue.

Nouvelles batailles, les York sont vaincus. Henri VI retrouve son trône, ou plutôt c'est le trône qui retrouve un

Henri VI de plus en plus détaché des contingences terrestres. Warwick, plus faiseur de rois que jamais, donne sa plus jeune fille en mariage à Édouard de Lancastre, prince de Galles. Mais l'autre Édouard, celui d'York, et son frère Richard, le monstrueux Gloucester, ne désarment pas. Clarence trahit ses nouveaux alliés et revient combattre aux côtés de ses frères. Warwick est tué à la bataille de Barnet (1471) et peu de temps après les Lancastre sont définitivement écrasés à Tewkesbury. Le prince de Galles est tué de sang-froid, ainsi que le roi Henri VI, par Richard lui-même, qui prépare et annonce au public ses futur complots.

L'ambivalence des sentiments suscités par un tel spectacle rappelle un débat traditionnel. Le pathétisme et l'ironie se conjuguent de telle sorte que les commentateurs sont tentés de reprendre la formule de Hugo selon laquelle l'association du sublime et du grotesque donne la clé de l'esthétique shakespearienne. En réalité les diverses émotions que provoque un spectacle shakespearien ne résultent pas d'une juxtaposition formelle et discordante d'éléments que l'on pourrait définir en termes d'école, mais plutôt d'une lumière que porte le dramaturge sur la combinaison du tragique et du comique qui se trouve au cœur même de la réalité, particulièrement politique et guerrière. Les promesses grandiloquentes, les proclamations de loyauté, sont presque automatiquement suivies de revirements. Autre source de comédie grinçante : les bourreaux les plus arrogants perdent toute apparence de dignité et gémissent comme des enfants quand la fortune se tourne contre eux et qu'ils subissent le sort qu'ils ont l'habitude d'infliger aux autres.

Le rire ne détruit pas la compassion. Shakespeare ne dépeint pas mécaniquement la mécanique de l'histoire, ni dans un esprit de dérision corrosive les comportements ridicules. L'ironie satirique est tempérée par l'humour, et on trouve aussi dans cette série des traits qui appartiennent à la comédie des humeurs, c'est-à-dire à la comédie de caractères, de façon plus soulignée que dans les œuvres qui portent le titre officiel de *comédies*. Marguerite d'Anjou, Henri VI, Édouard IV le libertin, Louis XI (bien qu'il n'apparaisse que dans une scène) ont et sont des figures gravées, reconnaissables à des agissements caractéristiques, des cris du cœur. Mus par des ressorts qui n'appartiennent qu'à eux, ils se perpétuent et se révèlent de manière souvent risible, parfois touchante. Ou effrayante, comme dans le cas de Richard Gloucester.

Dans *Richard III*, le comique et le tragique sont indissociables. C'est comme si Molière avait fait de *Tartuffe* une tragédie jonchée de morts, ou Racine, dans *Britannicus*, conçu Néron comme un bouffon sanguinaire.

Richard III, la pièce la plus longue après *Hamlet*, est souvent jouée isolément. Bien que l'action continue et achève la série la pièce possède une forme et une unité de conception qui permettent ce traitement séparé. Le personnage de Richard, déjà présent dans les deux dernières parties d'*Henri VI*, y acquiert un relief particulier. Les comédiens aiment à interpréter ce personnage qui a le tempérament d'un comédien. Le style poétique du texte, empreint de solennité liturgique, ainsi que sa structure, bâtie sur le schéma complot-ascension-triomphe-chute, contribuent à cette unité de conception, malgré la longueur de la pièce et la foule d'événements qu'elle contient.

Historiquement la pièce couvre une période qui va de 1471 à 1485, mais comme toujours la dramaturgie s'organise en forme de succession rapide. Édouard IV étant revenu sur le trône, Richard Gloucester, le plus jeune des trois frères, explique, dans le monologue qui ouvre la pièce, qu'il a l'intention de parvenir jusqu'à la couronne en supprimant tous les obstacles. C'est un être difforme et malfaisant, qui cherche à se venger de la nature : puisque l'amour m'est interdit, dit-il, je suis résolu à devenir un scélérat. Ainsi Richard l'imposteur, l'araignée qui tisse sa toile, fait d'innombrables dupes. Les naïfs, par sottise, par veulerie ou par opportunisme, se mettent au service de son ambition.

Le public participe d'autant plus vivement au jeu instructif qui lui est proposé qu'une connivence partielle s'instaure entre le protagoniste et lui. Richard, type même du *Machiavel* élisabéthain, a de l'esprit, dont il fait profiter le public dans ses monologues et ses apartés. Il a de l'énergie, du génie à sa façon, et ne manque pas de lucidité sur lui-même. Se sentant intellectuellement sinon moralement solidaires du diabolique machinateur, les spectateurs tournent une partie de leur réprobation vers les comparses et les complices volontaires ou non. La pièce contient donc une leçon politique, comme le *Arturo Ui* de Brecht. Le mécanisme menant au coup d'État est démonté pour qu'il apparaisse *a posteriori* comme évitable, s'il avait trouvé en face de lui une résistance voulue et organisée. C'est aussi un mécanisme délirant qui, une fois lancé, s'enivre de sa puissance meurtrière. Shakespeare ici annonce *Ubu roi*, bien que Jarry passe pour s'être surtout inspiré de *Macbeth*.

Après son monologue initial, à la fois plaidoyer plaintif, programme d'action et défi diabolique, Gloucester se met au travail. Il organise l'arrestation, puis l'assassinat de son frère Georges. C'est le fameux épisode du tonneau de malvoisie, relaté par les chroniques. Shakespeare n'a rien inventé, sinon que c'est le roi Édouard IV lui-même qui ordonna et fit accomplir ce fratricide. Puis Richard décide d'épouser Anne Neville, fille de Warwick, veuve du fils d'Henri VI. Elle n'éprouve que de l'horreur pour l'assassin de son mari et de son beau-père. Pourtant Richard réussit, non sans surprise pour lui-même, à la séduire. Sur ce point, Shakespeare a inventé. Il y avait un tour de force à accomplir, une scène de persuasion impossible.

Édouard IV, miné par ses débauches, et par le remords d'avoir laissé assassiner son frère Georges, meurt. Son fils aîné doit lui succéder sous le nom d'Édouard V, mais comme il n'a que 14 ans, l'homme fort du royaume, l'inévitable Gloucester, se fait désigner comme régent ou Protecteur. Il s'emploie surtout à protéger ses intérêts et à mettre en marche la machine à prendre le pouvoir. Il se défait de tous ses adversaires, déclarés ou potentiels, les uns après les autres et en les utilisant les uns contre les autres. Il commence par le frère de la reine et les fils qu'elle a eus de son premier mariage, tous envoyés à l'échafaud. Il pratique la chasse aux sorcières au sens propre, accusant les hommes et les femmes dont il veut se débarrasser de l'avoir rendu infirme par d'abominables sortilèges. Il simule la dévotion et s'assure l'appui de l'Église, courtise les bourgeois de Londres, fait organiser par des agitateurs des manifestations de rue en sa faveur.

Il ne lui reste plus qu'à dénoncer comme bâtards les enfants d'Édouard, qu'il a déjà fait enfermer à la Tour de Londres, et à se faire couronner roi d'Angleterre. Tant que les fils de son frère sont vivants, ils menacent sa sécurité, aussi les fait-il disparaître, et après la mort prévue de sa femme, il prévoit d'épouser sa propre nièce, sœur des deux enfants assassinés dans la Tour, afin d'asseoir définitivement sa légitimité.

Mais Élisabeth d'York, fille du défunt roi, a été promise secrètement au nouveau prétendant, Henri Tudor, comte de Richmond, lointain descendant de Jean de Lancastre. La chance tourne, les ennemis de Richard, et ceux qu'il a suscités par son ingratitude, s'organisent enfin et se montrent autant que lui experts en stratagèmes.

En 1485, deux ans après le couronnement de Richard III, Henri Tudor, venu de France à la tête de deux mille hommes que lui avait confiés Charles VIII, débarqua à Milford-Haven au pays de Galles. Les deux ennemis s'affrontèrent dans le Leicestershire, à la bataille dite de Bosworth, proverbialement connue grâce au cri que, dans la pièce de Shakespeare, pousse le désarçonné Richard :

> Un cheval, un cheval ! Mon royaume pour un cheval !

Henri Tudor tue Richard III en combat singulier – détail non historique – et plus authentiquement fonde la dynastie des Tudors sous le nom d'Henri VII. En épousant Élisabeth d'York, il réconcilie la rose rouge et la rose blanche. En fait, il restait peu de survivants des diverses branches de la famille royale. Ils s'étaient entre-tués pendant les guerres civiles.

Le style archaïque de la pièce se réfère aux mystères médiévaux et post-médiévaux. Elle fait appel à des éléments fantastiques, présages, rêves prémonitoires, prophéties, apparitions. Parmi les nombreuses facettes du personnage de Richard, il y a des aspects mythiques, d'inspiration fabuleuse ou religieuse. Il joue le rôle d'Hérode, ou du Vice des anciennes moralités. Il est l'ennemi de la paix, l'antéchrist, le grand blasphémateur, l'ogre solitaire, difficile à représenter scéniquement, comme ses infirmités, qui semblent avoir parfois une fonction abstraite, symbolique. Elles ne diminuent pas sa stature de combattant redoutable, de surhomme orgueilleux.

L'esprit de l'œuvre s'exprime aussi par des éléments d'écriture et de construction qui font penser à un cérémonial. Les personnages féminins, dont les pères, maris, frères et fils ont été victimes du carnage, forment un chœur et psalmodient leurs *De profundis* en se faisant écho par des répons antiphoniques. Comme un *cantus firmus* entendu en contrepoint sous le tumulte criminel qui occupe le premier plan, la litanie de la déploration et de l'espoir tend sa mélodie au long de l'œuvre qui se termine comme une prière par le mot *amen*.

La seconde tétralogie

Dates approximatives : entre 1595 et 1599.

RICHARD II : 2 644 vers.
1re PARTIE D'HENRI IV : 1 743 vers, 1 266 lignes de prose.
2e PARTIE D'HENRI IV : 1 564 vers, 1 715 lignes de prose.
HENRI V : 1 904 vers, 1 333 lignes de prose.

La seconde tétralogie est faite pour être lue en premier, car Shakespeare remonte dans le temps, jusqu'aux origines des conflits qui déchirèrent le pays au XVe siècle, c'est-à-dire la déposition de Richard II en 1399 et l'accession de son ennemi et cousin Henri de Lancastre, qui sous le nom d'Henri IV régna de 1399 à 1412.

Les soulèvements et les complots, prémices de la guerre des Deux-Roses, commencèrent aussitôt après son arrivée au pouvoir. Il réussit cependant à s'y maintenir, ainsi que son fils Henri V, de sorte que les quatre volets de la seconde tétralogie ont un point commun, la victoire d'un Henri de Lancastre sur ses adversaires. Ces quatre victoires ont cependant des tonalités différentes. On peut dire musicalement que *Richard II* et la deuxième partie d'*Henri IV* sont écrites dans le mode mineur, l'amertume, la mélancolie y dominent, tandis que les deux autres pièces se caractérisent par le mode majeur et un certain triomphalisme épique. Dans *Richard II*, Henri de Lancastre fait abdiquer le roi légitime et prend sa place, à la suite de manœuvres tortueuses et terroristes. Dans la première partie d'*Henri IV*, le nouveau roi et son fils remportent sur leurs adversaires une victoire héroïque. Dans la seconde partie, nouvelle victoire, mais obtenue par des moyens perfides. Dans *Henri V*, l'ancien prince devenu roi détourne l'ardeur guerrière de ses compatriotes sur un ennemi étranger, à savoir la France, qu'il conquiert et dont il devient l'héritier, sinon le propriétaire.

Entre les deux groupes de pièces les différences de style, de vision, de conception dramatique, sont considérables. On peut parler d'approfondissement, d'épaississement de la texture, d'intériorisation. Dans *Henri VI* et *Richard III*, le dramaturge observait et dessinait le monde féodal de l'extérieur, avec un regard perçant et une technique de caricaturiste. D'autre part, le langage et la rhétorique y avaient une fonction plus directement dramatique. Malgré la pesanteur des rapports de force, les individus réussissaient parfois à agir les uns sur les autres par le langage. La prière et la malédiction y gardaient quelque chose de leur magie primitive.

Dans la série *Richard II - Henri IV - Henri V*, la rhétorique est toujours présente, mais elle tend à s'introvertir et à se transformer en effusion lyrique. Les personnages ne cessent pas de discourir, de plaider, de sermonner, de vaticiner, d'exhorter, d'attaquer ou de se défendre par la parole, mais au lieu de convaincre leurs interlocuteurs, ils réussissent à se convaincre eux-mêmes. Qu'ils soient seuls sur scène ou entourés d'auditeurs, leurs grandes tirades tiennent plus du monologue que du dialogue. Le public reçoit les messages de l'éloquence solitaire. C'est avec lui que les personnages communiquent quand ils ne trouvent chez leurs semblables qu'une froide indifférence.

La Tragédie du roi Richard II (*The Tragedy of King Richard the Second*) appartient simultanément à deux genres dramatiques. C'est une tragédie au sens plein et les théoriciens qui, dans la descendance d'Aristote, essaient de définir en quoi consistent la forme et l'esprit de la tragédie, peuvent l'utiliser comme modèle. Elle respecte les règles de bienséance et de hauteur stylistique que l'on associe à ce genre littéraire : écrite en vers, dans un langage chaste, elle s'abstient de toute violence scénique, jusqu'à la mort héroïque du roi déchu dans sa prison.

Richard II est aussi un drame historique en ce que des événements concernant une collectivité nationale et ayant duré un certain temps s'y déroulent et conduisent à une situation nouvelle. Dans une tragédie, la situation collective revient à son point de départ après la mort du héros et l'apaisement des troubles qu'il a provoqués. L'histoire au contraire ne revient pas à un état antérieur. Un nouveau roi, un changement de dynastie, à plus forte raison un changement de régime, impliquent une évolution irréversible. Même si l'on appartient à une civilisation qui ne croit guère au progrès, qui professe la philosophie du « rien de nouveau sous le soleil », qui assimile l'histoire à la nature et les changements politiques aux cycles saisonniers, on ne peut pas ne pas constater l'évolution qui s'est produite depuis la fin du Moyen Âge. En 1595, le déclin de la féodalité, la centralisation du pouvoir, l'intégration de l'Église dans l'appareil de l'État anglican, ne pouvaient pas manquer d'apparaître comme les résultats d'un processus sinueux mais non cyclique.

Les deux structures de *Richard II*, tragédie individuelle et chronique d'une révolution, s'imbriquent étroitement. C'est peut-être la construction la plus savamment élaborée de toute la production shakespearienne. Les scènes d'expositions, au lieu de recourir à la méthode du récit rétrospectif, pratiquent un mode de dévoilement des données initiales oblique et retardé qui pique la curiosité des spectateurs et crée une tension. L'éclaircissement progressif participe au mécanisme de l'action. C'est plus subtil que dans *Œdipe roi* : tout le monde connaît la vérité, mais pour des raisons diverses, personne ne veut la révéler.

Avant même que la pièce ne commence, la *némésis* pèse sur le roi éponyme. Richard II, utilisant les services de son ami Mowbray, duc de Norfolk, a fait arrêter, puis assassiner dans une prison de Calais son oncle Thomas dit « Woodstock », duc de Gloucester, qui complotait contre lui. On meurt beaucoup dans les prisons shakespeariennes et cette mort fonctionne comme un double signe : parricide à expier et avertissement du destin, le roi étant destiné à une fin semblable. Le cousin du roi, Henri de Lancastre dit « Bolingbroke », sent là un moyen d'embarrasser le roi, de provoquer une crise dangereuse pour lui-même mais qui peut servir de tremplin à son ambition. Il lance contre Mowbray des accusations de félonie, violentes et vagues, qui indirectement visent le roi. C'est sur cette scène étrange, où le non-dit a beaucoup plus de poids que le dit, que s'ouvre la pièce *in medias res*. Richard II, contraint de juger une affaire où il est impliqué et dont il n'a pas envie d'ouvrir publiquement le dossier, ordonne que les deux adversaires s'affrontent en combat singulier, selon le rituel du jugement de Dieu, mais il interrompt le duel et décide d'exiler les deux hommes, l'ami qui a accompli pour lui une basse besogne et l'ennemi qui l'a dénoncée à mots couverts.

Quand, à la mort de son père le patriarche Jean de Lancastre, le roi confisque ses biens, Bolingbroke revient d'exil, bravant le décret royal, sûr de trouver des appuis chez les barons en jouant sur leur crainte d'être spoliés à leur tour. La rébellion devient générale et le peuple la soutient. Bolingbroke se pose en redresseur de torts, venu récupérer son héritage et son titre, mais également mettre fin aux abus, assainir le royaume, châtier les courtisans corrompus et corrupteurs. Il préside un tribunal qui juge les favoris du roi – lequel s'est absenté pour réprimer une autre rébellion en Irlande – et les condamne à mort. Geste cruel et habile. Ses partisans ont comme lui du sang sur les mains, ils ont commis un geste spectaculaire et irréparable, ils sont solidaires de lui, et pour légitimer *a posteriori* le pouvoir judiciaire qu'il s'est arrogé, ils doivent l'accompagner jusqu'au bout de sa trajectoire. Le roi est capturé, humilié, forcé d'abdiquer, de confesser ses crimes publiquement, de désigner Henri Bolingbroke comme son successeur, sous le nom d'Henri IV, bien que ses droits dynastiques soient contestables.

Comme dans l'*Édouard II* de Marlowe, le ressort dramatique réside dans un double conflit : d'une part une discordance psychologique qui fait du roi à la fois un individu quelque peu asocial et un monarque autoritaire, d'autre part une lutte politique – le pouvoir royal s'oppose aux prérogatives traditionnelles des barons, situation récurrente dans l'histoire et déjà présente dans *Le Roi Jean*. Ici personne ne met en doute la légitimité dynastique de Richard II. Ce qui est contesté, c'est la légalité de ses décisions, sa capacité personnelle à exercer le pouvoir, etc. Griefs classiques contre tous les gouvernements mais qui se heurtent à des blocages irrationnels dans un système de monarchie absolue et de droit divin. Dilemme contre dilemme : le roi est censé exercer un pouvoir sans limites, en tant que représentant de Dieu. Mais ce droit peut-il nier ceux de ses sujets, les droits à la vie, à la justice, à la propriété ? Quant aux sujets, comment peuvent-ils défendre leurs droits contre les empiétements de l'absolutisme si on leur enseigne que leur premier devoir est l'obéissance envers la personne sacro-sainte du monarque ?

Les sujets savent contourner ces impératifs par des stratagèmes casuistiques, et comme toujours dans Shakespeare la lutte pour le pouvoir a des aspects comiques. La manière dont le duc d'York, autre oncle du roi, trahit la charge qui lui a été confiée et fait profiter Bolingbroke de sa neutralité apparemment bougonne mais en réalité bienveillante, constitue un épisode amèrement burlesque.

Autre comédie, celle que l'histoire, dont les ruses sont connues, joue à ceux qui veulent jouer avec elle. Les barons, qui ont remplacé Richard II par Henri IV en croyant que celui-ci reviendrait à un partage collégial et féodal du pouvoir, constatent rapidement qu'ils ont troqué un absolutisme maladroit et fantasque contre un absolutisme froidement efficace.

Tous les ingrédients sont réunis pour de nouveaux conflits, et ce n'est pas en faisant assassiner le malheureux Richard dans sa prison de Pontefract ni en faisant le vœu de se rendre à Jérusalem en pèlerinage pour se faire pardonner son usurpation et son régicide que le nouveau roi les évitera. Il peut s'attendre à un règne troublé.

Richard et Bolingbroke s'opposent un peu comme Antoine et César dans *Antoine et Cléopâtre*, mais si Antoine est amoureux de Cléopâtre, Richard est amoureux de lui-même, et de sa fonction royale. Officiant narcissique de sa propre majesté, qu'il considère comme consubstantielle à sa personne, il sent dans sa chair même la présence réelle de la divinité qui a fait de lui le dépositaire de sa puissance céleste. Ceux qui ne croient plus en lui ne peuvent être que des renégats, des blasphémateurs. Pendant la fameuse scène de la déposition, il s'accuse de sacrilège pour avoir effacé par ses larmes l'onction royale appliquée sur ses joues.

Il subit le déclin de son pouvoir et sa destitution comme un martyre. Il se considère comme un nouveau Jésus-Christ, trahi par plus d'un Judas, et les deux derniers actes de la pièce sont souvent comparés à une Passion.

En tant que martyr de sa propre cause, Richard n'a pas beaucoup d'humilité ni de discrétion. Il s'apitoie sur lui-même avec panache, il se délecte de sa déchéance avec lyrisme, sa nostalgie est complaisamment ostentatoire. Ses grandes tirades vibrent d'un sentimentalisme somptueusement exacerbé et constituent autant de morceaux de bravoure pour les ténors de la scène.

Grandiloquent et chimérique, il croit, comme plus tard le roi Lear, que Dieu et ses anges s'apprêtent à envoyer des renforts physiques et métaphysiques à leur intendant d'ici-bas – Richard II ne manque pourtant pas de grandeur. Il peut apparaître comme le modèle du héros tragique selon Shakespeare, victime de son idéalisme plutôt que de ses fautes ou des ses erreurs. Il ne faut pas le représenter comme une sorte de Sardanapale ou de Louis II de Bavière, à la recherche de jouissances inédites et inaccessibles. Ce qu'il possède suffit à son bonheur, la majesté et la contemplation de cette majesté en lui-même, tandis que la perdre suffit à son malheur. Il ne faut pas non plus se contenter de la typologie sommaire qui oppose le poète-esthète à l'homme d'action, ou le caractère efféminé au caractère viril.

Le ressort tragique apparaît en pleine lumière au troisième acte, quand Richard II décide soudain d'abdiquer alors que Bolingbroke prétend ne réclamer que ses droits. Ici Shakespeare a modifié les faits historiques. Dans la réalité le roi fut soumis à des contraintes physiques et mentales, on le força à abdiquer. Dans la pièce, c'est lui qui se démet et se soumet, avec la morosité méprisante du droit cédant à la force, alors que ses amis lui conseillent de louvoyer, de temporiser, d'accepter ou de prétendre accepter les compromis que lui propose l'homme fort de la rébellion. Or, le compromis est ce que le héros shakespearien refuse. Il préfère se briser plutôt que plier. Entre la monarchie absolue et le dénuement radical, Richard n'accepte pas de moyen terme. C'est pourquoi il devient le martyr de l'absolutisme.

Martyr et précurseur, Shakespeare semble avoir senti une vérité dont les chroniqueurs contemporains n'avaient pas eu la prescience, à savoir que Richard II fut un peu l'inventeur de la monarchie de droit divin, ainsi que la victime de son invention.

En face de lui Bolingbroke est un rebelle par calcul, un intrigant qui sait prendre des risques au bon moment, un utilisateur instinctif du temps et de l'espace, qui, sous son aspect de politicien taciturne et rusé, est un virtuose de la provocation. Pour conserver son pouvoir, toutes les méthodes sont bonnes, à commencer par celles qui lui ont permis de le conquérir.

Henri IV

Les deux parties d'*Henri IV* reviennent apparemment à la forme appelée *Chronique* : l'intérêt n'est pas concentré sur un personnage central et royal mais sur l'histoire en marche, ses crises, ses péripéties, et sur la multitude humaine qu'elle concerne ou qu'elle ne concerne pas – car même en période troublée, une partie de la population reste à l'abri. Shakespeare atteint l'idéal que cherchent les historiens : rendre compte des événements tout en décrivant les non-événements, c'est-à-dire ce qu'il y a de statique, d'immuable, dans la vie quotidienne.

Au commencement de la première partie, les effets en retour de l'usurpation de Bolingbroke, devenu Henri IV, se sont déjà fait sentir. Il a fallu réprimer des soulèvements, et maintenant les Gallois se rebellent, profitant de la faiblesse du pouvoir central. Sous la conduite de leur chef tribal Glendower, ils essaient de se libérer du joug que les Anglais font peser sur eux. Cela donne un aspect ethnique au thème multiforme de la guerre civile. Les Gallois apparaissent ici comme souvent les peuples autochtones dans l'imagination de leurs conquérants :

sauvages, naïfs, superstitieux, pratiquant des rites magiques, poètes et musiciens autant que guerriers féroces et intrépides. À leur égard, Henri IV se retrouve dans une situation analogue à celle de son prédécesseur, qui était allé combattre les Irlandais, mais, plus prudent, il reste à Londres et envoie Edmund Mortimer, comte de March, combattre les Gallois. Il se trouve que ce Mortimer a des droits sur la couronne.

Situation cocasse, Mortimer tombe entre les mains de Glendower, qui en fait à la fois son prisonnier et son gendre, et qui, de plus, réclame au roi une rançon pour le libérer. Mortimer est également le beau-frère de Henry Percy, dit Hotspur (*Éperon brûlant*) qui se rend auprès du roi pour lui demander cette rançon. La famille Percy, c'est-à-dire le bouillant Hotspur, son père Northumberland et son oncle Worcester, a puissamment aidé Bolingbroke à renverser Richard II. L'occasion est idéale pour Henri IV de faire sentir à ses alliés le poids royal de son ingratitude. Puisqu'il faut bien se séparer des amis à qui on doit une reconnaissance trop lourde, le moment est venu de les pousser à la rébellion.

Les dilemmes sont, comme toujours, fortement posés, plaçant les spectateurs devant l'éternel débat de conscience sur les fins et les moyens. Le roi est garant de l'unité de la nation, il en a le souci, mais ne s'embarrasse d'aucun scrupule. Ses adversaires, en particulier le légendaire Hotspur, type du guerrier chevaleresque et téméraire, représentent la nostalgie féodale et la division du pays. Mortimer, Hotspur et Glendower se coalisent tout en se querellant de façon burlesque, et se partagent le territoire national avant de l'avoir conquis.

Le roi a un autre motif d'inquiétude, plus corrosif que les rébellions armées : la rébellion morale de son fils Henri, alias Hal ou Harry. Comme tous les usurpateurs shakespeariens, comme Jean et plus tard Macbeth, Henri IV compte sur sa descendance pour assurer la légitimité de sa dynastie, à défaut de pouvoir s'appuyer sur ses ascendants. Or, par son comportement frivole, le futur Henri V met en péril la lignée des Lancastre. La jeunesse dissipée d'Henri V et sa brusque conversion à la gravité royale lorsqu'il accéda au trône en 1412 faisaient partie de la légende nationale. Après avoir esquissé le thème à la fin de *Richard II*, Shakespeare en fait un motif récurrent dans les deux parties d'*Henri IV*, qui donne lieu à des joutes d'une grande intensité rhétorique et passionnelle.

En réalité, le prince porte déjà le poids futur de sa responsabilité. Il la sent déjà en lui, comme un apanage inné de sa personne. Le renard a engendré un lion, qui n'a pas besoin, pour devenir ce qu'il est, de forcer sa nature, de se transformer en idole, comme Richard II, ou en machine politique, comme son père.

En attendant de commencer sa carrière officielle par quelques coups d'éclat, il entend vivre et s'instruire en toute liberté. Il se donne un père de substitution, le fameux Falstaff, roi de carnaval, bouffon vénérable, obèse famélique, maître d'école buissonnière, professeur d'anarchie et d'irrespect. Mais les intentions du pseudo-fils spirituel de Falstaff sont tortueuses. Alors qu'il s'en prétend le disciple, il prémédite de le renier et d'assumer l'héritage d'un père apparemment tenu à distance.

Dans une première version d'*Henri IV*, non publiée, Falstaff s'appelait Sir John Oldcastle, personnage réel qui passait pour avoir été un compagnon de débauche du prince Henri. Ce gentilhomme, disciple du réformateur Wyclif, fut poursuivi pour hérésie et brûlé en 1417. Shakespeare s'est peut-être souvenu de ce détail lorsque, parmi d'autres épisodes burlesques, il fait parler Falstaff comme un puritain, prétendant s'être éraillé la voix à force de chanter des cantiques. Cela ne fit pas rire Lord Cobham, descendant du véritable Oldcastle, qui exigea que le nom de son ancêtre, désormais considéré comme un martyr de la Pré-Réforme, cessât d'être ridiculisé.

C'est ainsi qu'Oldcastle fut changé en Falstaff. Déjà un Sir John Falstaff figurait dans la première partie d'*Henri VI*. Inspiré d'un personnage réel qui s'appelait Fastolfe, c'est un capitaine qui s'enfuit devant Jeanne d'Arc à Rouen et dont le nom était resté proverbialement associé à la poltronnerie et à la décadence de la noblesse.

Avant de réapparaître dans *Les Joyeuses Commères de Windsor*, le chevalier Falstaff, dont le rôle est à peu près entièrement écrit en prose, meuble de sa débordante personne des scènes de farce en contrepoint de la partie politico-héroïque des deux pièces. Personnage doublement comique, comme il le dit lui-même, car il a de l'esprit, et en suscitant la moquerie alimente l'esprit des autres, il incarne la dérision à l'égard des valeurs officielles, la truculence, le libre cours donné à tous les appétits. Le verbe *incarner* s'applique d'autant mieux que sa masse de chair constitue un leitmotiv insistant, et que cette carnalité a des résonances religieuses et théâtrales, en se référant aux spectacles allégoriques de l'époque précédente. Falstaff rappelle en effet une figure symbolique appelée *Riot*. En anglais moderne, ce mot signifie *émeute*, *rixe*, mais dans les moralités le personnage de *Riot* représentait le désordre moral, la débauche, les tentations auxquelles la vitalité soumet la jeunesse. Les cheveux blancs de Falstaff, le ton parodiquement sentencieux auquel il a recours, ajoutent un élément de perversité. C'est un mentor qui conduit son élève sur le chemin de l'encanaillement.

Le parallélisme entre les deux pères du prince produit des grincements satiriques. Malgré leurs caractères contrastés, Falstaff peut apparaître comme une caricature du roi Henri IV, d'autant plus que l'affrontement entre le roi et son fils, au troisième acte de la première partie, est précédé d'une répétition burlesque où Falstaff tient tour à tour le rôle du roi et celui du prince. Les deux hommes ont en commun l'habitude de l'imposture, et le brigandage bouffon auquel se livre Falstaff, qui joue les bandits de grands chemins malgré son invétérée couardise, constitue peut-être un commentaire sur les autres formes de brigandage auxquelles se livrent les puissants, aussi bien l'usurpateur couronné que les comploteurs qui se partagent à l'avance ses dépouilles. Quand, sur le champ de bataille de Shrewsbury, Falstaff fait le mort pour éviter les coups, ruse familière aux renards, il imite à sa façon le roi qui se dissimule sous d'autres armoiries que les siennes.

Célèbre par son énormité physique et comique, sa verve rabelaisienne, Falstaff l'est aussi par ses satellites, Bardolph l'ivrogne, Pistol le fier-à-bras, Nell Quickly, la tavernière au vocabulaire mal assuré, le caporal Nym, la prostituée Doll Tearsheet, dont le nom signifie *déchireuse de draps*. Mais c'est mal comprendre la pensée complexe de Shakespeare que de faire de Falstaff le héros à la fois moral et central du diptyque, de l'enrober de sentimentalisme doucereux, de le représenter comme un vagabond innocent, un vieillard candide prêchant la paix, le plaisir, la liberté, le rire et le vin au milieu d'un monde de guerriers fanatiques et de politiciens retors. Il y a tout cela dans Falstaff, mais il y a aussi la corruption, le parasitisme, l'art de profiter du double statut de bouffon irresponsable et de membre d'une classe privilégiée.

Au commencement, Falstaff se présente comme un éloge vivant de la paresse et de la joie de vivre. Il réside dans une taverne, vit d'expédients et de son babil d'amuseur. Les choses se dégradent, quand, nommé capitaine, il recrute des civils aussi poltrons que lui pour les libérer contre de l'argent. Il finit par se constituer une compagnie de pauvres hères, « nourriture pour la poudre à canon », qu'il envoie au feu pendant qu'il se cache. Bien que n'ayant pas pris part à la bataille de Shrewsbury, autrement que par sa célèbre et ironique tirade sur l'honneur, il fait croire qu'il a tué Hotspur.

Cette imposture lui vaut des récompenses imméritées. La deuxième partie d'*Henri IV* montre un Falstaff transformé en personnage officiel et respecté, ce dont il profite pour vendre très cher les promesses de faveurs gouvernementales dont il se prétend dispensateur. Le porte-parole de toutes les subversions est devenu un dignitaire spécialisé dans la concussion.

Après la mort de son père, et dès la cérémonie de son couronnement, Henri V répudie publiquement et sa folle jeunesse, et la vieillesse encore plus folle de Falstaff, chassé de la cour et emprisonné pour dettes. Falstaff souffre donc le sort de plusieurs bouffons, et curieusement, de quelques poètes, artistes et philosophes qui apparaissent sur la scène shakespearienne. L'irresponsabilité, qu'elle prenne la forme du cynisme goguenard ou du dilettantisme raffiné, finit par subir un rejet. Quand Shakespeare, spectateur du monde et amuseur public, fait figurer dans son théâtre d'autres poètes, d'autres spectateurs critiques et d'autres amuseurs, il leur lâche la bride puis les traite avec sévérité, tournant contre eux leur propre dérision.

Les scènes falstaffiennes contiennent des éléments de comédie régionaliste et paysanne, grâce à des incursions dans un terroir où l'on se préoccupe du prix des bestiaux plus que des intrigues de la cour ou des affrontements entre factions. De plus, la comédie alterne avec la tragédie. La première partie, qui se termine sur la bataille de Shrewsbury, contient un héros tragique, Hotspur, rival du prince, notamment dans l'esprit du roi, qui regrette de ne pas avoir un fils aussi vaillant. Mais celui-ci tue son adversaire en combat singulier, triomphe inattendu quoique préparé par le dramaturge. Préparé et inventé, car en 1402, date de la bataille en question, le futur Henri V n'avait que quinze ans, et bien qu'il y fût présent, n'eut pas l'occasion de rencontrer Hotspur.

La seconde partie commence dans un climat tragique, chez le comte de Northumberland qui apprend la mort de son fils, après avoir cru à sa victoire. Le désespoir des rebelles entraîne un nouveau soulèvement, que les envoyés du roi réussissent à démanteler par un stratagème perfide. Insomniaque, tourmenté, non par des remords, mais par l'angoisse du présent et de l'avenir, le roi meurt après une longue confrontation avec son fils, et une réconciliation *in extremis*. Sur son lit de mort, Henri IV conseille à son successeur d'occuper les esprits instables de ses sujets avec des guerres étrangères.

Conversion spectaculaire, hommage rendu à tous les corps constitués, rejet de Falstaff et de ses compagnons, cérémonial restauré, le nouveau roi entre en fonctions et n'a plus qu'à se préparer à ce que Marc Antoine appelle « l'occupation royale », la guerre.

Henri V

Henri VI était une épopée de la défaite, transformée en tragédie collective par la rage autodestructrice des vaincus. En remontant en arrière Shakespeare termine sa série de huit pièces par une épopée de la victoire, à peine assombrie par la perspective des épisodes suivants, des désastres militaires, des capitulations et des guerres civiles « qui firent saigner l'Angleterre » et « que notre scène a souvent représentées », comme dit l'épilogue.

À première vue, *Henri V* suscite la méfiance, par son

contenu idéologique : triomphalisme, chauvinisme, bellicisme affichés. Le débarquement des troupes anglaises en Normandie n'a aucune libération en vue. C'est une guerre de conquête qui, vue de France, ressemble à un viol, et le Chœur déclare crûment que les successeurs d'Henri V ont perdu ce dont il s'était emparé, « le plus beau jardin du monde ». Le patriotisme et le culte du chef s'y conjuguent. Vertu et virilité s'y associent en une synonymie qui, pour être garantie par l'étymologie, peut sembler abusive à une sensibilité moderne.

La structure et la distribution des rôles confirment l'impression de simplesse. Malgré la composition en tableaux contrastés et l'éparpillement spatial – conciliabules entre prélats, scènes de cour, scènes de taverne, comme celle au cours de laquelle on entend le récit de la mort de Falstaff, scènes de batailles, débats divers, conversations entre Français, qui comprennent même une conversation en français –, la progression suit une courbe ascendante et linéaire. Elle est calquée sur l'itinéraire du protagoniste, mouvement physique qui ne rencontre que des obstacles physiques.

Le scénario est vite résumé. Sitôt couronné, le jeune roi rappelle qu'il a des droits sur le trône de France, ce qui lui attire une réponse moqueuse du Dauphin. Cette réponse est interprétée comme un défi, à quoi Henri V répond par un autre défi, lugubrement belliqueux, donnant une nuance chevaleresque à une expédition déjà préparée. Le roi relance, avec l'appui de l'Église, la guerre de Cent Ans commencée par son arrière-grand-père Édouard III. Par la force d'un héroïsme modeste, ascétique, mais contagieux, sanctifié par la difficulté de la tâche plus que par sa prétendue légitimité, il réussit son impossible entreprise : traversée de la Manche, siège et prise de Harfleur, bataille d'Azincourt, traité de Troyes. Henri est désigné comme l'héritier du roi Charles VI, et devient son gendre, épousant Catherine de Valois après une demande en mariage qui appartient au registre de la comédie.

Il n'y a pas de véritables péripéties. Une tentative de trahison et de régicide a lieu, mais, annoncée par le Chœur, elle est déjouée, ses auteurs confondus et même soulagés. Pas de surprises non plus, sinon dans l'esprit des adversaires, particulièrement du Dauphin, enfermé dans un rôle de bravache comique. Ils ne s'attendaient pas à de tels exploits de la part de ces insulaires venus du froid, ni de leur capitaine, de si frivole réputation.

Cette imagerie spectaculaire se passe des habituels ressorts dramatiques, débats intérieurs, cas de conscience, dilemmes ou remords. Ils sont remplacés par la disproportion numérique entre les belligérants. Comme dans les contes, le plus faible l'emporte. La métamorphose soudaine du prince dévoyé en roi valeureux fait également partie des thèmes fabuleux. Quant à la métamorphose de l'histoire en légende, elle remonte à l'origine des nations et des dynasties, quand celles-ci demandèrent aux poètes de raconter leur passé comme une suite d'exploits.

Ces charmes nostalgiques et archaïques ne suffisent pas à expliquer le succès durable de cette œuvre. *Henri V* fait partie des grands textes dramatiques pour des qualités qui ne doivent rien à l'excitation enfantine qu'il peut provoquer. La pièce peut donner lieu à une lecture au second degré, insistant sur les ombres et les dissonances. Le texte n'est pas aussi linéaire que le mouvement dramatique, et ses résonances n'ont rien d'univoque. Même les passages édifiants, comme la mort de Bardolph, condamné pour avoir pillé une église, laissent une impression d'amertume. L'idéologie guerrière est équilibrée par des pointes critiques ou même des discours pacifistes. Ainsi les prélats qui encouragent le jeune roi à aller réclamer son héritage français *manu militari*, en lui fournissant subsides et arguments, se confient qu'il s'agit surtout d'éviter une confiscation des biens de l'Église. Le public recueille ici une information qui semble échapper au roi. Les compagnons de Falstaff s'enrôlent pour piller. La description par le duc de Bourgogne des horreurs de la guerre est un hymne à la paix autant qu'un argument défaitiste. Les menaces adressées à la population civile d'Harfleur, le massacre des prisonniers, les ravages de la maladie parmi les soldats, montrent que Shakespeare a lu attentivement les Chroniques et qu'il traite son sujet avec réalisme. On retient le débat nocturne qui oppose le roi déguisé à un simple soldat. Celui-ci lui fait savoir ce qu'il pense de la responsabilité du monarque qui les a entraînés dans cette épreuve et qui leur recommande de prier et de se confesser avant la bataille afin de purifier leur âme en cas de malheur. Mais ce malheur, à qui le doivent-ils ?

> ...le roi lui-même aura des comptes à rendre, et lourdement, quand toutes ces jambes et ces bras et ces têtes coupés en morceaux sur le champ de bataille se rejoindront le jour du Jugement, et crieront à l'unisson « Nous mourûmes en tel endroit », les uns en train de blasphémer, d'autres en réclamant des soins, d'autres en se lamentant sur leur femme laissée dans la misère, ou sur les dettes qu'ils n'ont pas pu payer, ou sur leurs enfants jetés nus de par le monde. J'ai bien peur que peu d'hommes meurent en état de grâce qui meurent dans une bataille ; car comment peuvent-ils disposer leur esprit à la charité quand ils n'ont que le meurtre en tête ?

La dimension métaphysique, le jeu des ombres et des lumières qui donne du relief et de la profondeur à ce qui aurait pu ressembler à une tapisserie très plane, n'enlèvent cependant rien à l'effervescence épique de la pièce. Si elle continue de faire vibrer le public, c'est parce qu'elle lui communique son *vibrato* intérieur. Shakespeare exhorte les spectateurs à l'écouter, plus irrésistiblement encore que le roi Henri V exhortant ses soldats à le suivre jusqu'à la mort.

Cela commence avec l'arrivée du Chœur, qui prononce un discours avant chacun des cinq actes. Le prologue contient une sorte de *captatio benevolentiae* dont la modestie ne semble pas feinte : le récitant demande au public de mettre son imagination au service de l'illusion théâtrale. Comme dans le film de Laurence Olivier, il semble appeler des moyens cinématographiques, mais pour l'instant il souligne le contraste entre la pauvreté des accessoires scéniques et l'immensité des espaces à parcourir ou la multitude des foules et des armées.

Les deux premiers vers contiennent une invocation homérique, adressée à une muse de feu qui s'élèverait au plus haut ciel de l'invention poétique. Le symbolisme des quatre éléments est contenu dans ce thème initial. L'air et le feu dominent la terre et l'eau, ils forment l'impalpable substance de la poésie comme celle de la vaillance héroïque. Un élan ascensionnel, une exaltation électrique, animent toute la pièce et l'exploit militaire s'apparente à une ascèse autant qu'à une joie. Dans son fameux discours d'avant la bataille, Henri V se porte en avant par l'esprit, il remémore et commémore un événement qui n'a pas encore eu lieu. Le jour de la Saint-Crépin, dit-il, les braves se dresseront sur la pointe des pieds en l'entendant nommer. Toute la pièce se dresse sur la pointe des pieds, et s'y maintient, par la seule force de son souffle et de son feu intérieur. Du moins pendant une partie de son déroulement. Elle retombe parfois, et lourdement, dans la terre et dans l'eau, dont les hommes sont matériellement composés.

Henri VIII

(The Famous History of the Life of King Henry the Eighth)
Date probable 1613. Première publication en 1623.
2 750 vers, 63 lignes de prose.

C'est certainement la dernière pièce écrite par Shakespeare, et comme l'action se situe entre 1520 et 1536, elle clôt la série historique. On remarque que l'auteur a laissé un trou entre 1485 et 1520, n'ayant rien tiré du règne d'Henri VII, fondateur de la dynastie des Tudors.

Henri VIII n'entre dans aucun moule connu et a suscité des controverses. Son existence même provoque parfois une sorte de déception, car dans l'esprit d'une partie du public, c'est *La Tempête* qui constitue l'œuvre ultime et testamentaire de Shakespeare. Il semblait y avoir fait ses adieux. L'opinion générale voyait des clés biographiques dans le départ de Prospero et la libération d'Ariel, sorte de Saint-Esprit de la création poétique. Prospero-Shakespeare quittant son île enchantée, renonçant à la magie, et retournant à Stratford vivre entre ses parents le reste de son âge, cela formait un ensemble cohérent, intelligible, que l'inattendu *Henri VIII* vient déranger.

Il n'y a guère de doute sur la date. *Henri VIII* fut écrit

après *La Tempête*, mais par qui ? demandent les incrédules. Le poète Tennyson fut le premier à mettre en question l'authenticité de la pièce, du moins en partie. Plusieurs passages, dit-il, sonnaient comme du Fletcher. Pour confronter les impressions de Tennyson à des estimations plus objectives, des recensions exhaustives, scène par scène, ont été menées, portant sur les caractéristiques mesurables de l'écriture de chacun des deux auteurs. Sans qu'on puisse déceler de preuve flagrante, des faisceaux d'indices corroborent l'hypothèse qu'il y a eu deux auteurs, Shakespeare et un collaborateur qui pourrait être John Fletcher, qu'on pense reconnaître à une certaine mollesse de style, de fluidité cursive.

Une autre question se pose : qui fut le maître d'œuvre, l'auteur du projet, sinon de la pièce tout entière ? Lequel fut le collaborateur de l'autre ? Les commentateurs qui trouvent l'œuvre décousue, disparate, dénuée de véritable élan dramatique et même de thème central, en déduisent que l'initiative est venue de Fletcher et qu'en plus les deux auteurs ont travaillé séparément, sur un canevas plutôt lâche.

La pièce est fondée sur une double structure : au centre, une histoire d'amour langoureuse et libertine, mais aux conséquences providentielles, car des amours d'Henri VIII et Anne Boleyn naît la princesse Élisabeth, la future Gloriana. Et au long de la pièce on assiste à trois tragédies individuelles, celles du duc de Buckingham, de la reine Catherine d'Aragon, et du cardinal Thomas Wolsey.

Ce sont des tragédies en forme de chutes, comparables au thème souvent traité depuis le Moyen Âge de la roue de la fortune, de l'adversité soudaine, et de la vertu stoïcienne face au malheur. Ce sont également des tragédies judiciaires. Le destin y prend la forme d'une lente et impitoyable procédure, où la loi se met au service de la raison d'État. Les plaidoyers des victimes condamnées d'avance ont la beauté inutile des effusions lyriques.

Le duc de Buckingham, dernier rejeton mâle de la famille des Plantagenêts, est dénoncé par un serviteur pour avoir déclaré chez lui qu'il se considérait comme le plus proche héritier de la couronne. Il est arrêté, accusé de haute trahison, jugé, exécuté. L'histoire est authentique, comme celle de Catherine d'Aragon, la première des six femmes d'Henri VIII. Elle fut répudiée sur l'étrange inculpation d'inceste, pour avoir épousé le frère de son défunt mari. Personnage grandiose et pathétique, c'est une sorte de sainte qui meurt après une extase mystique, c'est aussi une femme énergique capable de plaider sa cause face à des cardinaux retors et pratiquant le double jeu.

Wolsey, au début de la pièce ministre tout-puissant du nonchalant Henri VIII, organise le procès de Buckingham. Prélat ambitieux et mondain, rival abusif de son maître, il ne manque pas de grandeur et s'attire au moment de sa chute, suivie de sa mort naturelle, la sympathie du public.

Face à ces trois personnages, le roi et la délurée Anne Boleyn forment un couple sensuel et frivole. Ils sont portés l'un vers l'autre par les instincts ordinaires, avec la complicité parfois ironique du texte. On pense au *Couronnement de Poppée*, d'autant plus qu'un sort analogue à celui de l'éphémère impératrice attend Anne Boleyn. Il y a aussi, plus que dans *Henri IV* et *Henri V* où le prince qui devient roi après un apprentissage tortueux se mêle au peuple sans s'y assimiler, un sentiment de communauté ethnique et charnelle entre le roi et les couches les plus roturières, dont la truculence se déchaîne pendant la scène du baptême d'Élisabeth.

Que signifie tout cela ? La clé se trouve peut-être dans l'ensemble de la série historique, dont la situation-type est celle d'un roi plus ou moins légitime, plus ou moins candide ou machiavélique, faisant face à des complots et des rébellions. Dans *Henri VIII* les dangers ne sont que virtuels et latents. Mais Buckingham représente l'ancienne aristocratie féodale, celle que les Tudors se sont employés à écraser. Catherine d'Aragon, reine admirable mais étrangère, incarne l'influence espagnole et tous les maux qui en ont résulté. Wolsey, issu du peuple mais légat du pape, représente l'Église romaine, dont Henri VIII sépara officiellement l'Angleterre par le schisme de 1534. L'éviction de Wolsey est suivie de l'accession de Thomas Cranmer, réformateur luthérien et futur martyr du protestantisme, à l'archevêché de Canterbury.

S'il y a un message à tirer d'*Henri VIII*, il est ambigu comme toujours. Patriotisme physique et mystique d'un côté, teinté de populisme et de xénophobie, quoique sur ce dernier point, dans les plaisanteries assez lourdes à l'égard des étrangers, le style paraisse plus fletchérien que shakespearien. De l'autre côté, une communauté d'âme et d'émotion avec les êtres d'exception que l'histoire martyrise sans souci de justice.

Henri VIII est la pièce la plus spécifiquement historique de toute la série, parce que les situations ne sont transposables dans aucun autre environnement et que, contrairement aux œuvres où on assiste à une agitation suivie d'une remise en ordre, il se produit ici une véritable évolution, voire une révolution. Les conflits n'opposent pas seulement des factions rivales, mais les représentants du passé à ceux de l'avenir.

La pièce est peut-être plus testamentaire qu'elle paraît. Revenu à Stratford, Shakespeare s'enfonce dans le terroir et dans le siècle, il écrit son œuvre la plus politiquement engagée, la moins artistiquement détachée, se terminant par un panégyrique d'Élisabeth et un hommage appuyé à Jacques Ier. C'est peut-être aussi par modestie, comme celle que montre Prospero à la fin de *La Tempête*, qu'il a pu faire appel à un collaborateur, ou accepté de participer à un projet qui ne venait peut-être pas de lui.

Les tragédies romaines

Il y en a quatre si l'on compte *Titus Andronicus* mais comme cette œuvre est fondée sur un scénario imaginaire, il vaut mieux réserver l'appellation de tragédies romaines aux trois pièces qui, inspirées de Plutarque et de Tite-Live, portent au théâtre des faits historiques.

L'influence de Plutarque fut certainement aussi profonde sur Shakespeare que celle d'Ovide, avant même son exploitation dramatique. *Les Vies des hommes illustres* présente les héros mémorables de l'Antiquité, avec leurs petitesses et leur grandeur, mêlant le jugement et l'admiration, la lucidité analytique et le souffle légendaire. Ceux qui étaient « convoiteux de gloire », selon la formule d'Amyot, eurent des destinées grandioses et souvent tragiques, ce qui fournissait des thèmes fertiles. La traduction que Thomas North publia en 1579, réalisée non pas d'après l'original grec mais d'après la version française d'Amyot, fut peut-être l'ouvrage le plus lu pendant toute la période élisabéthaine.

Par leur thématique et leur configuration, les tragédies romaines méritent le titre de *tragédies*, mais le sentiment de l'histoire y est aussi profond que dans les pièces anglaises. La réduction dramatique et la mise en relief des personnages principaux n'occultent pas la signification politique des événements. Dans deux d'entre elles, *Jules César* et *Coriolan*, la foule joue un rôle de premier plan. De même que l'Angleterre est la véritable héroïne des pièces anglaises, Rome a dans ces trois œuvres une présence obsédante : Rome en temps de crise, Rome menacée de n'être plus dans Rome, et accouchant dans la douleur d'un nouveau régime. Dans *Lucrèce* le passage de la monarchie à la république, conséquence de la tragédie nocturne qui s'est déroulée dans un cadre domestique, n'est mentionné que brièvement. Dans les tragédies romaines, Shakespeare se rattrape et déploie leur dimension historique. Il se souvient du mythe fondateur que fut la révolte contre les rois. Dans *Jules César* Brutus a la conscience à la fois alourdie et exaltée de savoir qu'il descend d'un des pères de la République. Son drame individuel reflète l'histoire collective.

JULES CÉSAR

(*The Tragedy of Julius Caesar*)

Date approximative 1599. Première publication en 1623.
2 269 vers. 192 lignes de prose.

La première, la plus courte des trois, *Jules César* fait preuve d'une concentration d'énergie, d'une limpidité de forme et de style, d'une virtuosité rhétorique propres à décourager les commentaires. Curieusement cette œuvre, une des premières à répandre la réputation de Shakespeare en Europe dès le XVIIIe siècle, a mis du temps à s'imposer auprès des critiques, qui la trouvaient froide, un peu sèche et linéaire. Aujourd'hui on sent mieux la véhémence passionnelle qui se maintient presque d'un bout à l'autre à un degré paroxystique.

Si Shakespeare avait intitulé sa pièce *Les Ides de mars* il aurait épargné à ses commentateurs des discussions inutiles sur la question de savoir qui en est le héros. Comme le personnage éponyme ne figure que dans trois scènes, ne prononce que cent quarante vers et meurt au troisième acte, certains se sont demandé pourquoi la pièce s'intitule *Jules César* et non *Brutus*. Shakespeare donne généralement le nom du personnage royal ou autre qui occupe une position d'autorité, laquelle est contestée ou menacée. De plus César a un statut de héros tragique, poursuivi par la némésis et par le sang de Pompée. Après sa mort, c'est lui qui devient la némésis de ses meurtriers, y compris sous la forme d'un spectre. Jusqu'à la fin il hante le texte et sa présence pèse d'autant plus lourd que le discours de ses amis et même de ses ennemis suggère que le tyrannicide était en réalité un parricide collectif.

Mais la fresque historique s'oppose au monodrame et il est vain de se demander quel est le héros d'une pièce qui en contient au moins quatre. De plus, malgré un climat qui l'apparente à l'esthétique classique – on note l'absence de grivoiseries et d'épisodes comiques – *Jules César* a une structure shakespearienne, c'est-à-dire cinématographique, comme l'a démontré le réalisateur Joseph Mankiewicz en 1952. Tout un pan d'histoire, trente-quatre personnages, sans compter la foule, dix-huit tableaux. Et le récit théâtral d'une crise d'où est né l'Empire romain.

Le dictateur César, qui organise de son vivant son propre culte, aspire à la royauté. Cela inquiète les patriciens attachés à leurs privilèges comme aux valeurs romaines. Cassius incite son beau-frère Brutus à entrer dans un complot contre César et à en prendre la tête. Cassius, rusé et passionné, appuie sa stratégie persuasive sur l'honneur. Brutus, personnage tourmenté, divisé, se persuade que César est au moins potentiellement un tyran. La conspiration arrive à son terme malgré quelques imprudences et les avertissements surnaturels dont César orgueilleusement ne tient pas compte. Après un suspens dramatique, l'assassinat est accompli, représenté sur la scène et non en coulisse, ce qui a contribué à la réputation de sauvagerie qui s'attache à Shakespeare sur le Continent. Après le meurtre, les conjurés trempent leurs mains dans le sang de César et les exhibent. Détail étrange, inventé par Shakespeare et diversement interprété : veulent-ils indiquer qu'ils ont accompli un sacrifice rituel, ou que, réalisant le rêve de Calpurnie, ils cherchent à transfuser en eux-mêmes le sang nourricier du père qu'ils ont immolé ? Peut-être ont-ils, en maculant leurs toges du signe arrogant de la violence, inventé le drapeau rouge de la révolution. Pendant la célèbre scène du Forum, Brutus persuade la foule de ce dont il s'est persuadé lui-même, sur la nécessité de supprimer l'ennemi des libertés romaines, malgré ses mérites, mais il commet l'erreur fatale – lui que la foule inconséquente acclame comme le nouveau César – d'autoriser Antoine à prononcer un éloge funèbre sur le corps du vrai César. Fondé sur l'exploitation des sentiments et des intérêts, agencé selon une progression calculée à la seconde près, ponctué par le fameux « Brutus est un homme honorable », bombe chargée d'ironie à retardement, le discours de Marc Antoine constitue à lui seul un répertoire des principaux procédés de rhétorique. Il retourne la foule, une seconde révolution éclate, populaire, et manipulée par les héritiers du césarisme, provoquant incendies, destructions, meurtres sauvages, comme celui de Cinna le poète, tué parce qu'il s'appelle Cinna, comme l'un des conjurés.

Ceux-ci doivent fuir Rome, et organisent une contre-offensive militaire. C'est la guerre civile. Les deux derniers actes voient la fin pathétique de Brutus et de Cassius qui se querellent presque comme des amants, puis se réconcilient, mais ils sont vaincus et se donnent la mort. Le triumvirat s'installe, après avoir fait régner la terreur. Marc Antoine prononce tranquillement un second éloge funèbre, celui de Brutus, qui se termine par cette simple phrase : « C'était un homme ! »

De ce résumé comme de la lecture du texte, on peut tirer des morales plus ou moins désabusées, sur l'ironie du destin, sur les ruses de l'histoire. Ainsi Cassius, qui s'ingénie à faire entrer Brutus dans le complot, réussit trop bien, car les scrupules de celui qui affiche et incarne l'honneur romain empêchent les conjurés d'aller au bout de leur projet. Les républicains, en contraignant par la violence le cours de l'histoire, provoquent ce qu'ils voulaient prévenir, la fin de la république.

D'autres morales, et d'autres leçons de choses politiques, encore plus amères, se lisent à livre ouvert dans la pièce, sur l'efficacité déplorable de la démagogie et de la terreur, sur la pratique du machiavélisme et les turpitudes qui conduisent les justes à avoir les mains sales, sur les ambiguïtés de l'honneur et la difficulté d'accorder les valeurs de la noblesse avec celles de la démocratie. Et bien d'autres considérations, toujours actuelles, malgré la couleur locale et historique. « Il peint les Romains ; ils sont plus grands et plus Romains dans ses vers que dans leur histoire », comme disait La Bruyère de Corneille.

Il émane de *Jules César* une qualité d'émotion qui relativise son didactisme objectif et transcende jusqu'à la distinction entre la vérité et le mensonge : poussés par la passion qui n'est pas mesquinement celle du pouvoir, les personnages ont une façon de *mentir-vrai* qui en arrive à convaincre les spectateurs. Car la passion dans *Jules César* n'est pas un péché ou une faiblesse, comme chez Racine ou chez Euripide, mais une force grandiose, même si elle conduit à l'échec. Et l'échec lui-même n'est pas forcément senti comme une punition. Cassius et Brutus, quoique poursuivis par le remords, les dissensions, le fatalisme, et par la fatalité elle-même qui, comme à César avant eux, envoie des présages surnaturels, meurent sans regretter ce qu'ils ont fait, sans renoncer aux valeurs pour lesquelles ils ont combattu.

CORIOLAN

(*The Tragedy of Coriolanus*)

Date approximative 1607. Première publication en 1623.

2 552 vers. 775 lignes de prose.

Coriolan, la plus longue, la plus austère, et, à cause d'une écriture exceptionnellement dense et tourmentée, la plus difficile des trois tragédies romaines est aussi celle qui correspond le plus exemplairement à la notion classique de tragédie : toute l'attention se porte sur le protagoniste, sur sa grandeur et sur ses petitesses, son ambition et les causes, propres à lui-même, qui sapent son ambition. La pièce ressemble à son héros, elle est ombrageuse, hautaine, difficile d'accès. Le contraste entre la clarté de la construction et l'obscurité du style en fait une bizarrerie littéraire. Le héros offre un contraste aussi surprenant : il semble qu'on puisse le définir comme une brute belliqueuse et arrogante, pourtant aucun autre personnage de Shakespeare ne s'exprime d'une manière aussi complexe et subtile. Son discours ressemble à un monologue intérieur. Son *credo* politique paraît simpliste, pourtant il le formule dans un langage plein de finesses et d'abstractions, au point que certains acteurs lui donnent l'attitude d'un homme froid et sarcastique, plus doctrinaire qu'homme d'action.

Coriolan diffère des deux autres tragédies romaines en ce que les crises et leurs résolutions n'entraînent pas de changement pour la communauté. Une fois le tumulte calmé, les menaces écartées, le héros éliminé, la situation générale revient à son état antérieur.

Le drame, inspiré de Plutarque et de Tite-Live, se déroule au Ve siècle avant J.-C., peu de temps après la fondation de la République. Shakespeare restitue le climat d'une Rome archaïque, la Rome des origines, plus proche de Sparte – le laconisme en moins – que la Rome impériale ou pré-impériale. C'est une ville encore enfermée dans ses murs, assiégée, luttant pour la vie et vivant pour la lutte, c'est la Rome patricienne et quasi patristique dont Brutus et Cassius cultivent la nostalgie dans *Jules César*. La cellule familiale constitue la matrice des vertus civiques et militaires. La mère du héros, que Shakespeare nomme Volumnia, a élevé son fils dans le culte de Rome et dans la conviction que mourir pour la patrie est le sort le plus beau.

Pourtant Rome est déjà la proie des déchirements, et de la lutte des classes. La pièce commence par une émeute. Les plébéiens ont faim, ils se révoltent, ils accusent les Sénateurs d'accaparer les réserves de blé. Le vieux sénateur Menenius, qui sait parler au peuple avec bonhomie, essaie de les calmer en leur racontant la fable des membres et de l'estomac. Mais arrive Caius Martius, patricien orgueilleux qui considère la plèbe comme une race inférieure, et ne pardonne pas aux membres de sa caste de lui avoir concédé le droit d'être représentée au Sénat par deux tribuns.

L'orgueil démesuré de Martius, ressort tragique de la pièce, n'est pas un simple trait de caractère à manifestation répétitive. C'est un ensemble complexe où l'intellect et l'affectivité composent un personnage cohérent. La fierté d'appartenir à la noblesse est exaltée par la conscience d'en avoir enrichi le patrimoine par des actes de bravoure. C'est l'intensité de sa passion qui donne à ses préjugés leur raideur. C'est le feu intérieur qui le rend extérieurement glacial. Cette passion, il en fait une vertu, celle de l'honneur, et une doctrine, celle qui affirme que l'élite incarne la nation et la protège contre les dangers. Orgueil, vaillance, religion de l'honneur, dévouement à la patrie, orthodoxie à l'égard de l'ancienne constitution de Rome, vénérée comme un texte sacré, ces composants forment le plus dessiné de tous les personnages de Shakespeare, le seul dont on puisse dire vraiment qu'il porte sa destinée dans son caractère. Quand, sous le choc de circonstances hostiles, la personnalité éclate, il ne reste plus que l'orgueil, qui détruit les valeurs auxquelles il donnait auparavant une assise psychologique.

Au commencement, Caius Martius est vu dans sa phase ascensionnelle, tout en montrant ses traits les plus déplaisants. Il répond aux plaintes des plébéiens par des insultes, et annonce que les Volsques sont en armes. La guerre qui se prépare ne peut que le réjouir : nouvelle occasion d'accomplir des exploits, de se mesurer avec son ennemi préféré Aufidius, elle permet de détourner l'agressivité des plébéiens vers l'étranger et d'en faire disparaître un certain nombre. Comme un bonheur ne vient jamais seul, les Volsques ont des greniers pleins de blé, prêts à être pillés. La guerre éclate, les Romains sont vainqueurs malgré le peu de zèle des fantassins mais grâce à la bravoure surhumaine de Martius, qui conquiert à lui seul la ville de Corioli. Ses compatriotes lui font un triomphe, qu'il accepte avec une modestie naïvement feinte, et lui donnent le surnom de Coriolanus.

Il lui reste une étape à franchir dans son *cursus*

honorum : se faire élire consul. Bien que réservée aux patriciens, l'élection se fait au suffrage universel, ce qui implique un rituel et une apparence de soumission que le vainqueur de Corioli trouve indigne de lui : solliciter les voix de la plèbe – des voix qui ont mauvaise haleine –, se montrer vêtu de la toge d'humilité, exhiber ses blessures. Sa mère et ses amis, véritable comité de soutien et groupe de conseillers, l'accablent de recommandations, le poussent à dissimuler sa nature, à feindre l'humilité, ce qu'il accepte de faire, de mauvaise grâce.

Coriolan reste le moins politique des hommes, malgré son ambition politique, celui qui répugne le plus au compromis, en quoi il ressemble aux autres héros tragiques de Shakespeare. Les tribuns Brutus et Sicinius décident de le provoquer. La manœuvre est efficace. Coriolan explose de colère, déverse sa haine, et expose son intention de mettre fin au pouvoir des tribuns, croyant apparaître aux yeux des sénateurs comme le jeune champion qu'ils attendaient. Les sénateurs consternés abandonnent celui qui veut les entraîner dans une périlleuse tentative de reconquête. Les tribuns demandent la mort pour Coriolan. Les sénateurs transigent, le héros de la veille est condamné au bannissement.

L'ingratitude provoque la vengeance et le désespoir, elle provoque aussi la disjonction entre l'orgueil et l'honneur, entre l'être moral et la substance psychologique. Coriolan, trahi par les siens, n'a plus qu'à les trahir en retour et à se trahir lui-même. Il s'exile chez les Volsques et se met à leur service, afin de détruire Rome. Il retrouve le plaisir du commandement et la joie de la vengeance.

Dirigée par Coriolan, l'armée des Volsques semble invincible, Rome est menacée de destruction. C'est à ce moment que les femmes interviennent ; sa mère, sa femme, une amie du nom de Valeria, demandent audience. Volumnia, par un long discours, réussit à dissuader son fils de poursuivre son entreprise. Elle trouve le point sensible, l'argument sans réplique : Coriolan détruisant Rome n'est pas un Romain punissant l'ingratitude, mais un Volsque accomplissant le vœu de son peuple. Sans sa romanité, Caius Martius n'est plus lui-même, et sa vengeance ne lui appartient plus.

Il y a dans le discours de Volumnia des éléments plus affectifs et moins rationnels, suggérant que l'assassinat de la patrie serait en réalité un matricide. Martius ne peut pas assumer une existence coupée de ses origines, ni abolir la source de son être. L'honneur, même bafoué, transformé en vengeance, n'est pas une valeur universelle et abstraite. Il est constitué de substance ethnique et biologique.

Martius redevient le Romain qu'il a toujours été. Appelé à rendre des comptes à ses alliés, il les invective, se vante de ses exploits, revendique le nom de Coriolan, et provocateur-provoqué, meurt sous les coups d'une meute de spadassins commandés par Aufidius. Catharsis obligée, Aufidius regrette son geste et prononce l'éloge funèbre de son ami-ennemi, mais la fin laisse une impression aussi âpre et poignante que tout le reste de cette œuvre.

C'est la pièce la plus strictement politique de Shakespeare. Il n'est pas fréquent de faire d'un article de la constitution, d'une élection, d'une campagne électorale, d'une procédure de destitution et de mise en accusation, du prix du blé et des relations entre les classes, des thèmes et ressorts tragiques. Mais pièce politique ne signifie pas théâtre engagé. Shakespeare ne prend pas parti pour un système de gouvernement ou une idéologie, mais avant de demander à ses acteurs d'incarner les personnages qu'il a créés, ou recréés, lui-même se charge de donner à chacun sa vérité. C'est en cela que consiste son engagement. Il s'identifie avec eux et les fait arriver jusqu'aux limites de l'exacerbation sans tomber dans la caricature.

Antoine et Cléopâtre

(*The Tragedy of Antony and Cleopatra*)

Date approximative 1607. Première publication en 1623.
2 709 vers. 315 lignes de prose.

Dans la chronologie historique, *Antoine et Cléopâtre* fait suite à *Jules César*, mais les deux œuvres ne forment pas un diptyque. En quelque huit ans au cours desquels Shakespeare a écrit une dizaine de pièces, son style a évolué. Le lyrisme s'est intériorisé, le morcellement du dialogue et la fluidité de la prosodie ne s'accordent plus avec les grands échanges rhétoriques qui caractérisaient les œuvres de la période précédente. D'autre part, la situation historique ne s'enchaîne pas avec celle qui clôt la pièce précédente. L'action de *Jules César* se termine en 42 avant J.-C. Dans *Antoine et Cléopâtre* elle se déroule entre 40, date de la mort de Fulvia, épouse d'Antoine, et 31, bataille d'Actium, mort des deux héros, triomphe d'Octave César, futur Auguste.

La convention théâtrale produit comme toujours une impression d'accélération et de resserrement, mais moins marquée que dans les autres œuvres. Ici on sent le temps passer, et stagner. Comme dans *Henri IV* la vie quotidienne alterne avec l'agitation politico-militaire, mais au lieu que les rôles soient répartis entre deux groupes, ce sont les héros eux-mêmes qui sont partagés entre le plaisir de vivre et la nécessité d'agir. Le contraste entre la nonchalance et l'activisme se traduit dans le rythme même de l'œuvre.

Après la défaite des républicains, le triumvirat s'est partagé le pouvoir et l'Empire, au sens territorial. Selon les lois de la physique politique, cette triarchie ne peut pas durer. L'un des trois hommes – Octave César en l'occurrence, le plus jeune, celui qui a le moins d'expérience militaire mais le plus d'habileté politique – doit éliminer les deux autres. Cela fait partie des fatalités que l'on qualifie de *shakespeariennes*. Selon des lois aussi immuables, le régime de transition mis en place après la mort de Jules César doit conduire à un système plus stable, à savoir l'Empire au sens institutionnel.

Une fois écartés les dangers extérieurs, ainsi que l'insignifiant Lepidus, le conflit ne peut donc manquer d'éclater, ou plutôt de couver, entre Antoine et César. Mais ce n'est pas un conflit ordinaire, entre deux ambitions hégémoniques, il oppose surtout Antoine à lui-même. Il y a deux êtres en lui : le chef de guerre invincible, qui n'a qu'à se baisser pour cueillir des royaumes, le dieu Mars fait homme ; et le même dieu Mars, mais captif de Vénus, à savoir la reine d'Égypte, le débauché voluptueux qui n'attend pas la bataille d'Actium pour mettre en pratique le *Nunc est bibendum*... d'Horace. Antoine oscille entre ces deux penchants, mais l'œuvre est surtout fondée sur l'évocation somptueuse de deux climats, de deux univers contrastés : l'Orient, avec ses parfums langoureux, son art de faire de chaque instant vécu une éternité de joie, son érotisme visionnaire ; et l'Occident, qui déjà met l'austérité au service de l'efficacité et fait de la réussite la valeur suprême. César prétend protéger Antoine contre lui-même et contre les sortilèges de la reine d'Égypte ; il se désole, ou fait semblant de se désoler, des dissipations de son collègue, à la manière d'Henri IV déplorant les mauvaises fréquentations de son fils. Il va jusqu'à lui donner sa sœur Octavie en mariage, pour resserrer les liens et l'éloigner de Cléopâtre. Le calcul est rusé. Antoine retourne irrésistiblement vers Cléopâtre, ce qui provoque la rupture obscurément voulue par César.

Ce n'est pas par la forme de son nez que Cléopâtre change le sort du monde, c'est parce qu'elle représente la beauté du monde et le plaisir de vivre. À la fois reine et courtisane, vieillissante et basanée, capricieuse, rouée, cynique, incarnation de l'éternel féminin, héroïne d'une histoire d'amour fou, elle s'élève par sa faiblesse même jusqu'à une sublimité inattendue. Elle provoque le désastre d'Actium par sa lâcheté : elle a voulu participer à la bataille, mais prise de peur, elle s'enfuit, et Antoine est tellement éperdu d'amour qu'il la suit, abandonnant ses soldats. L'histoire est invraisemblable, donc authentique. Antoine s'inflige une blessure mortelle, la croyant morte. Elle ressuscite, il lui pardonne et meurt, aussi extasié que Tristan. Après la mort d'Antoine, elle tergiverse et ne se décide à suivre son amant dans la mort que quand elle apprend qu'elle risque l'esclavage et l'humiliation. Elle réussit pourtant à faire de sa mort la plus grandiose des consommations. C'est l'histoire de Samson et Dalila réécrite à la gloire de Dalila, ou l'*Odyssée* effaçant Pénélope au profit des sirènes et de Circé. *Antoine et Cléopâtre* est aussi la plus souriante et la plus joviale des tragédies, au dialogue enjoué, imprégné d'érotisme jusque dans la musique de ses phonèmes.

C'est une œuvre difficile. Sa structure semble décousue, éparpillée, comme si Shakespeare s'était contenté paresseusement de suivre le récit de Plutarque, sans guider le spectateur dans les entrelacs parfois embrouillés de l'histoire romaine.

Pourtant si l'on essaie d'évaluer les œuvres de Shakespeare selon des critères fondés sur la plus haute exigence esthétique, on ne peut pas manquer de considérer *Antoine et Cléopâtre* comme son chef-d'œuvre suprême. Composition apparemment désinvolte, ne cultivant aucune emphase, aucune mécanique à produire des effets, libre de tout esprit de lourdeur, tempérant d'humour et d'ironie les morceaux de bravoure, elle procure une délectation sans équivalent, autant qu'une sorte de révélation.

Son unité de vision se trouve dans la trame profonde du texte dont la poésie opère une fusion surréelle entre le sensualisme et la spiritualité qui transfigure les corps par une glorification épique et festive, tandis que les âmes gardent quelque chose de la substance vaporeuse qu'elles avaient dans l'Antiquité.

Quand, défiant les dieux qui les ont abandonnés et qui ne sont que des forces matérielles, Antoine et Cléopâtre se donnent rendez-vous au paradis païen de l'Hadès, ils savent qu'ils n'existeront plus que sous forme d'ombres exsangues et silencieuses, non dans le ciel mais sous la terre, loin du soleil et des plaisirs charnels, mais que dans cette nostalgique pureté ils survivront aux dieux et aux empires.

VI

LES TRAGÉDIES LÉGENDAIRES

La critique s'impose la tâche de définir en quoi consiste la tragédie, exercice d'autant plus difficile qu'il s'agit de faire coïncider des critères posés *a priori* avec des exemples. Tout le monde s'accorde à peu près sur la forme extérieure : représentation théâtrale d'une histoire se terminant par un échec, une chute, une ou plusieurs morts, concernant des personnages de statut élevé, écrite dans un style élaboré, visant au sublime. Les discussions portent sur les causes de la catastrophe. Il existe une théorie, selon laquelle une tragédie s'organise autour d'un personnage présenté comme capable d'accomplir un destin glorieux mais empêché par une faiblesse, par les conséquences d'une faute, par la démesure de son ambition face aux normes qu'imposent les dieux ou les hommes, ou par une incompatibilité entre son caractère et son dessein. Si l'obstacle dirimant reste inconscient et informulé, la psychanalyse intervient en tant qu'auxiliaire de la critique. Ces schémas visent à faire apparaître le gâchis tragique comme prévisible, sinon mérité. Si l'échec résulte de circonstances extérieures, de hasards, de coïncidences, l'opinion critique dévalorise l'œuvre en lui appliquant le terme de *mélodrame*.

Quant aux schémas mythiques, tels que la roue de la fortune ou le *fatum* inscrit dans les astres, ils bénéficient du prestige qui s'attache aux croyances anciennes, mais l'archaïsme pittoresque de ces évocations ne représente qu'une étape.

Les tragédies de Shakespeare ont embarrassé les théoriciens. Ils en percevaient les résonances mais constataient qu'elles s'écartaient des normes et que l'abondance même du matériau empêchait toute synthèse. Le non-respect des unités classiques semblait déconcertant, et surtout l'absence d'un projet moral fondé sur la justice rétributive, de même que le manque de définition psychologique chez le héros. Il était posé en principe qu'un héros tragique doit contenir en lui-même les causes de sa destruction. La critique traditionnelle admet que dans les drames empruntés à l'histoire, les événements l'emportent sur le syndrome psychologique, mais elle souhaite que dans les tragédies pures le personnage crée l'événement.

D'autre part, si l'on cherche à établir une sorte de typologie ou de diagnostic général du héros tragique selon Shakespeare, on constate que, s'il y a en lui des causes d'échec, elles se trouvent plus souvent dans ses vertus que dans ses défauts : l'idéalisme, la fidélité à soi-même, la confiance en autrui, le refus du compromis, conduisent au désastre plus sûrement que l'absence de rigueur morale. Selon le mot célèbre du roi Lear, le héros tragique est plus souvent victime des péchés d'autrui que des siens (« *More sinn'd against than sinning* »).

Il faut se garder d'une conception exagérément anthropocentrique et psychologico-morale de la tragédie shakespearienne, qui se fonde poétiquement sur une vision cosmique de l'existence. La violence, la cruauté, la terreur, la mort, se trouvent au cœur de la nature. Le temps détruit ce qu'il crée, la terre dévore ses enfants, qui s'entre-dévorent. Les tempêtes, les tumultes, le chaos originel, à peine effacé par la Création et la civilisation, menacent la paix, l'amour, l'harmonie. Que les hommes eux-mêmes soient causes de tragédies, nous ne le savons que trop, mais dans leur sauvagerie et leur capacité de nuire ils ne font que refléter, parfois amplifier, et souvent subir, les forces brutales de la réalité physique. De là vient l'importance de l'événement, comme celle du paysage, de l'atmosphère, du monde physique. L'espace théâtral n'est pas simplement un dispositif optique destiné à faire converger les regards sur un protagoniste. Il figure l'espace de la vie et de l'univers, secoué de forces destructrices. Transfigurés par l'art, l'ordre et le désordre peuvent s'opposer comme l'apollinien et le dionysiaque dans la vision nietzschéenne. Mais il existe un premier stade où la violence s'exhibe dans toute sa laideur, comme le Mal originel.

Titus Andronicus

(*The Tragedy of Titus Andronicus*)
Date approximative 1592. Première publication en 1594.
2 470 vers. 51 lignes de prose.

L'action se passe dans la Rome impériale, celle de la décadence, à une époque où elle commence à affronter les menaces barbares. Bien que la comparaison avec *Antoine et Cléopâtre* puisse paraître saugrenue, on trouve des éléments communs : les Romains subjuguent un peuple exotique et considéré comme primitif, mais subissent son influence. L'Empereur est envoûté par la reine des Goths qui de captive devient impératrice.

Shakespeare semble s'être inspiré d'un conte italien dont la version originale n'a pas été retrouvée et dont il n'existe qu'une traduction publiée au XVIIIe siècle. En comparant la source à la version théâtrale, on voit que Shakespeare a modifié l'ordre des événements de façon que les horreurs et les cruautés paraissent encore plus gratuites et irrationnelles que dans le modèle.

Des horreurs et des cruautés, il n'y a pour ainsi dire que cela dans *Titus Andronicus*, longtemps considéré comme un péché de jeunesse, ou comme un péché tout court commis par quelqu'un d'autre et attribué indûment à Shakespeare. On rencontre également l'opinion selon laquelle le style très écrit, antiquisant et nourri de citations venues d'Ovide et de Sénèque, tend par sa froideur convenue à atténuer le choc des horreurs. Ce jugement se heurte au fait que les horreurs incriminées s'accomplissent sur la scène. Il y a des effets de choc visuel et physique. Si l'on cherche des éléments permettant d'atténuer ces chocs, il faut les chercher dans les aspects grand-guignolesques. Aaron le Maure, organisateur facétieux de viols, de mutilations, d'erreurs judiciaires et d'exécutions, est un bourreau et un bouffon. Mais son rire n'est pas forcément communicatif ni producteur de soulagement.

La pièce appartient au genre populaire des drames de vengeance. Titus Andronicus, général romain, revient victorieux d'une campagne contre les Goths, d'où il ramène captifs leur reine Tamora et ses trois fils. Pour célébrer sa victoire sur ce peuple barbare, il commet un acte de barbarie, en immolant le fils aîné de la reine vaincue. Il tue également un de ses propres fils, sur un coup de colère, incident parmi d'autres.

Commence alors une succession d'atrocités organisées par Aaron, amant de Tamora que l'empereur Saturninus libère et épouse. Les deux fils de la nouvelle impératrice, Chiron et Démétrius, violent Lavinia, fille d'Andronicus, lui arrachent la langue et lui coupent les mains, pour qu'elle ne puisse pas révéler le nom de ses bourreaux, le tout assorti de plaisanteries sinistres. Ils tuent le mari de Lavinia, frère de l'empereur, et dénoncent comme coupables deux des fils d'Andronicus. Celui-ci croit pouvoir les sauver en offrant sa main tranchée en échange de leur vie. Il reçoit leurs têtes contre sa main.

C'est au tour d'Andronicus de se venger. Il lui reste un frère et un fils. Sa fille écrit le nom des assassins sur du sable en s'aidant d'un bâton. Il simule la folie pour faire croire qu'il est inoffensif, selon un processus fréquent dans les drames de vengeance, et dont on trouve des traces dans *Hamlet*. Le tout se termine par un massacre général. Andronicus invite Tamora à un festin où il lui sert ses deux fils transformés en pâtés. Il tue sa fille, pour qu'elle ne survive pas à sa honte, comme Virginius dans la légende romaine. Il tue Tamora, laquelle a donné naissance à un enfant noir, grâce à une sage-femme qu'Aaron, père de l'enfant, s'empresse de poignarder. Andronicus est tué par l'empereur, celui-ci est tué à son tour, Aaron est conduit au supplice, ce qui lui permet de lancer un dernier discours diaboliquement burlesque.

> Si dans toute ma vie j'ai fait une seule bonne action
> Je m'en repens du fond de mon âme.

La pièce mérite qu'on la prenne en considération, mais aussi qu'on la laisse à la place un peu souterraine où elle est habituellement reléguée, à un endroit dangereux du domaine shakespearien, le laboratoire ténébreux d'où sortent des monstres. Il s'y élabore des thèmes récurrents, celui du viol, par exemple, comme dans *Lucrèce*, associé aux images de la nuit et de la nature sauvage. La phrase clé est celle que prononce le tortionnaire quand il indique aux exécutants du crime le lieu où il s'accomplira :

> Les bois sont impitoyables, horribles, sourds et muets.

On trouve déjà le thème de l'anti-pastorale noire et tragique, du retour au chaos, l'envers de la pastorale idyllique et régénératrice. C'est dans une forêt que Protée menace de violer Silvia (dans *Les Deux Gentilshommes de Vérone*), au milieu des montagnes galloises que Cloten se promet de forcer Imogen (*Cymbeline*), dans une caverne que Caliban met en péril Miranda (*La Tempête*).

La torture et la mutilation sont toujours présentes et troublantes. Voir *Macbeth*, où court le leitmotiv des doigts et des têtes coupés, et *Le Roi Lear*, où résonne le rire du bourreau qui arrache les yeux de Gloucester.

C'est sur la conscience douloureuse de la sauvagerie universelle, aggravée par la perversité humaine et par les mécanismes du pouvoir, que Shakespeare édifie son humanitarisme. Malgré le déchaînement de cruautés, *Titus Andronicus* se termine sur le mot *pitié*, mais l'œuvre suscite plus de terreur que de pitié.

Roméo et Juliette

(*The Tragedy of Romeo and Juliet*)
Date approximative 1595. Première publication en 1597.
2 575 vers. 426 lignes de prose.

L'histoire des Montaigu et des Capulet, de Roméo et de Juliette, fondée peut-être sur une anecdote réelle, a aussi des origines folkloriques et littéraires qui remontent à l'Antiquité. Les sources nombreuses convergent sur la pièce de Shakespeare et, après lui, ont continué à inspirer des versions théâtrales, musicales, chorégraphiques ou cinématographiques. On retrouve partout le même scénario : issus de deux familles ennemies, les amoureux de Vérone se marient secrètement. Mais le destin tragique, annoncé dès le prologue et incarné par l'absurde guérilla que se livrent les deux maisons, domestiques compris, les rattrape. Tybalt, cousin de Juliette, provoque une rixe et tue Mercutio, ami de Roméo, qui tue alors Tybalt. Il est banni de Vérone, tandis que Juliette est contrainte par ses parents d'épouser le comte Paris. Mais elle simule la mort grâce à une potion quasi magique qu'a concoctée pour elle le frère Laurent. Placée dans un tombeau le jour où devait avoir lieu son second mariage, elle doit ressusciter le surlendemain. Roméo ayant appris la mort de Juliette, mais n'ayant pas reçu la lettre l'informant du stratagème, revient de Mantoue. Après avoir tué Paris, qui le prenait pour un profanateur de sépultures, il pénètre dans le mausolée des Capulet et s'empoisonne sur ce qu'il croit être le cadavre de Juliette. Celle-ci s'éveille, et se poignarde. Les Capulet et les Montaigu se réconcilient et élèvent un monument à la mémoire de leurs enfants. Tel est le schéma traité par Shakespeare, qui l'a considérablement enrichi.

Le texte frappe par sa somptuosité, sa luxuriance. Fluide et touffu à la fois, il abonde en références mythologiques, en ornements et figures. La pièce est longue, les scènes sont longues, les tirades amples. La théâtralité s'y affirme sans réserve : Shakespeare n'a pas cherché à atténuer les invraisemblances, il les a amplifiées et leur a ajouté les conventions les plus irréalistes. Par exemple, la fameuse déclaration d'amour que Juliette prononce du haut de son balcon est un monologue lyrique adressé à Roméo absent. Mais Roméo n'est pas absent et il entend le monologue aussi distinctement que les spectateurs. Le procédé appartient au registre de la comédie mais l'espace théâtral impose ses lois.

Les personnages secondaires donnent une épaisseur comique et romanesque, un équilibre entre la rugosité des comparses et l'idéalité des deux héros. L'inoubliable Nourrice, gouailleuse, geignarde, rusée, maternelle ; Mercutio, dont le nom évoque le vif-argent et qui passe du rôle de commentateur grivois, fantasque et bavard à celui d'agent et de victime tragique ; Benvolio, bien nommé lui aussi, l'ami fidèle et maladroit ; le vieux Capulet, *pater familias* tyrannique et coléreux sous sa façade de bonhomie ; Tybalt le bretteur qui investit dans la haine tribale l'ardeur de la jeunesse ; le frère Laurent, qui représente la conception qu'un poète anglican pouvait avoir du catholicisme, proche de la magie primitive, sont devenus des figures mémorables. De même l'italianité donne à l'atmosphère des couleurs pittoresques.

Mais ces aspects facilement lisibles risquent d'entraîner la lecture ou la représentation vers d'autres facilités. Les adaptations présentent souvent la haine héréditaire entre les Capulet et les Montaigu comme un conflit intelligible, mis en mouvement par des causes connues d'avance : affrontement ethnique, territorial, social, ou conflit de générations. Or, les deux familles, qui ont le même statut, se haïssent sans savoir pourquoi. Le spectateur non plus ne le saura jamais, et les aspects burlesques de la vendetta qui ensanglante les rues de Vérone n'en éclairent pas les motifs. Cette irrationalité, ce vide explicatif, exposent la *vis tragica* dans toute sa nudité. Il ne faut pas en chercher les causes ailleurs qu'en elle-même. Quant au hasard et à la fatalité, qui jouent un rôle excessif, il vaut mieux les interpréter comme les conséquences que comme des causes de l'engrenage tragique.

De même, la signification du personnage de Rosaline est souvent mal comprise. C'est pour cette jeune fille, belle et farouche, qu'on ne voit pas plus que l'Arlésienne de Daudet, que Roméo languit au cours des premières scènes, en s'exprimant dans un style hyperbolique et pétrarquisant. Parce que les premiers discours amoureux de Roméo tombent dans l'exagération parodique, et qu'il oublie Rosaline dès qu'il voit Juliette, la tradition décrit le premier amour comme un amour *faux*, l'amour de l'amour et non l'amour pour une femme, une pose complaisante, et au contraire le second amour comme un amour *vrai*. Cette distinction moralisatrice et rationnelle néglige les subtilités shakespeariennes, qui mêlent l'humour au lyrisme. *Roméo et Juliette* n'est pas une histoire d'amour vrai ou d'amour faux, mais d'amour fou, comme *Antoine et Cléo-*

pâtre. Après sa rencontre avec Juliette, Roméo n'atténue en rien l'ivresse artificieuse de son discours ni l'extrémisme de son comportement. Quant à Juliette, loin d'être une anti-Rosaline, elle en représente l'accomplissement, la matérialisation. C'est l'inaccessibilité devenue accessible, le rêve devenu réel.

Le suicide des deux époux ne fait que conclure amèrement leur courte vie et n'a rien d'un *Liebestod* wagnérien. L'amour n'a pas attendu la mort pour atteindre des hauteurs mystiques, tandis que la catharsis, très étirée, n'apporte qu'un apaisement social, judiciaire, vainement commémoratif.

Hamlet, prince de Danemark

(*The Tragedy of Hamlet, Prince of Denmark*)
Date approximative 1600. Première publication en 1604.
2 661 vers. 1 078 lignes de prose.

La plus longue, la plus célèbre, la plus souvent représentée des œuvres de Shakespeare, et la plus glosée, non seulement de celles de son auteur, mais probablement de toutes les œuvres littéraires. La critique se trouve confrontée à des difficultés de natures différentes mais qui se mêlent en un réseau embrouillé : l'établissement du texte ; les traces laissées par les sources – c'est un domaine que l'érudition littéraire connaît bien, mais qui dans le cas de *Hamlet* est mise en échec –, la matérialité des événements, liée à la question infiniment débattue des motivations du personnage principal ; enfin la signification globale de la pièce, à supposer qu'elle en ait une.

À l'origine se trouve une légende danoise, peut-être en partie historique, contée par un chroniqueur également danois, qui vivait au XIIe siècle, écrivait en latin et se faisait appeler Saxo Grammaticus. Elle a peut-être aussi des origines irlandaises ou islandaises. Certains détails rappellent le mythe d'Oreste, et d'autres l'histoire de Lucius Junius Brutus, l'ancêtre du Brutus de *Jules César*, qui se fit passer pour inoffensif et hébété (d'où son surnom de Brutus) afin de ne pas éveiller les soupçons du meurtrier de son père dont il voulait se venger.

En un siècle non précisé, le gouverneur du Jutland, gendre du roi de Danemark, est assassiné par son frère Feng, qui, ensuite, épouse sa belle-sœur Gerutha. Amleth, fils de la victime, organise sa vengeance en simulant la folie. Feng, qui se méfie de son neveu, tente de surprendre son secret : en lui envoyant une séductrice, puis en plaçant un espion sous le lit de Gerutha, afin qu'il entende la conversation de la mère et du fils. Amleth déjoue les deux pièges, et tue l'espion dissimulé, sous le couvert de la folie feinte. Shakespeare a réintroduit ces éléments en faisant de l'espion le Premier ministre Polonius, politicien pompeux, sénile et servile, et de la jeune fille utilisée comme leurre la pathétique et amoureuse Ophélie, fille du précédent. Puis Amleth déjoue le complot de Feng, qui l'envoie en Angleterre avec ordre de le faire exécuter, en faisant exécuter à sa place les deux sbires qui l'accompagnent. C'est l'origine de Guildenstern et de Rosencrantz. Enfin, le projet d'Amleth arrive à maturité. Il tue Feng, et devient roi de Danemark. Il n'y a pas d'enchaînement tragique, typique du drame de vengeance, où le mécanisme se referme sur le vengeur, en même temps que son plan s'accomplit. L'histoire continue en forme de saga, jusqu'à la mort d'Amleth, mais celle-ci se produit plus tard et sur un champ de bataille, après diverses aventures. Bien qu'il fasse mourir Hamlet tragiquement à la fin, victime d'une vengeance filiale analogue à la sienne, Shakespeare semble s'être souvenu du destin héroïque de son prédécesseur, car il fait dire à Fortinbras que le prince défunt fût devenu un grand soldat, s'il avait vécu. Cela donne du poids à la théorie selon laquelle un héros tragique est potentiellement un héros épique. Mais si les actes de violence font partie de la carrière normale d'un héros épique, dans le cas d'un personnage tragique ils peuvent avoir des conséquences négatives. La mort de Polonius entraîne celle de Hamlet, alors que dans la légende danoise le meurtre de l'espion caché constitue une étape vers le succès.

Shakespeare ne connaissait peut-être pas le texte latin

de Saxo, mais il avait probablement lu la version française qu'en donna François de Belleforest dans ses *Histoires tragiques*, publiées en 1570, en y ajoutant quelques détails intéressants : il donne à Amleth un tempérament méditatif et mélancolique, il aggrave la culpabilité de sa mère en indiquant qu'elle était déjà la maîtresse de son beau-frère avant le meurtre de son mari, et il y a quelques allusions, sinon au spectre du père, à son « ombre » demandant vengeance.

Ici se place le maillon manquant de la chaîne, le fameux et inconnu *Ur-Hamlet*. Des allusions contemporaines indiquent qu'une tragédie intitulée *Hamlet* a été jouée à Londres, quelques années avant celle que nous connaissons. Le texte a disparu, l'auteur n'est pas identifié, mais l'hypothèse la plus courante l'attribue à Thomas Kyd, auteur de *La Tragédie espagnole*, qui date de 1592 et qui présente des affinités avec *Hamlet*. On suppose que ce texte contenait des innovations, reprises et développées par Shakespeare : le nom du héros, passant d'Amleth à Hamlet, la mort du roi, déguisée en accident, et qui introduit le leitmotiv du poison – le venin versé dans l'oreille, la coupe et l'épée empoisonnées –, la présence du Spectre, le rôle d'Ophélie, sa folie et sa mort, l'épisode du théâtre dans le théâtre, le duel final.

Le fantôme du roi, qui apparaît dès la première scène, a une fonction importante. Il vient de loin, de l'humanité primitive qui considérait les âmes des morts comme des survivances ombreuses autant qu'ombrageuses, rancunières et menaçantes, qu'il fallait apaiser par des cérémonies, des actes de piété et de vengeance. Cette substance anthropologique est incrustée dans *Hamlet*. Le thème des rites funéraires revient comme une obsession, il y a plusieurs pères et plusieurs fils, donnant des versions parallèles du même schéma. Fortinbras, neveu du roi de Norvège, veut venger son père, jadis tué par celui-là même qui revient hanter les remparts d'Elseneur, en faisant la guerre au Danemark. Plus tard, Laertes, fils de Polonius, a un double motif de vengeance : non seulement son père a été tué par Hamlet, mais il a été enterré presque clandestinement, sans les honneurs habituels, sort sacrilège également subi par sa sœur. À cette liste s'ajoute

Pyrrhus, fils d'Achille, qui venge la mort de son père sur le roi Priam dans la tirade inspirée de Virgile que récite le vieil acteur.

Le fantôme représente donc l'autorité intimidante du père, le *sur-moi* des psychanalystes. Il a une signification religieuse, conforme aux dogmes du catholicisme médiéval : en dehors de ses apparitions, il séjourne au purgatoire, en expiation de ses péchés terrestres, et parce qu'il n'a pas eu le temps de recevoir l'absolution. Le thème de l'état de grâce ou de disgrâce au moment de la mort revient souvent dans Shakespeare, et particulièrement dans *Hamlet*. Quand le prince surprend le roi assassin agenouillé et qu'il s'abstient de le tuer parce qu'il le croit lavé de ses péchés par la prière et la confession, donc prêt à accéder au paradis, il ne faut pas interpréter ses paroles comme une improvisation casuistique destinée à dissimuler le vrai motif de son inaction, à savoir une paralysie de la volonté. Ce discours est à prendre au sérieux, de même que la réplique où Hamlet dit qu'il a fait envoyer Guildenstern et Rosencrantz à l'échafaud sans leur laisser le temps de se confesser.

Le fantôme donne lieu également à des interprétations inspirées par la démonologie protestante, selon laquelle les phénomènes surnaturels ont quelque chose de spécifiquement diabolique. C'est une hypothèse que Hamlet lui-même soulève quand il dit que le spectre qu'il a vu est peut-être le diable en train de le tenter. Il écarte ce soupçon après qu'il a vu le roi réagir comme un coupable pendant la représentation théâtrale de son crime.

Le Spectre est un mort qui s'intéresse à la vie, un ressortissant de l'au-delà qui se soucie de ce qui se passe ici-bas, puisqu'il tient à faire accomplir sur la terre un acte de justice et de légitimité, sans attendre le moment, tout proche au regard de l'éternité, où son frère devra répondre de ses crimes. À l'inverse, son fils tourne les yeux vers l'éternité. Attiré ou contaminé par la mort, il mesure les préoccupations mondaines à l'étalon de l'éternité, et les trouve dérisoires et provisoires.

La mort n'est pas seulement un grand vide, un simple « ne pas être ». L'enfer et le purgatoire fascinent et effraient. Parmi les clés que l'on propose pour expliquer le ressort tragique de la pièce, on peut voir en Hamlet une créature orgueilleusement tentée de se prendre pour Dieu, ou pour un ange exterminateur, une sorte de Prométhée misanthrope qui veut voler à son père les flammes du purgatoire pour purifier le monde et châtier les hommes.

Autre paradoxe : alors que le thème de la mort est lié à diverses orthodoxies religieuses et spiritualistes, il s'associe tout autant à une vision lourdement matérielle et macabre, qui culmine pendant la scène du cimetière, où les malodorants fragments de squelettes retournent à la glaise après en être sortis.

Le thème du théâtre et du théâtre dans le théâtre, récurrent dans Shakespeare, n'a jamais été aussi étroitement intégré que dans *Hamlet* à l'action. En faisant représenter une pièce intitulée *Le Meurtre de Gonzague* ou *La Souricière*, afin de « capturer la conscience du roi » et de « tendre un miroir à la nature » pour qu'elle y apprenne à se connaître, le protagoniste semble par moments se confondre avec l'auteur. La pièce se renvoie sa propre image, et le théâtre constitue une forme d'action, au cœur de cette œuvre qui porte sur l'action et sur l'inaction. Et, par un effet d'ironie dramatique, Hamlet se prend à son piège. Il voulait obtenir, grâce au théâtre, la preuve de la culpabilité du roi. Le roi s'est trahi, comme prévu, mais lui aussi a eu la preuve que son adversaire sait ce qu'il est dangereux de savoir. Cela relance le processus dramatique et la quête mortelle où chacun des deux chasseurs est la proie de l'autre. D'autre part, le thème du piège fait partie de ces motifs récurrents qui donnent à la pièce une texture organique et donc une cohérence formelle, malgré sa longueur, sa lenteur, ses digressions apparentes.

Les ingrédients de la tragédie de vengeance sont subvertis, transfigurés, intériorisés. Tout semble y acquérir un sens second et symbolique. Habituellement le héros d'un drame de vengeance trouve sur son chemin des obstacles matériels, ou bien des scrupules moraux, des interdits, des dilemmes opposant des devoirs contradictoires. Dans *Hamlet*, rien n'est clairement défini. Le héros n'explique même pas pourquoi il simule la folie. On peut supposer que Shakespeare s'adressait à un public qui connaissait le scénario et qui savait apprécier des broderies originales sur un canevas familier. Mais l'affaire de la folie de Hamlet se complique du fait que le public ne le voit à aucun moment simuler cette folie, alors que les personnages qui se trouvent sur la scène, le roi excepté, le croient fou. En réalité, il émet des sarcasmes, des facéties, des paradoxes, pleins de verve satirique, et d'autant plus satirique que les cibles ne se rendent pas compte que le discours leur est destiné.

Les critiques n'ont pas cessé d'essayer d'« arracher le cœur de son mystère ». Tout vient du caractère insolite de cette tragédie de vengeance dont le héros retarde tellement la mission qu'il a juré d'accomplir qu'on le soupçonne de souffrir d'une hésitation caractérielle, d'une perversion du désir d'agir le poussant à susciter les obstacles ou à souhaiter l'échec. De là les conjectures naturalistes, fondées sur la psychologie, la pathologie, voire la psychanalyse. Celle-ci fait appel au complexe d'Œdipe, dévié de son circuit habituel ; la pulsion incestueuse et parricide se transforme en inhibition aboutissant au non-meurtre du non-père. Les diagnostics psychopathologiques – aboulie, mélancolie, *taedium vitae*, intellectualisme, angoisse, sexualité perturbée, masochisme, sadisme, etc. – rendent justice à l'épaisseur humaine du personnage, mais tendent à abaisser la pièce à un niveau anecdotique et se heurtent à des détails du texte qui les infirment. D'ailleurs, pour reprendre à la base le problème de Hamlet, on ne peut pas le définir uniquement par le syndrome de l'oubli, de l'engourdissement. Il peut passer aussi pour un perfectionniste de la vengeance. Au long de la pièce, il provoque la mort de sept personnes, toutes impliquées dans l'usurpation, y compris la douce Ophélie, innocente, mais fille de Polonius et seule de toutes les amoureuses shakespeariennes à placer l'obéissance filiale au-dessus de l'amour.

La signification de la pièce se trouve dans le texte, qui atteint le summum de la poésie aphoristique. Dans aucun autre texte ne se trouve une telle densité existentielle, directement issue de l'expérience. Le langage métaphorique de *Hamlet* va du corps à la pensée. Les sensations, la douleur, la maladie, les perceptions, le contact charnel avec la nature nourrissent les concepts abstraits, les intuitions morales, les inquiétudes et certitudes intellectuelles. Chaque phrase reflète l'expérience du monde et de la vie, et c'est au monde et à la vie que le héros est confronté.

Hamlet est un drame de vengeance et plus qu'un drame de vengeance. C'est de l'action qu'il s'agit, et même de l'engagement, pour parler comme les maîtres à penser de naguère. Et de leurs contraires, l'inaction, le non-engagement, qui peuvent apparaître comme positifs à quiconque pratique le *contemptus mundi*. *Hamlet* est la tragédie d'un homme détaché du monde. Mais il faut écarter les diagnostics pathologiques ou caractériels. Ce n'est pas de l'autisme ni de la schizophrénie, il n'y a nul handicap, et il ne faut pas tout mettre au compte d'un traumatisme familial. Le détachement contemplatif de Hamlet ne résulte pas non plus d'un choix philosophique ou religieux. Si un choix a été fait, c'est celui de Shakespeare, qui a placé au centre d'une tragédie d'action un homme qui s'interroge sur les vertus de l'action dans un monde corrompu. Il s'interroge, il n'est pas totalement détaché ni sceptique. Il a pour point de départ l'idéal monastique du renoncement, mais d'autres valeurs se présentent à lui, d'autres moyens de concilier le besoin animal de vivre et le besoin humain de donner un sens à la vie. Il est tenté par l'amour, par l'ambition. Il admire le stoïcisme de Horatio, il est impressionné par l'héroïsme gratuit de Fortinbras, qui cultive l'action pour l'action. Il va jusqu'à envier le raffinement, les bonnes manières, la virtuosité d'escrimeur et de cavalier que Laertes est allé acquérir en France.

Hamlet est aussi un homme de son temps. Un intellectuel de la Renaissance, un peu poète et un peu dramaturge, comme son créateur, faisant de la parole, de la pensée, de l'art, un mode d'action. Quand enfin le vent se lève et qu'il faut tenter de vivre, quand il s'en remet à la Providence et à l'action pure, la tragédie le rattrape. Mais en désignant Fortinbras comme son successeur, il met fin à son pessimisme et à sa misanthropie. C'est au moment où il meurt qu'il retrouve confiance en la vie.

Othello, le Maure de Venise

(*The Tragedy of Othello, the Moor of Venice*)
Date approximative 1604. Première publication en 1622.
2 563 vers. 702 lignes de prose.

À l'origine, une nouvelle de quelques pages, publiée à Venise en 1566 par Giraldi Cinthio (1504-1573) dans un recueil intitulé *Hecatommithi*. Une traduction française, due à Gabriel Chappuys, fut publiée en 1584, mais certains détails d'écriture semblent indiquer que Shakespeare connaissait le texte italien. La troisième série, ou « décade », narre des histoires d'infidélité conjugale, bien qu'il s'agisse ici d'une accusation calomnieuse. Dans la septième nouvelle, qui n'a pas de titre, se trouvent les principaux éléments de la tragédie. L'incident a peut-être eu une base réelle. D'après certains enquêteurs le héros de l'anecdote s'appelait Christoforo Moro, ce qui a pu inciter Cinthio à transformer le nom propre en nom commun, à faire du mari jaloux un Maure. Shakespeare, donnant au mot *Moor* le sens qu'il a dans *Titus Andronicus*, en a fait un Africain noir.

Chez Cinthio, une noble Vénitienne qui s'appelle Disdemona épouse, contre l'avis de sa famille, un militaire maure au service de la République. À part Disdemona (transformée en *Desdemona* par Shakespeare) personne n'est nommé. Le drame se joue entre le Maure, son enseigne, la femme de l'enseigne, le capitaine, qui dans Shakespeare, deviennent respectivement Othello, Iago, Emilia et Cassio, rétrogradé en lieutenant.

Chez Cinthio l'enseigne est amoureux de Disdemona, et agit par dépit. Shakespeare a ajouté le personnage de Roderigo, jeune niais qui soupire après Desdémone. Grugé et manipulé par Iago, il joue le rôle d'une dupe comique et tragique. Chez les deux auteurs, l'action se déplace de Venise à Chypre, où le drame s'accomplit dans un espace restreint. On sait que Shakespeare a également donné l'impression, ou l'illusion, d'un resserrement de la durée, grâce au stratagème dit du double temps.

Dans la nouvelle de Cinthio, l'enseigne félon met à

profit le hasard, tandis que Iago organise les situations, ce qui lui donne un statut quelque peu fantastique, et à la pièce une architecture très dessinée. Mais la trame des événements est à peu près la même : le capitaine est démis de ses fonctions pour avoir blessé un officier au cours d'une rixe, et l'enseigne persuade Disdemona d'intervenir en sa faveur auprès de son mari, tandis qu'il fait croire au Maure que c'est parce qu'elle entretient des relations coupables avec ledit capitaine qu'elle veut obtenir sa réintégration. Il s'empare d'un mouchoir appartenant à Disdemona et fait en sorte que le Maure voie le capitaine en sa possession. Définitivement convaincu que sa femme le trompe, le Maure ordonne à l'enseigne de tuer les deux coupables. Dans Shakespeare, Roderigo attaque Cassio, mais il est tué par Iago, qui blesse Cassio, et c'est Othello qui tue sa femme. Dans Cinthio, l'enseigne blesse le capitaine et tue Disdemona en l'assommant avec un sac de sable. Plus tard, le Maure est accusé du meurtre, emprisonné, torturé, mais il s'évade, pour être finalement tué par un cousin de Disdemona. Quant à l'enseigne, la justice immanente le rattrape plusieurs années après. Il meurt misérablement à la suite d'une autre affaire de calomnie. Shakespeare a ménagé une chute plus rapide et conclusive. Othello étrangle sa femme, mais la vérité lui est révélée aussitôt par Emilia, femme de Iago. Othello se tue, Iago tue Emilia, mais il n'échappe pas à l'arrestation immédiate. L'envoyé de Venise termine la pièce par un distique rimé qui, comme souvent à la fin d'une tragédie shakespearienne, implique une sorte de mise à distance non dénuée d'émotion : il retourne en Italie relater, le cœur triste, cette triste histoire.

L'action est serrée, conduite par une nécessité rigoureuse, mais le paysage poétique se déploie dans toutes les dimensions et offre une exceptionnelle palette de couleurs. L'orientalisme épique et méditerranéen n'a pas pour seule fonction de constituer un décor exotique. Il représente une certaine beauté, éclatante, somptueuse et fragile, celle du paradis terrestre que les deux héros conquièrent et perdent.

Bien que le mécanisme dramatique avance sans répit, chacune des quinze scènes constitue un tableau mémorable. La tradition leur a donné un nom. Par exemple, la scène du Sénat où Othello explique avec éloquence comment il a courtisé Desdémone, en lui relatant les épisodes héroïques de sa vie ; la scène de la tempête, où Desdémone attend avec une angoisse élégamment dissimulée l'arrivée du navire d'Othello ; la scène de la beuverie qui se termine par une rixe, première modulation tragique, et qui comme un charivari mal venu, interrompt pour la deuxième fois la nuit de noces des époux ; la scène « de la tentation » où Iago, par un enchaînement d'insinuations puis de mensonges, jette le doute dans l'esprit d'Othello ; la scène « du bordel » où Othello entre dans l'appartement de sa femme en la traitant comme une courtisane ; la scène finale, avec ses trois cadavres et sa chute abrupte, dite aussi la scène du flambeau ou du lit.

Othello n'est pas seulement une machine à empoigner le public. Continuant son exploration dans les profondeurs du Mal, Shakespeare a créé en Iago le scélérat le plus fameux de la littérature théâtrale. Quantitativement il constitue le personnage principal. Il a le rôle le plus long, il occupe le centre de l'intrigue, au double sens théâtral et maléfique. La méchanceté corrosive de Iago ne s'explique pas aussi facilement que la haine vindicative de son modèle chez Cinthio, mais on ne peut pas non plus la considérer comme gratuite et immotivée, faisant de lui un signe plus qu'un personnage.

Il y a plusieurs facettes chez Iago, y compris de nature réaliste. On peut voir en lui un sous-officier grossier, raciste, xénophobe, misogyne, endurci à toutes les cruautés, méprisant à l'égard de ses inférieurs et envieux de ses supérieurs, mécontent de sa condition et pourtant marqué par elle. Sa vilenie est également un trait de caractère. Il est médisant par tempérament et cache sa perfidie sous les dehors du franc-parler.

Mais il y a d'autres aspects chez Iago, notamment un contenu idéologique. Il fait partie des représentants de l'esprit machiavélien, tenu pour une cause de corruption morale. Iago ne cesse de philosopher à sa façon et d'agir conformément à ses préceptes. Il représente le matérialisme réducteur, il professe une doctrine cynique et utilitariste, sensualiste mais ennemie des plaisirs s'ils empêchent la maîtrise de soi. Il n'a que mépris pour les sentiments et l'idéalisme, il refuse de croire à l'amour idyllique, de sorte que son complot a aussi pour dessein de faire coïncider les faits avec ses présuppositions.

Le pessimisme de Iago n'est pas dépourvu d'arrière-plans métaphysiques. Sans exprimer de *credo* explicitement nihiliste à la manière du personnage réinventé par Boito, librettiste de Verdi, le Iago de Shakespeare verse volontiers dans le satanisme, et le nihilisme moral pénètre ses paroles et ses actions. Comme le Méphistophélès de Goethe, il est l'esprit qui toujours nie. Et il ne se contente pas de nier, il ment sans arrêt. Le Mal prend consistance, il exerce un pouvoir destructeur.

En incarnant le Mal, Iago tient un rôle non sans quelque histrionisme. Il se rattache à la tradition du scélérat élisabéthain, qui possède le privilège d'une double connivence avec le public et avec l'auteur. La moquerie se veut lucide, curative, propre à faire tomber les illusions, didactique et complice des penchants inavoués de l'auditoire. Iago s'instaure en chœur de sa propre intrigue, il se trouve dans la pièce et hors de la pièce, on le voit tout organiser, tirer les ficelles des autres personnages réduits à l'état de marionnettes, il apparaît comme le double grimaçant de l'auteur, la caricature du dramaturge. L'esprit sceptique et distancié de Iago contamine parfois les lecteurs. C'est souvent avec les yeux de Iago que sont vus Othello et Desdémone. Victimes pitoyables mais sublimes de la grandeur même de leur amour, les deux héros parviennent mal aujourd'hui à toucher la sensibilité d'un public blasé.

De plus, le thème racial prend dans l'esprit de beaucoup de commentateurs une importance démesurée. Au XIXe siècle, et encore récemment, l'opinion voyait un lien de cause à effet entre l'africanité d'Othello et sa jalousie, considérée comme une passion atavique. Ce type de causalité est étranger à Shakespeare, qui a traité le thème de la jalousie dans d'autres œuvres sans en faire un trait ethnique. On tend plutôt actuellement à faire d'Othello une victime du préjugé raciste, d'un ostracisme rituel, d'un processus tortueux par lequel un Noir ayant épousé une femme blanche, ou un couple ayant transgressé le principe d'endogamie est culpabilisé, anéanti.

Shakespeare n'a pas escamoté le conflit racial, il en a même fait le ressort du premier acte. Plusieurs personnages, représentatifs de la société, Iago, Roderigo, Brabantio, père de Desdémone, tiennent contre Othello des propos virulents et il est menacé d'inculpation pour le seul fait d'avoir, étant noir, épousé Desdémone. Mais il triomphe de ces mesquineries et apparaît comme un chef-d'œuvre d'humanité, un preux à la manière antique, une réincarnation d'Hannibal, tel que le décrit Tite-Live. Le mariage de Desdémone et d'Othello est une création poétique, un acte fondateur d'une conception nouvelle, et après le premier acte, la différence raciale est presque oubliée.

Amor vincit omnia, ni l'hostilité sociale, ni la guerre, ni la tempête qui menace d'engloutir le navire du général, ne peuvent séparer Othello de Desdémone. Pourtant la tragédie s'installe, l'harmonie se désagrège, le chaos revient. L'amour est vaincu par sa propre perversion, la jalousie. Le motif est récurrent et donne à la pièce son unité thématique. Il apparaît dès la première phrase, que prononce Roderigo ; Iago, Brabantio, jaloux des soupirants de sa fille, à plus forte raison d'un gendre noir et avancé en âge, Bianca (maîtresse de Cassio), Emilia et Othello, incarnent les diverses formes de cette passion.

Fondamentalement la jalousie est le désir d'être aimé exclusivement de la personne que l'on aime, le désir d'être le seul objet des désirs de l'autre. Quand à ce sentiment se mêle la crainte d'une virilité dépréciée, l'angoisse devient poignante.

> Oh malheur du mariage,
> Que ces douces créatures nous appartiennent,
> Mais non leurs appétits

s'écrie pathétiquement Othello, avant de basculer dans le dépit, le désespoir, le dégoût de l'amour. En lui inoculant son poison, Iago communique à Othello l'obscénité de son langage et de sa conception de la sexualité.

Le mot *jalousie* est parfois synonyme d'*envie*. Dans la liste médiévale des sept péchés capitaux le mot *invidia* conservait en partie le sens originel de *haine*. Il implique, d'après l'étymologie la volonté de détruire par le regard.

Iago illustre de façon maléfique le péché d'envie. Quand *envie* signifie également *désir*, le rapprochement avec la jalousie haineuse devient troublant.

Dans le texte de Shakespeare, le mot *jealousy* signifie presque toujours *méfiance*, *doute*, *inquiétude soupçonneuse*. Cette variante dérive des autres états de la jalousie, elle est représentée par le monstre aux yeux verts dont parle Iago, prétendument pour mettre en garde Othello contre les malaises provoqués par l'incertitude, en réalité pour fixer dans son esprit une fascination perverse.

Le plus étonnant est que Shakespeare semble avoir su ou deviné l'origine grecque du mot *jalousie*, d'où dérive également le mot *zèle*. D'où la confusion avec l'honneur, avec une religion de l'amour et du mariage qui fait que, quand il se laisse persuader de l'infidélité de Desdémone, Othello voit s'effondrer les valeurs auxquelles il croyait, comme si Dieu lui-même blasphémait. C'est pourquoi le meurtre de Desdémone n'est pas un acte de colère ou de sauvagerie, mais un *auto-da-fé*, accompli avec la tristesse d'un inquisiteur fanatique.

En réalité, c'est Othello qui a blasphémé, qui, renégat de l'amour, a perdu la foi, quand par une paradoxale osmose, sa crédulité a absorbé l'incrédulité du négateur sardonique devenu son maître à penser.

Macbeth

(*The Tragedy of Macbeth*)
Date approximative 1606. Première publication en 1623.
2 016 vers, 146 lignes de prose.

Macbeth, la plus courte des tragédies, est aussi la plus difficile à mettre en scène, au point qu'elle passe pour injouable. Alors qu'à la lecture elle fascine par le sombre éclat de sa poésie, la rigueur de sa construction, la nervosité des enchaînements, au théâtre, le spectateur n'éprouve souvent que déception. L'incarnation du personnage principal soulève des obstacles indéfinissables. De nombreux acteurs sont attirés par ce rôle, mais après s'y être mesurés pendant une saison, en gardent un mauvais souvenir et décident de ne plus jamais relever le défi. Une réputation maléfique s'ajoute à cela. La pièce, dit-on, porte malheur. Elle provoque des accidents, des incendies, des maladies et des morts. Dans les pays de langue anglaise, les acteurs s'interdisent d'en prononcer le nom, ils le remplacent par des allusions et des périphrases.

Macbeth semble pourtant conçu selon un modèle efficace, celui de la tragédie historique, et du schéma de l'ascension suivie d'une chute. Un roi du nom de Macbeth a régné en Écosse, de 1040 à 1057, et Shakespeare retrace cette carrière en combinant la durée historique et la concentration tragique. Toutefois, il transfigure le matériau historique non seulement par la théâtralisation elle-même, et l'importance donnée au surnaturel, mais aussi par la fusion opérée entre deux épisodes de l'histoire d'Écosse et deux personnages : Macbeth, successeur de Duncan en 1040 et Donwald, assassin du roi Duff en 967.

Donwald et Macbeth avaient des points communs, une femme ambitieuse et habile à la tentation. De plus, ils fréquentaient de prétendues prophétesses qui les tentaient aussi à leur façon, leur promettant le succès et l'impunité.

Macbeth était un chef de clan qui prétendait avoir des droits sur la couronne. Après avoir soutenu Duncan contre ses ennemis, il se rebella quand il constata que le roi mettait des obstacles à son ambition. Duncan fut tué au cours d'une bataille qui opposa ses partisans à ceux de Macbeth. Événement très ordinaire. Après avoir régné de façon également ordinaire, Macbeth se transforma en tyran soupçonneux, ingrat, impitoyable. Il fit assassiner son ami Banquo, qui l'avait aidé à s'emparer du pouvoir. Banquo était l'ancêtre de la famille des Stuarts, dont un représentant régnait en Angleterre au moment où la pièce fut écrite. Le rôle joué par lui dans l'accession de Macbeth est minimisé, tandis que sa pathétique apparition sous forme de spectre ensanglanté au cours du banquet que le nouveau roi offre à la noblesse le rend mémorable. L'importance des interventions surnaturelles a parfois été considérée comme un autre hommage rendu au roi Jacques Stuart, auteur d'un traité de démonologie plus remarquable par son érudition que par l'esprit critique. Mais les prophéties des Sœurs fatales se trouvent déjà dans Holinshed, notamment l'étrange promesse selon laquelle Macbeth n'a rien à craindre de quiconque est né de femme, mais doit redouter Macduff. L'équivoque se fonde sur un jeu de mots difficilement traduisible et peu compréhensible, même en anglais. La graphie ancienne ne distinguait pas entre *borne* (porté) et *born* (né), de sorte que *borne of woman* pouvait signifier « né de femme » ou « mis au monde par une femme ». Macduff se prétend exclu du processus naturel en révélant qu'il fut arraché avant terme du ventre de sa mère.

Les éléments étranges et fantastiques viennent de sources prétendument historiques, mais ils donnent à ce matériau un climat mythique, autorisant Shakespeare à des transformations supplémentaires. C'est ainsi qu'il prêta à Macbeth le crime de Donwald. Poussé par sa femme, celui-ci invita le roi Duff à passer une nuit chez lui. Somptueusement reçu par son hôte, le roi fut assassiné dans son sommeil. Tout y est : transgression du devoir d'hospitalité, meurtre d'un homme sans défense, régicide et même quasi parricide.

La tragédie se déroule sur trois plans, de sorte que la linéarité n'est qu'apparente, temporelle plutôt que spatiale, ce qui peut expliquer en partie les difficultés de la réalisation scénique. Il y a le couple criminel, l'humanité ordinaire, qui manque de relief et parfois de courage, et le monde surnaturel des interventions maléfiques.

Malgré cette complexité polyphonique l'intrigue est simple. La première scène, qui introduit le registre surnaturel, montre les trois Sœurs fatales annonçant une rencontre avec Macbeth. Celui-ci, vaillant et loyal cousin du roi Duncan, a combattu victorieusement une coalition de traîtres et d'ennemis. Mais il rencontre les Sœurs fatales qui lui promettent la couronne, et prédisent à Banquo que ses enfants seront rois. Pratiquant un langage équivoque, elles veulent dire *lointains descendants*. Suivent les scènes de tentation et d'hésitation, la décision, le crime nocturne, horrible quoique accompli en dehors du champ visuel des spectateurs, la mise en scène destinée à orienter les soupçons sur les gardes, enivrés d'abord, égorgés ensuite, le tout au milieu de prodiges et signes surnaturels. Viennent aussitôt les premiers regrets et les premiers symptômes d'endurcissement.

La rhétorique de Lady Macbeth se fonde sur l'éloge de l'ambition et sur une sorte de pessimisme fondamental. Le pouvoir est au bout du couteau, il suffit de se débarrasser des inhibitions puériles pour l'atteindre. Puisque nous vivons dans un monde déchu, soumis à des forces amorales, la réussite appartient aux serviteurs du mal. Lady Macbeth, disciple à l'avance de Rousseau, pose en principe que l'être humain est naturellement porté vers le bien, donc que la pratique du mal exige le refoulement des instincts et une volonté obstinément tendue. On en arrive à une morale de l'effort, associée à une valorisation caricaturale de la virilité : faire le mal n'est pas à la portée des pleutres ni des femmelettes. Macbeth finit par adopter cette doctrine, et il s'en va accomplir son assassinat « comme un devoir effroyable », selon le mot de Bradley.

Ces données expliquent une des difficultés que rencontrent les acteurs et les actrices. Macbeth et Lady Macbeth figurent parmi les moins caractérisés des personnages de Shakespeare. Ils ont une psychologie abstraite. Ils existent par leurs discours et leurs actes plus que par une programmation idiosyncratique. Macbeth n'est pas un ambitieux caractériel comme Richard Gloucester, ni Lady Macbeth une tigresse avide de pouvoir, comme Marguerite d'Anjou. L'un et l'autre se persuadent de devenir le Macbeth et la Lady Macbeth qui restent fixés dans la typologie ultérieure, ils résultent d'une argumentation perverse et brillante, ce sont des dévoyés intellectuels, peut-être des dévoyés de la liberté au sens sartrien.

Macbeth possède un trait caractéristique des usurpateurs shakespeariens : imbu de la légitimité qu'il ne possède pas, il espère la graver dans l'histoire en créant, et en procréant une dynastie. Comme Henri IV, il prend sur lui le péché de régicide et d'usurpation avec l'espoir de léguer à ses enfants un trône exonéré à sa mort du prix qu'il a payé pour l'obtenir, la damnation, toujours en vertu du postulat que ce monde d'ici-bas, corrompu par nature, donne les meilleures places aux futurs réprouvés. Incidemment on ne voit pas dans la pièce les enfants de

Macbeth, ni ceux de Lady Macbeth, ce qui a donné lieu à toutes sortes de conjectures.

Comme les Sœurs fatales ont prédit un avenir royal aux enfants de Banquo, non à ceux de Macbeth, celui-ci essaie de contrarier le destin. Il lui arrive ce qui arrive toujours dans les mythes et les légendes : en voulant prévenir ce qui est annoncé, il en précipite le cours. Il devient l'instrument de son propre *fatum* en tentant d'abolir les décrets équivoques qui le menacent. Il commence par faire assassiner son rival potentiel et le jeune fils de celui-ci. Banquo est tué, et revient hanter Macbeth au cours d'un festin. Le festin est interrompu, symbole récurrent dans Shakespeare. Le fils de Banquo, Fleance, a réussi à s'échapper.

Macbeth fait massacrer la famille entière du seigneur Macduff, parce que les Sœurs fatales, qu'il est allé consulter au cours d'une scène célèbre pour ses diableries pittoresques, la scène dite du chaudron, lui ont enjoint de se méfier de lui. Mais Macduff échappe au massacre. Averti du danger, il s'est enfui de chez lui, et est allé chercher du renfort en Angleterre.

Lady Macbeth, écrasée par un remords d'autant plus virulent qu'il a été réprimé, sombre dans la folie et dans un somnambulisme indiscrètement bavard. Elle meurt et Macbeth, tyran solitaire, déclamateur nihiliste, assiégé jusqu'au-boutiste, fait face à ses ennemis coalisés, même quand, selon l'étrange prophétie des Sœurs fatales, la forêt de Birnam vient à Dunsinane. Ce sont les troupes légitimistes qui arrivent, camouflées derrière des branchages. Macbeth est tué par Macduff, et Malcolm, fils de Duncan, monte sur le trône de son père.

Les commentateurs traditionnels voyaient dans *Macbeth* une histoire édifiante de tentation et de damnation. Ce schéma atteint son dénouement avant la fin du deuxième acte, quand le Portier, qui se dit Portier de l'Enfer, prononce un discours bouffon et significatif. Le thème est alors épuisé, et il reste trois actes. On a souvent évoqué *Crime et châtiment*. Cela se justifie, d'autant plus que les époux diaboliques ne connaissent pas le bonheur dans le crime. La vanité des gloires éphémères et mal acquises leur apparaît rapidement. Mais il manque le repentir. Celui de Lady Macbeth reste confiné dans l'inconscient. Macbeth étouffe ses velléités de contrition. *Crime et endurcissement* conviendrait mieux. Macbeth agit d'abord par impulsion, puis par une lente métamorphose, il se met à ressembler à ses actes. Il devient ce qu'il est. C'est plus l'histoire d'un crime qui produit un criminel que celle d'un criminel qui commet des crimes.

L'intérêt que nos contemporains portent à la politique et à l'histoire récente incite certains metteurs en scène à transposer *Macbeth* au XXe siècle, et à représenter le protagoniste comme un général-dictateur de type fasciste, voire nazi, d'où une prolifération d'uniformes, d'insignes, de rassemblements politico-guerriers. À première vue le texte ne justifie pas de telles transpositions, car Macbeth n'est pas le chef d'un parti révolutionnaire et populiste. Ce n'est pas par un coup d'État qu'il s'empare du pouvoir, mais par un crime ténébreux, suivi d'une reconnaissance officielle de son droit à la succession. Le fascisme suppose un soutien populaire, un enthousiasme fanatique, l'adhésion à une idéologie supposée nouvelle et porteuse d'un projet collectif. Il n'y a rien de cela dans *Macbeth*. Le dictateur solitaire ne fait appel pour exécuter ses crimes qu'à des mercenaires aussi ténébreux que ses pensées. Pourtant certains détails montrent qu'il y a des ressemblances entre les tyrans d'autrefois et les dictateurs du XXe siècle. Macbeth règne par la terreur et l'espionnage. La raison d'État devient la seule règle et elle s'identifie avec la sécurité du chef. Macbeth considère les hommes comme des instruments, comme des chiens que l'on classifie selon leur race et leur utilité. La mort des autres n'a aucune importance pour lui – y compris celle de sa femme – et pourtant elle en a une, d'ordre morbide et pervers : il aime la vue des cadavres ensanglantés. L'exaltation de la force, de la volonté de puissance, de la condition militaire, la régression du patriotisme vers l'instinct tribal, le pessimisme désespéré devenu le fondement et l'horizon de toute action et de toute pensée, peuvent donner quelque consistance à une lecture politique de la pièce.

Il est possible que les interventions surnaturelles aient une signification plus politique qu'il n'apparaît. Il reste dans *Macbeth* des passages obscurs et controversés, le plus difficile étant l'apparition de la déesse Hécate au troisième acte. Elle prononce un discours si énigmatique que, jusqu'à une date récente, la quasi-totalité des commentateurs l'attribuait à un autre auteur, généralement Thomas Middleton (1580-1627), ayant introduit cet ajout sans que personne sache pourquoi. En réalité, le discours d'Hécate, déesse du mal, reine de la Nuit, se révèle clair et nécessaire à la compréhension de la pièce, si l'on commence par écarter le préjugé que les Sœurs fatales sont venues tenter Macbeth pour provoquer sa damnation et s'emparer de son âme, comme Méphistophélès dans *Faust*. Rien de cela n'est indiqué dans le texte. Ce que cherchent les forces du Mal est le désordre sur la terre, surtout quand il prend la forme d'une tyrannie impitoyable. Hécate reproche à ses subordonnées d'avoir donné le pouvoir à un usurpateur qui, à deux ou trois crimes près, n'est guère plus malfaisant qu'un autre. Il faut en faire un véritable agent du mal et du chaos. Pour cela, le rendre fou : installer en lui à la fois la peur et la sécurité. Poussé par ces deux sentiments contradictoires, il commettra horreurs sur horreurs. Le programme d'Hécate se réalise et peut s'interpréter comme l'idée que le Mal a une existence terrestre, objective, agissante, et qu'il peut se manifester dans une configuration politique.

Le Roi Lear

(*The Tragedy of King Lear*)
Date approximative 1607. Première publication en 1608.
2 365 vers. 871 lignes de prose.

On ne sait pas si *Le Roi Lear* a précédé ou suivi *Macbeth*. Les indices se contredisent, mais l'écriture théâtrale autant que le matériau thématique font penser à une œuvre tardive. Sans élément surnaturel, il y a dans *Lear* une atmosphère fabuleuse, une naïveté grandiose, et une utilisation de la théâtralité qui annoncent la dernière période. La fusion du tragique et du burlesque, le mélange des époques, de l'antiquité païenne à la période contemporaine, la séquence chronologique aussi serrée et irréaliste que dans *Othello*, font de *Lear* une œuvre que l'on pourrait qualifier d'expérimentale ou d'avant-gardiste.

La réputation de la pièce est, depuis la Restauration de 1660 à nos jours, partie du plus bas pour atteindre le plus haut. Elle fut longtemps considérée comme une œuvre barbare. Le public se voyait offrir des versions réécrites, édulcorées, où seuls mouraient les méchants. La scène où le duc de Cornouailles arrache les yeux du malheureux Gloucester ficelé sur une chaise, en criant « Sortez de là, ignoble gélatine ! » puis les écrase sous son pied, était citée en exemple des aberrations commises par un grand dramaturge quand il néglige la bienséance et se laisse influencer par son environnement.

Le scénario semble tiré d'un conte de Grimm, ou plutôt de deux contes qui se ressemblent et fournissent deux intrigues. Les deux lignes dramatiques, parallèles d'abord, se rejoignent et s'unissent. *Le Roi Lear* a la simplicité didactique d'une fable, on en tire une morale impitoyable, et pourtant imprégnée de compassion.

Malgré son caractère mythique, la parabole du roi Lear et de ses trois filles passait pour être fondée sur des événements réels, situés dans la Bretagne antique, comme l'histoire de Gorboduc et de ses deux fils. Shakespeare a pu également s'inspirer de Spenser, et surtout d'une tragédie intitulée *Le Roi Leir*, dont on ne connaît pas l'auteur. Représentée en 1594, imprimée en 1605, elle contient l'essentiel de l'intrigue que nous connaissons. Quant à la trame secondaire, l'histoire du comte de Gloucester et de ses deux fils, elle vient de l'*Arcadie* de Sir Philip Sidney.

Ces considérations concernent les sources principales et le canevas, mais le texte est nourri de réminiscences littéraires, historiques, religieuses et folkloriques, voire médicales et scientifiques. La relative simplicité de l'action est compensée par le bouillonnement poétique du texte. Il y a plus de commentaires que d'action, et ces commentaires, quand ils sont inspirés par la folie, ont la pertinence de l'impertinence ; leur délire va de l'anecdote saugrenue à l'illumination. Il n'y a guère de grandes tirades, le dialogue est ramassé, saccadé, rugueux. Les passages écrits en prose contiennent autant de formules fulgurantes et mémorables que les scènes versifiées, qui sonnent parfois comme de la prose rythmée. C'est une pièce où l'on crie. Elle demande aux acteurs des efforts physiques et vocaux, surtout à l'interprète principal.

Le roi Lear, se sentant trop vieux pour gouverner, décide de partager son royaume entre ses trois filles, en accordant la meilleure part à celle qui l'aime le plus. Les deux filles aînées, Goneril et Regan, obtiennent leur prix en récitant un petit poème joliment troussé, où s'accumulent d'hyperboliques professions d'amour filial. Cela se passe devant toute la cour, ce qui crée un effet de rituel-mascarade. La plus jeune des filles, Cordelia, refuse de participer à ce concours d'hypocrisie et se réfugie dans le silence, ce qui provoque la fureur de son père, qui la chasse et la maudit. Décision tyrannique autant que douloureuse, Cordelia était sa fille favorite.

Malgré la simplesse folklorique de la situation et la soudaineté de la péripétie, le comportement du vieux roi ne manque pas de vérité psychologique. L'autoritarisme, l'orgueil, la susceptibilité, ont une triple base : la royauté, la paternité, la vieillesse. Ces trois attributs se nourrissent d'obéissance et de vénération, celui qui les possède se prend pour un dieu. Quand l'appel à la pitié remplace l'autorité, la déchéance est complète. De plus, la vieillesse implique un état de dépendance qui peut aller jusqu'à un retour à l'érotisme infantile. Lear, dans son rêve de régression, se voyait choyé par Cordelia comme par une nourrice, autant dire une mère. Sa rage tient du dépit amoureux, du couple amour-haine. L'ironie du destin – qu'il a lui-même enclenché – veut que, peu de temps après, il se retrouve traité comme un enfant par ses deux autres filles, l'amour maternel ou filial en moins : cette fois, les deux matrones le déculottent pour le châtier, comme dit le Fou dans une de ses saillies cruellement inconvenantes.

Après qu'il a renoncé au pouvoir, il ne reste à Lear qu'un titre creux de roi honoraire, la paternité et la vieillesse. Assez pour alimenter le lyrisme pathétique, l'apitoiement sur soi, la nostalgie et les regrets, pas assez pour être obéi de ceux et de celles à qui il a cédé son sceptre et son royaume.

Parallèlement à l'intrigue principale, un déchirement analogue sépare le comte de Gloucester de son fils le plus dévoué, au profit d'Edmund, son fils bâtard et perfide. Celui-ci provoque la disgrâce de son frère aîné Edgar par une série de fourberies qui relèvent de la farce. Comme dans *Othello*, les mensonges les plus gros sont les plus facilement crus. La duperie au théâtre a presque toujours un aspect comique, non dénué de didactisme. Les virtualités comiques n'empêchent pas la tragédie de se déchaîner. Les éléments s'en mêlent, mais les hommes sont plus cruels que les orages.

> Il adviendra
> Que l'humanité fera d'elle-même sa proie,
> Comme les monstres des profondeurs.

Les deux méchantes sœurs ne s'accordent que sur un point, ne pas tenir leurs engagements envers leur père. La division du royaume provoque l'inévitable affrontement, et, bien que mariées, Goneril au pusillanime Albany et Regan au féroce Cornouailles, elles se disputent les faveurs du bâtard Edmund. Celui-ci trahit son père qui, parce qu'il a pris la défense du vieux roi maltraité, se fait arracher les yeux. La guerre civile est interrompue par la mort du duc de Cornouailles, tué par un serviteur indigné, et par l'intervention d'une armée venue de France et conduite par Cordelia. Elle a épousé le roi de France et vient au secours de son père. Mais elle est vaincue par l'armée anglaise que par une alliance de circonstances dirigent Albany et Edmund, emprisonnée, exécutée. Elle a eu la joie cependant de retrouver son père, de contribuer à le guérir de la folie où il a sombré, de vivre avec lui une idylle d'amour filial et paternel. Héroïne de la conscience et de la piété familiale, Cordelia est l'Antigone du théâtre anglais.

La tragédie a des effets dévastateurs. Le roi meurt d'épuisement et de chagrin. Goneril a empoisonné Regan puis s'est donné la mort. Gloucester a succombé de joie en reconnaissant son fils Edgar, qui l'a d'abord sauvé de la tentation du suicide, puis qui tue son demi-frère Edmund en combat rituel.

La tradition critique a souvent proposé de remplacer

tragédie par *passion*, parce que dès que le roi cesse d'agir, et qu'il ne fait que subir, il continue d'occuper le centre de la pièce ; il entame le discours pathétique et le pèlerinage de la souffrance qui le conduisent à l'*anagnorisis* et à la *catharsis*, c'est-à-dire à la lucidité et à l'apaisement. On a parlé aussi de la *Rédemption du roi Lear*. Le thème du pardon, la conquête de l'humilité, le sacrifice de Cordelia, ont, dans le même sens, encouragé les commentateurs à parler d'une « pièce chrétienne se déroulant dans un monde païen ». En réalité la référence à l'antiquité païenne se juxtapose à d'autres, et le monde de *Lear* n'est en lui-même ni païen ni chrétien. C'est le monde.

Lear n'est pas seul dans son chemin de croix. Il s'intègre à un groupe de marginaux, victimes de la société autant que de la nature. Il y a le Fou, le bouffon sans nom que Goneril et Lear lui-même menacent du fouet parce qu'il ne sait pas se taire et réprimer son insolence ; le duc de Kent, banni par Lear en même temps que Cordelia, mais qui revient déguisé en serviteur bénévole ; ils rejoignent Edgar, autre banni, qui se fait passer pour fou, et Gloucester qui, devenu aveugle, ne reconnaît pas son fils. Tous ces fugitifs se retrouvent sans protection, sous le ciel, assourdis et glacés par un orage qui se joint au processus tragique et le symbolise. La pièce se transforme alors en une vaticination à plusieurs voix. La misère de l'être, la misanthropie, la misogynie, le dégoût de la chair et de la sexualité s'y expriment comme chez un prédicateur amer et illuminé. Mais les jérémiades de Lear et de ses compagnons de dénuement ont des visées politiques et même sociales. Plus proches parfois de Gorki que de Beckett, les vagabonds shakespeariens n'oublient pas la pauvreté, l'oppression, l'injustice. La peur, le froid et la faim n'incitent guère à la méditation métaphysique.

Parmi l'exceptionnel foisonnement thématique qui caractérise *Lear*, deux motifs ne cessent de susciter la réflexion : la folie et la nature.

Il y a trois fous, et trois sources de discours inspirés par la folie. D'abord le Fou officiel, traditionnellement attaché à la cour pour l'amuser, pour atténuer la rigidité de l'étiquette, pour dire la vérité à la manière des enfants.

En fait, le mot anglais *Fool* signifie *sot*, *idiot*, *innocent*. L'Innocent de *Lear* est cynique et moqueur en paroles, mais loyal par ses actes. Il connaît les usages du monde mais ne les applique pas, car il s'en dit incapable. C'est un paysan qui craint la pluie, le froid, la pauvreté, obsédé par les vêtements, les toits, les coquilles, tout ce qui protège des sévices de la nature à laquelle pourtant il appartient.

La folie de Lear a des aspects pathologiques, elle résulte d'un mélange de désespoir et d'agression physique, elle est sentie comme une maladie douloureuse, une fracture du cerveau, un orage et une tragédie de l'être, guérie par l'amour et la musique. En décapant l'esprit des idées reçues et des comportements acquis, la crise de démence opère une révolution. La lucidité, la connaissance de soi sont à ce prix.

Edgar, qui se fait passer pour Tom de Bedlam, rappelle Hamlet, simulateur par tactique. Le mendiant fou se situant au bas de l'échelle sociale, sa situation sert de refuge aux persécutés et de représentation radicale de la condition humaine, dépouillée des oripeaux de la civilisation. Son discours, à la fois érasmien et délirant, résume la folle sagesse des prophètes et des visionnaires. Par sa nudité et son retour à l'état sauvage, Edgar, alias Tom, semble retourner à la nature. Mais qu'est-ce que la nature ? Le concept de nature se divise tragiquement et dialectiquement contre lui-même. C'est peut-être le principe masculin opposé au principe féminin, ou l'essence à l'existence. Tantôt la nature évoque un ordre immuable, un ensemble de matrices et de modèles se reproduisant à l'infini et fixant une norme universelle, comme inhérente à la vie. Tantôt au contraire la nature est une force brute, un jaillissement de plaisir et d'énergie, la déesse des bâtards qu'invoque Edmund. L'énergie provoque la violence, la violence provoque la mort, la morale se fige en conservatisme stérile. Il ne faut pas s'étonner si *Lear* et *Timon* passent pour exprimer un pessimisme radical.

Timon d'Athènes

(*The Tragedy of Timon of Athens*)
Date approximative 1607. Première publication en 1623.
1 667 vers. 667 lignes de prose.

Bien que Timon ne fasse pas partie des hommes illustres célébrés par lui, c'est dans Plutarque, plus exactement dans la vie de Marc Antoine, que Shakespeare a trouvé la trame de cette tragédie qui ne ressemble à aucune autre. Il a pu s'inspirer aussi d'une pièce anonyme intitulée *Timon*, mais le manuscrit de cette œuvre n'ayant été retrouvé et imprimé qu'au XIXe siècle, personne n'a pu en établir la date ; antérieure ou postérieure à la pièce de Shakespeare, nul ne le sait. De même on ne sait pas s'il a connu le dialogue de Lucien intitulé *Timon le misanthrope*. Une traduction en latin a pu tomber sous ses yeux.

La pièce constitue une sorte de diptyque, Shakespeare ayant développé, contrairement aux sources, la partie de la vie de Timon antérieure à sa misanthropie. Richissime donateur et mécène, maître généreux, ami affectueux, Timon ne cesse de puiser dans ses ressources pour rendre service et faire plaisir. Il n'écoute pas les mises en garde, celles de son intendant, homme prudent et connaissant les hommes, ou celles d'Apemantus, philosophe cynique, qui tire gloire de sa pauvreté. Ce n'est pas par vanité ni ostentation que Timon distribue ce qu'il a, ni par mépris des richesses, mais par amour de l'humanité, par générosité pure. S'il envisage le dénuement, ce n'est pas pour en tirer une jouissance ascétique, c'est parce qu'il croit que les bénéficiaires de ses libéralités ne manqueront pas de lui porter secours, et il connaîtra alors la joie de l'amour réciproque, de la reconnaissance. Si la fortune l'a favorisé, c'était pour lui donner l'occasion de prouver que les hommes sont naturellement bons, contrairement à l'opinion des philosophes.

La ruine inévitable se produit, Timon fait brutalement l'expérience de l'ingratitude. La charge satirique, jusque-là virtuelle et allusive, éclate. Les trois scènes successives où trois des amis de Timon, opulents et comblés de bienfaits par lui, refusent de lui prêter une seule obole, en inventant des échappatoires ingénieusement grotesques, sont des chefs-d'œuvre de comédie grinçante.

La déception de Timon est à la mesure de la confiance qu'il avait dans les hommes, et son lyrisme se transforme en fureur imprécatoire. Il invite ses prétendus amis à un prétendu banquet. Ils accourent, croyant que Timon a reconstitué sa richesse. Il les accueille en leur offrant de l'eau tiède et en les chassant à coups de pierres, amère variation sur le thème du festin interrompu. Il quitte Athènes et s'exile dans ce qu'on appelait jadis un désert, plus sauvage que celui où Alceste menace de se retirer. Il vit dans la nudité, la solitude, le désespoir, mais rêve de vengeance, ce qui rapproche Timon de Coriolan.

Timon d'Athènes est comme *Lear* bâti sur deux intrigues parallèles et thématiquement semblables. En contrepoint à l'histoire de Timon se déroule un épisode de la vie d'Alcibiade, également tiré de Plutarque, qui, dans ses *Vies parallèles*, la compare à celle de Coriolan. Alcibiade, lui aussi victime de l'ingratitude des Athéniens, rassemble une armée avec l'intention d'anéantir la ville pécheresse, les vices principaux de cette nouvelle Sodome étant l'avarice, le lucre, la sécheresse de cœur.

Il rencontre Timon, devenu l'ermite de la religion misanthropique, qui lui offre de l'or qu'il a trouvé dans le désert, afin de payer ses soldats pour qu'ils aillent détruire Athènes. Il donne également de l'or aux hétaïres qui accompagnent l'armée – afin qu'elles s'emploient à polluer de leurs maladies la ville maudite. La syphilis, anachronique dans ce contexte ancien, joue un rôle dans le couple attraction-répulsion qui, tout au long de l'œuvre de Shakespeare, caractérise la sexualité.

Alcibiade accepte l'or de Timon, mais tel Coriolan, il ne va pas jusqu'au bout de sa menace. Il n'écrase pas la ville ingrate sous un châtiment collectif, il ne punit que les coupables. La pièce se termine noblement par une double catharsis. Timon s'est donné la mort en disparaissant dans la mer. Seule l'immensité du Tout et du Rien pouvait combler l'idéalisme inassouvi de son amour et de sa haine. Alcibiade fait acte de justice, de pardon, de mesure, tout en rendant hommage à la démesure magnanime de Timon.

Il y a dans *Timon d'Athènes* deux traits qui en font une pièce originale mais difficile à mettre en scène. L'enchaînement dramatique, presque toujours prévisible, sert de support au déploiement vocal. C'est un oratorio plus qu'un drame, le thrène de l'amour trompé et du désespoir. Il faut, à l'acteur principal, une véhémence chaleureuse et travaillée, jusque dans l'outrance. Les grands monologues du quatrième acte atteignent un paroxysme qui dépasse les clameurs de Lear. Les imprécations de Timon, qui vont *crescendo*, appellent toutes les calamités à s'abattre sur les hommes, en invitant ironiquement ceux-ci à se laisser aller à leurs penchants. Il s'en prend à ses semblables, mais également à l'univers entier, au cannibalisme de la nature, à la cruauté de la vie.

L'autre caractéristique est le découpage en scènes qui se suivent comme dans une revue satirique. Les situations ainsi que la verve de Timon créent une tonalité fréquemment comique, accentuée par la division en tableaux brodant sur un même thème. Dans la première partie, comme dans la deuxième, le même genre de scène se reproduit, avec des partenaires différents : Timon face à ses faux amis, son intendant rendant visite à trois débiteurs, puis Timon et Alcibiade, Timon et les hétaïres, Timon et les délégués venus d'Athènes, etc. On peut avoir une impression de répétition, mais si l'on met en valeur la richesse du texte, son mélange d'humour noir et de lyrisme visionnaire, *Timon d'Athènes* se révèle comme une œuvre unique, le genre tragique y étant renouvelé par une plongée dans l'essence même de la tragédie. Ce n'est pas un enchaînement de circonstances ni de conflits qui crée la tragédie, mais la nature elle-même.

VII

LA COMÉDIE SHAKESPEARIENNE

Quatorze pièces portent officiellement le titre de comédies dans le volume publié en 1623, mais l'habitude a été prise de les subdiviser en plusieurs genres. Les genres eux-mêmes ne demandent qu'à s'interpénétrer. Les tragédies ont déjà illustré cette tendance.

C'est à la fin du XVIe siècle que fut inventée par Ben Jonson la comédie des humeurs, c'est-à-dire la comédie de caractères, qui fait des idiosyncrasies mécaniques et répétitives la cible des réactions moqueuses du public. Mais Shakespeare, chez qui la moquerie et la satire ne sont qu'accessoirement des ressorts comiques, pratique peu la comédie de caractères, et si des personnages apparaissent risibles en eux-mêmes, c'est plus par leurs actions et leurs discours que par leur nature.

Si l'on remonte au passé, la comédie shakespearienne pouvait s'inspirer de trois modèles : Aristophane, Plaute, et le fabliau médiéval. Aristophane résume à lui seul l'esprit de la comédie satirique. Fustigeant les mœurs et faisant apparaître les ennemis du bon sens et de la tranquillité publique comme des énergumènes, la comédie aristophanesque a une visée moralisatrice, conformiste ou non conformiste selon les cas. Plaute pratique la comédie ludique. Il célèbre la joie de vivre, et la jeunesse, il manipule des situations cocasses et spécifiquement théâtrales agencées par des quiproquos, des tromperies, des déguisements, des apparences fallacieuses. Les personnages s'y perdent comme dans des labyrinthes ou des tourbillons jusqu'à ne plus distinguer entre le rêve et la réalité. Un vent de liberté souffle sur la maisonnée, les esclaves sont maîtres du jeu, les jeunes gens s'émancipent. Le dénouement ramène le calme et rétablit la vérité, mais fait triompher l'amour, ouvrant une évasion euphorique.

Les fabliaux ont constitué un réservoir de situations comiques. Les thèmes et le tissu narratif combinaient le réalisme et l'irréalisme. Dans un milieu familier, bourgeois ou paysan, se produisent des événements burlesques, matériellement invraisemblables mais significatifs des conditions dans lesquelles vivent les hommes et les femmes. Le rire a un effet libérateur, lié à la carnalité, à l'indécence, à l'insolence. Il lève les contraintes que la religion, la morale, les lois et les usages font peser sur les instincts. Il expose à une moquerie impudique tout ce qu'il y a de respectable, les prêtres, les bonnes mœurs, l'institution du mariage et son corollaire monogamique. Si les femmes sont maltraitées et ridiculisées dans les fabliaux, ce n'est pas forcément pour refléter les conditions réelles de leur vie et de leur statut, mais pour procurer à la partie masculine du public une revanche imaginaire sur la tyrannie vociférante que les maris prétendent subir dans la sphère domestique. Il faut se rappeler ces données quand on étudie *La Mégère apprivoisée*.

La comédie shakespearienne s'abreuve à toutes ces sources, et à d'autres encore, dont la *commedia dell'arte*, qui n'était pas inconnue dans l'Angleterre du XVIe siècle. D'après la plupart des intrigues, et les ressorts comiques qu'elles contiennent, c'est avec Plaute que Shakespeare a le plus d'affinités. L'importance de la quête amoureuse, l'atmosphère de fête et de carnaval, le ballet des méprises et des illusions, rappellent la comédie latine. Les différences sont également visibles : l'épaisseur du texte, la pluralité des matériaux, ou même simplement la longueur des œuvres donnent un autre climat, un autre rythme. Les autres influences approfondissent le contenu. Bien qu'il n'ait pas fondamentalement la veine satirique, on trouve parfois dans Shakespeare une verve et une acidité aristophanesques. Le rire n'a pas pour dessein le seul divertissement. Quant à la présence du fabliau médiéval, elle se manifeste par les choix et structures thématiques plus que par le climat.

Si nombreuses que soient les sources et les traditions, la principale influence vient de Shakespeare lui-même. On y retrouve tous les thèmes tragiques, y compris les plus noirs – par exemple le thème du viol perpétré dans une forêt, qui établit un lien inattendu entre *Titus Andronicus* et *Les Deux Gentilshommes de Vérone*. Ces comédies, à l'exception peut-être de *La Mégère apprivoisée* et des *Joyeuses Commères de Windsor*, peuvent se décrire comme des tragi-comédies. Elles partent des mêmes situations, séparation, fratricide, bannissement, vengeance, perfidie, ingratitude. Mais dans les comédies, le dramaturge peut se permettre de remplacer le destin par la providence. Les crimes restent inaccomplis, les réconciliations guérissent les déchirures, le parcours musical va de la dissonance à l'harmonie.

Les farces

La Comédie des erreurs
(*The Comedy of Errors*)

Date approximative 1592. Première publication en 1623.
1 504 vers. 255 lignes de prose.

La Comédie des erreurs n'est peut-être pas la première en date des comédies de Shakespeare, mais par son origine, son titre doublement explicite, son contenu et sa technique, elle ouvre la voie à toutes les autres. L'intrigue vient des *Ménechmes* (*Menaechmi*) de Plaute. L'arrivée dans une ville du frère jumeau et inconnu d'un homme connu de tout le monde et impliqué dans plusieurs affaires commerciales, conjugales et extra-conjugales provoque une accumulation de quiproquos et de situations embarrassantes, voire scabreuses, d'autant plus inextricables que les deux frères portent le même nom. Au lieu de comprendre immédiatement l'origine de la confusion, les deux victimes s'y enfoncent et s'y enchevêtrent. C'est seulement quand le hasard les met en présence l'un de l'autre qu'ils comprennent ce que les spectateurs savent depuis le commencement.

À partir de ce schéma et de quelques autres qui s'en

approchent, le critique Bertrand Evans a construit une théorie ingénieuse, celle du « décalage de l'information » (*the gap of awareness*). Selon lui, la *vis comica* des comédies de Shakespeare vient de la position privilégiée qu'occupent les spectateurs par rapport aux personnages. Ceux-ci sont égarés par leur aveuglement, perdus dans le brouillard des apparences et de la méconnaissance de leur propre situation, alors que pour le public tout est transparent. Ce sentiment de supériorité et la réaction de moquerie qui en résulte déclenchent le rire. Les spectateurs suivent d'autant mieux le développement de la farce que les acteurs qui interprètent les jumeaux sont rarement jumeaux eux-mêmes. Ils restent distincts, de sorte que le public corrige les erreurs que commettent les personnages abusés. En utilisant les ressources de la vidéographie, les réalisateurs de la B.B.C. ont pu faire interpréter les jumeaux par le même acteur. Cela fait courir le risque aux spectateurs de se fourvoyer dans les mêmes méprises que les personnages. Il vaut mieux les impliquer dans le jeu de conventions et dans une complicité avec l'auteur.

Le thème comique des jumeaux et des sosies a souvent été exploité, mais rarement de façon aussi acrobatique. Tout en suivant son modèle et en reprenant beaucoup des détails matériels de la comédie de Plaute, située dans une atmosphère citadine où l'argent, les objets, les ustensiles, les pratiques de la vie quotidienne ont une présence concrète, Shakespeare a apporté deux innovations. Se souvenant peut-être de l'*Amphitryon* du même Plaute, il a introduit une seconde paire de jumeaux.

Les deux frères principaux, Antipholus de Syracuse le voyageur et Antipholus d'Éphèse le bourgeois installé, ont chacun un serviteur portant le même nom de Dromio. Ils sont eux aussi jumeaux. Ils ont des emplois de bouffons, et émettent des plaisanteries grasses. À l'exception peut-être de Maria dans *La Nuit des Rois*, et contrairement aux esclaves de Plaute ou à l'Arlequin de la comédie italienne, les serviteurs n'ont jamais dans Shakespeare un rôle de meneur de jeu. On ne trouve pas l'équivalent chez lui d'un Mascarille (de *L'Étourdi*) ou d'un Scapin. Les deux Dromio ne perçoivent pas mieux la situation que leurs maîtres et y ajoutent leur lourdeur propre.

La deuxième innovation, plus diffuse, a consisté à créer un climat et ajouter un ensemble de thèmes dramatiques qui annoncent l'œuvre à venir, y compris les tragédies et les tragi-comédies de la période ultime.

Dans Plaute, le Menechme de Syracuse qui arrive à Épidamnum (remplacé par Éphèse dans la pièce de Shakespeare) était en quête de son frère perdu. Il devrait comprendre ce qui lui arrive quand on le prend pour un autre, mais Plaute se préoccupe peu de vraisemblance, et Shakespeare encore moins. Ce dernier a conservé la psychologie burlesque du modèle, mais il a également développé l'aspect pathétique de la séparation et de la quête. Il n'a pas seulement ajouté deux serviteurs bouffons, il a donné un père et même une mère aux deux Antipholus, en s'inspirant des indications données par Plaute dans son prologue.

Ainsi, la première scène a une tonalité tragique. Égéon, le père, a deux raisons de se lamenter. Parti à la recherche de ses deux fils, et arrivé à Éphèse, il a été arrêté et condamné à mort à cause d'une guerre qui oppose les deux contrées. En guise de plaidoyer, il raconte au duc de la ville ennemie comment il perdit jadis sa femme et l'un de ses fils au cours d'un naufrage. Le thème de la tempête et du naufrage en mer, récurrent dans toute l'œuvre de Shakespeare, symbolise la séparation tragique. Autre thème appelé à connaître des développements fameux et autre forme de séparation : la jalousie conjugale. Les malentendus provoquent des scènes de jalousie de la part d'Adriana, femme d'Antipholus d'Éphèse, d'autant plus que celui de Syracuse, qu'elle prend pour son mari, tombe amoureux de sa sœur Luciana. Sa jalousie n'est pas totalement infondée, car son Antipholus fréquente une femme légère et lui fait des cadeaux, épisode qui vient de Plaute et qui donne une touche de réalisme antisentimental.

Conformément aux règles, tout se termine par des retrouvailles et des réconciliations. Égéon retrouve la liberté, ses fils, et même sa femme, devenue prêtresse dans un temple. Les deux conjoints sont réconciliés, le frère épouse sa belle-sœur. Les brouillards sont dissipés.

La Comédie des erreurs est une pièce courte, la plus courte de toutes, dont l'action se déroule en une seule journée. L'espace, les accessoires, les mouvements, les portes qu'on ouvre et qu'on ferme, ont une fonction instrumentale dans la genèse du comique, mais les scènes de frénésie alternent avec des passages lyriques, écrits en vers rimés, ou des conversations bouffonnes. Les erreurs qui s'accumulent ne constituent pas seulement un système propre à susciter mécaniquement le rire, elles font basculer la vision des choses dans un monde de rêve et de fantasmagorie. Antipholus de Syracuse se sent envoûté, il croit avoir débarqué dans une ville ensorcelée, et la magie du texte réussit presque à entraîner les spectateurs dans ce dépaysement onirique.

LA MÉGÈRE APPRIVOISÉE

(*The Taming of the Shrew*)
Date approximative 1592. Première publication en 1623.
2 061 vers. 530 lignes de prose.

L'histoire de la jeune femme rebelle et domptée par un mari implacable a des origines populaires. Celle des ruses utilisées par les soupirants de sa sœur vient d'une comédie d'Arioste intitûlée *I Suppositi* (*Les Substituts*) et dont il existait une adaptation en anglais due au poète Gascoigne. Scénario traditionnel et typiquement italien par l'utilisation des stratagèmes, des déguisements, des substitutions d'identité (d'où le titre) et échanges de rôles, entre maîtres et valets notamment. Il s'agit pour le héros d'épouser l'héroïne, en triomphant des rivaux et des divers obstacles.

Batista Minola, riche bourgeois de Padoue, a deux filles à marier. Deux au lieu d'une, ce qui permet de réunir les deux sources. L'aînée, Katharina, est connue pour son caractère coléreux. De plus elle refuse le mariage. La cadette, Bianca, passe au contraire pour douce et docile. Elle attire plusieurs soupirants, par sa beauté mais aussi par sa dot. Le père, prudent et madré, pose plusieurs conditions : il n'accepte de donner sa fille cadette au prétendant qu'il aura lui-même choisi qu'après avoir marié l'aînée. Il veut bien accorder au premier venu l'inépousable Katharina, nantie d'une belle dot à titre de compensation, mais pour Bianca il exige un fiancé riche, et autrement qu'en espérances. Autrement dit, ayant déjà enterré son père, comme il l'expose crûment.

L'amour et l'argent, la quête érotique et l'attrait d'un somptueux trousseau, la séduction et la capture, le mariage et la transaction, mêlent leurs stratégies, auxquelles s'ajoutent diverses manœuvres. La maison de Batista est une forteresse à investir, son propriétaire un vieux renard à circonvenir, l'ingénue Bianca un cœur à saisir. Tout cela est traité avec une fantaisie, un humour, un sens de l'observation qui annoncent Goldoni.

Les rivaux qui se disputent Bianca s'allient provisoirement pour lever l'obstacle que constitue le célibat de la fille aînée. Il faut lui trouver un mari. Ils le trouvent en Petruchio, aventurier venu de Vérone, joyeux drille et force de la nature. La dot l'intéresse, et l'indemnité supplémentaire que lui promettent les autres prétendants.

Beaucoup de mises en scène édulcorent la situation initiale – sans parler des adaptations qui dénaturent la pièce – en laissant entendre au public que Petruchio et Katharina sont amoureux l'un de l'autre depuis toujours, et que leurs chamailleries n'expriment que le choc de deux orgueils, ou la danse nuptiale de deux fauves griffus et rugissants. Le texte dément une telle interprétation, puisque Petruchio décide d'épouser Katharina avant de l'avoir vue, et que Katharina continue de se révolter contre le mariage et contre son mari presque jusqu'à la fin, avant son revirement, quand elle devient la plus obéissante des épouses et l'éloquente théoricienne de la soumission féminine. La pièce part d'une situation de farce exposée dans sa logique propre et pousse cette logique jusqu'au bout, sans se laisser affadir.

Le domptage de la rebelle commence dès la première entrevue, avec verve, obstination et brutalité. Petruchio emporte tout comme un ouragan et les scènes de violence burlesque se succèdent. La cérémonie du mariage, où le marié se fait attendre, arrive dépenaillé et profère toutes sortes d'inconvenances, n'a pas lieu sur le théâtre mais est racontée par un témoin de façon drolatique. Petruchio se déchaîne, enchérit sur les caprices réels ou supposés de son épouse et lui impose des épreuves d'où la contrainte physique n'est pas exclue. Katharina finit par céder et par obéir aux ordres les plus insensés de son seigneur et maître. L'amour couronne le tout. Au dénouement, la situation initiale est inversée. Bianca, mariée à Lucentio, qui correspond au personnage de l'amoureux principal de la comédie d'Arioste, désobéit publiquement à son époux, ce qui lui vaut les remontrances de sa sœur assagie.

Si la critique féministe voit dans *La Mégère apprivoisée* un fantasme masculin, elle n'a pas tort. La pièce relève du fantasme de domination masculine et de la caricature anti-féministe, y compris l'intrigue de séduction et de conquête autour de Bianca. Mais c'est cette structure fantasmatique, héritée des fabliaux et des ballades populaires, enracinée dans l'imaginaire collectif, qui lui donne sa cohésion artistique et son hilarité.

Il y a tout de même plus qu'une évasion dans un monde de fantaisie ou qu'une machine à provoquer des rires libérateurs ou crispés. Le thème de la guerre des sexes, résolue à sa façon par Petruchio, reste présent, comme dans le reste de la production shakespearienne. Mais la réalité de la guerre provoque un rêve de paix. La pièce se termine sur un banquet, non interrompu cette fois, symbole de bonheur communautaire. La pièce suit le parcours habituel des comédies de Shakespeare, de la dissonance à l'harmonie, d'autant plus éloquemment que le texte et l'action dramatique sont imprégnés d'images et de références musicales.

Les Joyeuses Commères de Windsor

(*The Merry Wives of Windsor*)

Date approximative 1601. Première publication en 1602.
404 vers. 2 611 lignes de prose.

Il existe une légende postérieure à la période shakespearienne selon laquelle la reine Élisabeth, après avoir vu *Henri IV* et beaucoup ri aux scènes falstaffiennes, demanda à Shakespeare d'écrire une comédie où l'on verrait Falstaff amoureux. D'après la même tradition, l'auteur s'acquitta de sa tâche – un peu détournée du projet requis car le chevalier obèse n'est pas vraiment amoureux – en deux semaines seulement. Travail sur commande et bâclé, c'est ce qu'une partie de la critique a retenu de cette tradition peut-être apocryphe, mais plausible. Le choix de Windsor, résidence royale, peut figurer dans le dossier comme présomption de preuve.

Le Falstaff de Windsor est à peu près le même que celui d'*Henri IV*, surtout de la deuxième partie, et il amène quelques-uns de ses satellites, mais l'action semble transposée des premières années du XVe siècle à la période contemporaine. Cela fait des *Joyeuses Commères* la seule comédie de Shakespeare dont l'action se passe en Angleterre, ce qui explique peut-être deux traits qu'on ne trouve pas habituellement : un élément de satire sociale plus souligné que dans les autres comédies. Falstaff, Don Juan burlesque, est, non pas un grand seigneur méchant homme, mais un petit seigneur vilain homme qui se lance à l'assaut de la respectabilité bourgeoise. Et une incursion dans la comédie de caractères, avec la création de Ford, mari jaloux. Il y a plusieurs maris jaloux dans Shakespeare mais seul Ford l'est par tempérament. Les autres subissent la jalousie comme une maladie, une aberration mentale, une contagion idéologique.

Comme dans *La Mégère*, il y a deux intrigues fondues en une. Aucune n'est complètement originale, d'autant plus que les manœuvres qui visent Anne Page ressemblent à celles qui pénètrent jusqu'à Bianca Minola, mais la pièce fait partie des quatre dont le scénario ne s'inspire pas d'un modèle précis, les trois autres étant *Peines d'amour perdues*, *Le Songe d'une nuit d'été* et *La Tempête*.

Sir John Falstaff, désargenté comme toujours, a élu domicile dans une auberge de Windsor où ses créanciers viennent le pourchasser. Il croit avoir trouvé un moyen de se remettre en fonds, en envoyant à deux riches bourgeoises de la ville, Mrs Ford et Mrs Page, une déclaration d'amour en deux exemplaires. Il s'imagine avoir fait impression sur elles, il fait sonner son titre de chevalier, et espère qu'en plus des plaisirs de la galanterie, il aura accès au budget des deux ménages.

Les deux commères, qui s'informent mutuellement de ce qu'elles ont reçu et constatent qu'elles ont été traitées de la même façon, choquées et amusées par le procédé impudent du chevalier indigne, décident de le punir, sans en parler à leur mari. Mais Nym et Pistol, compagnons de Falstaff qu'il a abandonnés, se vengent de lui en avertissant les deux maris. Ceux-ci réagissent de façon contrastée. Page a confiance en sa femme, mais non le tourmenté Ford qui, sous un déguisement et un prétexte tortueux, essaie d'obtenir de la bouche même de Falstaff une confirmation de son infortune. Parallèlement à cette intrigue, la fille du couple Page est courtisée par trois prétendants, Caius, médecin français, qui a les faveurs de Mrs Page, Slender, fils de famille et benêt balbutiant, soutenu par Page, et Fenton, gentilhomme ruiné et coureur de dot, qui est aimé d'Anne. Fenton est un peu le reflet de Falstaff, il représente la noblesse décadente à l'affût de l'argent des bourgeois. Mais, touché par l'amour qu'Anne lui porte, et par ses vertus, il lui retourne son amour.

Viennent les trois célèbres scènes où Falstaff est douloureusement berné. Il est attiré deux fois chez Ford où, devant le danger que représente l'arrivée du maître des lieux – lui aussi berné en punition de sa jalousie –, il est enfermé dans un coffre plein de linge sale et puant, puis jeté dans la Tamise. La deuxième fois, il est, sous un déguisement compromettant, violemment battu.

La troisième fois il est attiré dans la forêt de Windsor. Les Ford se sont réconciliés et les deux couples organisent une mascarade grandiose. Falstaff s'est déguisé en un personnage mythique nommé Herne le chasseur, et qui porte des cornes. Il trouve autour de lui une multitude déguisée en lutins et en fées qui, tout en chantant et dansant, le pincent et le battent pour le punir de sa lubricité. Les Page cependant, mari et femme, échouent dans leurs stratagèmes visant à faire épouser Anne par l'homme de leur choix. Grâce à une supercherie plus efficace, c'est Fenton qui l'emporte. L'esprit de fête et de réconciliation l'emporte aussi, et Falstaff accepte sereinement sa défaite.

Cette œuvre ingénieuse et originale est souvent traitée avec condescendance par les commentateurs. Les uns la trouvent fruste et grossière, les autres sont rebutés par la complication de l'intrigue, ou plutôt par l'enchevêtrement des diverses intrigues. Mais ce qui à la lecture paraît inextricable, devient transparent sur scène.

Le dialogue apparaît moins transparent, surtout dans les passages en prose, qui en constituent l'essentiel. Le texte est serré, plein de facéties tortueuses. Il est possible que le contexte contemporain soit responsable du caractère allusif, à usage privé, de certaines plaisanteries devenues incompréhensibles.

L'œuvre a presque toujours du succès au théâtre, ce qui compense le peu d'intérêt qu'elle suscite chez les critiques. Il est rare cependant qu'on assiste à un spectacle entièrement satisfaisant, parce que les metteurs en scène et les acteurs qui interprètent Falstaff ne peuvent pas résister à la tentation d'en faire un personnage truculent, débonnaire et pathétique, alors que Shakespeare l'a conçu en partie comme une allégorie du vice, la représentation monstrueuse de quelques-uns des sept péchés capitaux, la caricature d'une aristocratie décadente, extérieurement adipeuse et intérieurement desséchée.

Il y a dans tout cela une visée sérieuse et morale. Ce n'est pas le Falstaff de Shakespeare, mais celui de Boito et Verdi, qui entraîne le chœur à chanter que le monde entier n'est qu'une plaisanterie. Ici la plaisanterie sert, selon la formule, à châtier les mœurs et les mauvais penchants. Sa fonction accomplie, il reste un monde sans grands horizons mais respectable, celui de la bourgeoisie provinciale.

Les comédies romanesques

PEINES D'AMOUR PERDUES

(*Love's Labours Lost* ou *Love's Labour's Lost*)
Date approximative 1592. Première publication en 1598.
1 724 vers. 1 000 lignes de prose.

Le groupe de ce qu'on peut appeler les comédies romanesques occupe une position centrale dans l'œuvre de Shakespeare, car elles contiennent des éléments tragiques et des thèmes que l'on trouve dans la série des pièces fantastiques, ou semi-fantastiques, de la dernière période. Cependant les classifications ne procurent qu'un moyen commode de regroupement, et *Peines d'amour perdues* se caractérise par une originalité déconcertante.

Cette comédie fut probablement populaire du temps de Shakespeare, comme en témoigne la publication de 1598. Plus tard, on la considéra comme marginale, aberrante, composée d'un amoncellement de jeux d'esprit devenus lettres mortes. Après une longue période d'incompréhension, elle a repris sa place dans le répertoire. Ce n'est pas seulement grâce aux commentateurs qui ont expliqué les difficultés de détail et cherché la raison d'être de certaines bizarreries, mais aussi aux compagnies théâtrales qui ont eu le courage de produire cette œuvre qui passait naguère pour opaque et inaccessible au public. Comme il arrive souvent, ce qui semble incohérent et insaisissable à la lecture prend forme sur scène.

Si l'on résume en quelques phrases l'intrigue de cette comédie – inventée par Shakespeare bien qu'on puisse toujours trouver des bribes de sources ici ou là – elle paraît claire et ingénieuse, ne justifiant pas sa réputation d'ésotérisme. C'est quand on examine le texte dans le détail que commence la perplexité, car les digressions, les intermèdes, les ornements, les plaisanteries – parfois laborieusement grivoises – à déchiffrer comme des rébus, interrompent le mouvement et noient sous leur profusion les grandes lignes de l'architecture.

L'action se passe en Navarre, quelque part dans le domaine royal. On a pu voir dans cette implantation une allusion amicale à Henri IV, roi protestant qui reçut des soutiens anglais avant sa conversion de 1593, et de ce fait une indication sur la date de la pièce, supposée antérieure au refroidissement des relations entre les deux monarques pour cause d'abjuration. Mais le thème de l'abjuration est présent dans la pièce, sous une autre forme, et le roi de Navarre se distingue ici du roi de France.

Ce roi, qui s'appelle Ferdinand, décide de s'enfermer pendant trois ans dans une sorte de monastère laïc, empli de livres et d'ustensiles scientifiques, avec trois disciples, et de se consacrer à l'étude. Afin de faire triompher l'esprit sur le corps, les quatre apprentis en quête de lumière intellectuelle, doivent se priver de nourriture, de sommeil, et de la compagnie des femmes. L'esprit ne peut prospérer sur l'étiolement du corps. Tout cela est exprimé avec une verve auto-parodique, mais on note que ce thème du renoncement au monde et de l'isolement du savant revient sous diverses formes dans Shakespeare. Henri VI, Hamlet, le duc de *Mesure pour mesure* et Prospero dans *La Tempête* offrent des variations sur le même thème.

L'un des quatre gentilshommes, Biron (*Berowne* dans la graphie shakespearienne), tente en vain d'avertir ses compagnons des dangers de l'entreprise. Outre la violence faite à la nature – à étudier de vieux grimoires à la lueur des chandelles on s'use les yeux et l'on perd la vue en cherchant la lumière – il souligne que les fonctions royales obligeront le monarque à sortir de son cloître et à se parjurer. La belle science qu'il aura acquise ne servira qu'à inventer des arguments casuistiques pour se justifier. De plus, Biron met en doute l'utilité même du projet. À quoi servent les livres, les connaissances, la science ? L'homme a pour vocation de vivre, de s'épanouir, de chercher le bonheur.

Les deux autres adeptes, Dumaine et Longueville, ainsi que le roi, défendent le programme avec enthousiasme et contraignent Biron à prêter serment. Ils obligent aussi les résidents du domaine, y compris les domestiques les plus illettrés, à observer la même discipline, ce qui donne lieu plus tard à des scènes bouffonnes.

La princesse de France arrive en Navarre. Elle représente son père, malade, et vient demander le paiement d'une somme qui lui est due. Son escorte comprend trois dames de compagnie, à l'esprit brillamment moqueur, et un maître de cérémonies qui s'appelle Boyet et qui rivalise avec les Navarrais en virtuosité verbale.

Le roi et ses compagnons sortent de leur austère retraite pour accueillir les belles visiteuses. Première transgression. Deuxième transgression, ils en tombent amoureux, en ordre hiérarchique, le roi de la princesse, les gentilshommes des trois nobles demoiselles. Ils oublient leurs promesses et consacrent leur esprit à composer des déclarations d'amour en forme de poèmes, selon le rituel courtois. Au commencement, chacun agit à l'insu des trois autres. Cela ne peut pas durer. Une scène de dévoilement se produit, d'une théâtralité artificieuse : chacun des amoureux lit en aparté, mais à haute voix, le poème qu'il destine à l'objet de son admiration, et se fait surprendre par l'ami qui l'a entendu de sa cachette, mais qui se fait confondre à son tour par un autre ami. Confession générale. Biron, bien qu'il ait d'abord tenu un discours matérialiste sur l'amour, analysant la fixation des sentiments comme la projection dans le cerveau de l'appétit charnel, change de doctrine et, dans une longue tirade qui mêle l'humour au lyrisme, fait l'apologie des femmes, seules sources de connaissance, vectrices d'un feu prométhéen, médiatrices grâce à leur beauté entre le monde terrestre et la lumière supraterrestre à laquelle aspiraient les quatre chercheurs de vérités cachées.

L'amour remplacera la philosophie, et la vraie lumière les ténèbres de la ségrégation pseudo-initiatique. Ils transforment la cour de Navarre en un lieu où l'on fait, justement, la cour, et ils mènent cette cour selon une stratégie dépensière, tortueuse et laborieuse, où les déguisements, les artifices, les faux-semblants, maintiennent une sorte de tension érotique et intellectuelle. Le thème de la quête initiatique n'est pas abandonné, la quête amoureuse en prend le relais. De plus, les fêtes et les divertissements font de la cour de Navarre un théâtre de séduction.

Ce n'est qu'un théâtre, la réalité reprend ses droits. Un messager vient annoncer la mort du roi de France. Les jeux sont interrompus, la princesse et ses suivantes repartent pour la France. Elles reprochent à leurs prétendants le manque de constance, la frivolité, l'artificialité qu'ils ont montrés dans leur conduite et leur langage. Elles leur imposent une longue période d'abnégation, avant de recommencer dans leur entreprise amoureuse. Cette péripétie finale crée une surprise, mais n'est pas complètement inattendue, car le thème de la séparation des sexes – sorte de pléonasme étymologique, le mot latin *sexus* étant associé à un sème de séparation – court au long de la pièce comme au long de l'œuvre de Shakespeare.

Il y a toutes sortes de digressions burlesques, et surtout un déferlement de jeux d'esprit. De plus, la quantité et la densité de tous ces mots d'esprit qui semblent constituer l'essentiel du texte et aller contre le mouvement dramatique ne manquent pas de pertinence thématique. Dans la première scène, Longueville promet à ses amis un banquet de l'esprit. Ce banquet a lieu, comme annoncé, quoique sous une forme moins austère que prévu. Les spectateurs y sont conviés et ils assistent à une fête, à une débauche d'esprit, dans toutes les acceptions du mot, y compris et surtout quand il ne signifie qu'ingéniosité verbale. Le mot anglais *wit*, qui du temps de Shakespeare signifiait à la fois l'esprit en tant qu'ensemble des facultés mentales et l'esprit comme propension au badinage brillant, facilitait le passage vers l'exercice ludique de l'intelligence par une caste raffinée mais oisive.

Biron, l'homme qui essaie de concilier l'esprit et le bon sens, l'élégance et le sérieux, l'humour et la sincérité, déclare la guerre à l'artifice et à ses feux éphémères, mais trop tard. Les labeurs d'amour sont perdus, peut-être parce qu'ils venaient de l'esprit et non du cœur.

Les Deux Gentilshommes de Vérone

(*The Two Gentlemen of Verona*)

Date approximative 1593. Première publication en 1623.
1 665 vers. 545 lignes de prose.

Avec *Les Deux Gentilshommes de Vérone* on entre complètement dans le domaine de la comédie romanesque où l'amour constitue un ressort à la fois comique et romanesque. Comique par ses affinités avec l'illusion et la folie, par la vulnérabilité qu'il provoque chez celui qui en est atteint, par l'usage qu'il fait des ruses, des conventions ou des audaces pour parvenir à ses fins. Romanesque par la croyance qui assimile la cristallisation du désir à la rencontre providentielle de l'âme sœur, et par l'habitude qu'ont les auteurs de terminer l'aventure par un mariage, de façon que la phase finale coïncide avec le couronnement d'une quête de bonheur et semble éterniser l'euphorie d'un instant.

À l'origine des *Deux Gentilshommes de Vérone* se trouvent deux sources amalgamées l'une à l'autre. L'histoire d'amour et d'infidélité vient de Jorge de Montemayor (1520-1560), romancier portugais. L'histoire des deux amis, dont l'un trahit l'autre et qui se réconcilient, a beaucoup de modèles dans la littérature médiévale, mais la source directement utilisée par Shakespeare se trouve dans un traité de morale politique dû à Sir Thomas Elyot (1490-1546) et intitulé *Le Gouverneur* (1531).

Proteus et Valentin, les deux amis, vivent à Vérone, sous le toit paternel. Ils portent des noms significatifs. Le premier évoque le dieu de la métamorphose, donc de l'inconstance, tandis que le second peut se réclamer du saint patron des amoureux. Mais au début de la pièce c'est Proteus, ou Protée, qui est amoureux de sa voisine Julia, avec laquelle il entretient un commerce à distance qui respecte l'étiquette de l'amour courtois. Julia, amoureuse tout autant, joue son rôle de jeune fille prude et effarouchée, sous le regard et les commentaires moqueurs de sa soubrette Lucetta.

Valentin traite de la même manière l'infatuation de son ami Protée. Libre de tout attachement, il part pour Milan servir le duc. Mais là, il tombe amoureux de la fille du duc, Silvia, que son père destine à un seigneur opulent mais niais, du nom de Thurio.

Constatant le succès de Valentin à Milan, le père de Protée l'envoie rejoindre son ami. Il fait des adieux déchirants à Julia, avec qui il échange des serments et des bagues. Arrivé à la cour du duc de Milan, il s'éprend de Silvia, oublie Julia, et par un raisonnement savamment casuistique, se persuade que la dévotion envers l'amour, puissance suprême de l'univers, absout les parjures et les vilenies. Sous une forme parodique, Protée donne un exemple de scélératesse argumentative, illustrée parfois tragiquement par des personnages comme Tarquin ou Macbeth : une fois la décision prise de se laisser aller au mal, le transgresseur invente une doctrine qui justifie la première faute, en se disant irrésistiblement porté par le désir, et les crimes suivants par les conséquences de la transgression. Protée se fixe un programme raisonné de perfidie, et il s'y tient. Tout en gémissant de trahir son ami d'enfance par devoir, il révèle au duc le projet que Valentin lui a confié, d'enlever Silvia. Valentin est banni, il s'enfuit dans une forêt et trouve refuge auprès d'autres bannis, devenus hors-la-loi. Le thème du bannissement, de la fuite au sein de la nature sauvage et régénératrice, annonce d'autres œuvres appartenant à des genres différents, telles que *Comme il vous plaira*, *Le Roi Lear* ou *La Tempête*, voire *Timon* et *Coriolan*.

Pendant ce temps, Julia se morfond tellement de son cher Protée qu'elle décide de le rejoindre. Déguisée en garçon, elle se rend à Milan, pour s'apercevoir que son amant ne pense plus à elle et fait sa cour à Silvia, qui pourtant le traite avec mépris et rancune. Elle lui reste fidèle, elle se fait employer par lui au titre de page, méconnaissable sous son travesti, et pousse le dévouement jusqu'à servir de messager entre lui et Silvia. Celle-ci aussi se désespère de ne plus voir Valentin. Elle part le rejoindre. Protée court à sa poursuite, accompagné de son page, puis le duc et toute la cour suivent le mouvement. Les hors-la-loi capturent Silvia, Protée la délivre, mais c'est pour continuer de vouloir la séduire, plus acharné que jamais, au point qu'il menace de la violer.

C'est alors que se produit une série de coups de théâtre qui déconcertent encore aujourd'hui une partie du public. Valentin survient, il assiste aux menaces criminelles de Protée, clame son indignation et engage le combat. Mais Protée, touché par le remords, confesse son infamie et demande pardon. Valentin, touché à son tour, lui accorde ce pardon, et mieux que cela, il lui accorde Silvia, ou plus exactement se dépossède de ses droits sur Silvia, pour sceller la réconciliation. C'est en fonction de la doctrine chrétienne de la grâce et de la supériorité morale du renoncement sur la jouissance qu'il faut interpréter le geste apparemment absurde de Valentin. Ce n'est pas parce qu'il considère Silvia comme une marchandise qu'il la donne à Protée, ni qu'il place l'amitié au-dessus de l'amour, mais parce qu'il met la vertu et la grâce au-dessus de tout. Son don est un don gratuit, non un échange.

Shakespeare ne termine pas la comédie sur cette apologie fulgurante de l'abnégation. Il redescend vers des contrées plus proches du sol. Julia, alias Sébastien, s'évanouit en entendant Valentin accorder Silvia à Protée. En revenant à elle, elle montre un anneau que lui donna son fiancé, et révèle son identité. Revoyant Julia, et une conversion s'étant opérée en lui, Protée revient à son premier amour. Tout se termine bien pour tout le monde.

Le duc arrive avec ses gentilshommes, prêt à châtier les rebelles, mais comme il constate la couardise de son protégé Thurio face à Valentin, il consent au mariage de sa fille avec ce dernier. Protée se voit tout de même infliger une punition. Afin de divertir la compagnie, il devra raconter tous ses méfaits en détail et en public, mais non au public qui se trouve dans la salle et qui les connaît déjà.

L'œuvre contient des scènes burlesques, d'un comique un peu épais, grâce aux domestiques des deux gentilshommes, et au chien de l'un d'entre eux qui joue un rôle non négligeable. Entre la grossièreté du chien et les désirs dévoyés du maître il y a peut-être des correspondances significatives.

Le Songe d'une nuit d'été

(*A Midsummer-Night's Dream*)

Date approximative 1595. Première publication en 1600.
1 709 vers. 427 lignes de prose.

Bien qu'on y reconnaisse de nombreux souvenirs littéraires et mythologiques – notamment *Le Conte du chevalier* de Chaucer et *Huon de Bordeaux*, chanson de geste du XIIIe siècle – *Le Songe d'une nuit d'été* est bâti sur un scénario original. Shakespeare y a exprimé en une sorte d'allégorie complexe, ou de mythe platonicien, toute sa pensée sur l'amour, sur l'imagination, sur les thèmes qui nourrissent une grande partie de son théâtre. C'est une œuvre clé, une œuvre miroir, qui éclaire, résume et reflète les autres comédies romanesques.

Techniquement, elle demande une régie assez coûteuse et spectaculaire. Le décor, ou plutôt les deux décors contrastés, même s'ils ne sont pas matérialisés par des toiles peintes et autres accessoires, font partie de la texture de la pièce. Le clair-obscur spatial et temporel qui oppose le diurne au nocturne, la cité à la forêt, la civilisation à la nature primitive, est une donnée indispensable.

Le premier acte se passe à Athènes, berceau de la philosophie, du rationalisme, de la politique. La ville est gouvernée par Thésée, le héros qui purgea la terre d'un certain nombre de monstres, dont le Minotaure. Il est fait allusion à ses aventures tumultueuses et aux femmes qu'il a malmenées. Mais le demi-dieu est devenu complètement homme. Assagi, il règne en despote éclairé, quelque peu anticlérical, calme mais ferme dans son application de la loi.

Il arrive sur la scène en compagnie d'Hippolyte, la reine des Amazones, qu'il a vaincue et convaincue de l'épouser. *Le Songe d'une nuit d'été* commence à l'endroit où *La Mégère apprivoisée* se termine : la guerre des sexes s'est terminée par la victoire de la force et de la loi masculines. En réalité elle couve toujours.

Autre exemple de domination masculine et patriarcale : le vieil Egeus vient demander au duc Thésée de faire tomber les rigueurs de la loi sur sa fille Hermia, qui refuse d'épouser l'homme qu'il a choisi pour elle, Démétrius. Elle aime Lysandre, qui l'aime en retour. Démétrius a abandonné sa fiancée Helena pour tourner ses regards vers Hermia. Thésée avertit Hermia : si elle refuse d'obéir à son père, la mort ou le couvent – sorte de mort prolongée, si les nonnes passent leur vie dans la froideur et la stérilité – l'attendent. Mais Hermia ne fléchit pas.

Il existe des indices selon lesquels *Le Songe* fut d'abord conçu pour être représenté dans un château à l'occasion d'un mariage. Ménageant un de ces effets de mise en abyme qui lui étaient chers, Shakespeare inséra une autre pièce dans la pièce, une autre cérémonie de mariage, un rêve dans le *Rêve*. Il en profita aussi pour approfondir sa réflexion sur le théâtre, sous les dehors de l'auto-dérision. Les acteurs qui, dès la deuxième scène, se préparent à jouer une autre pièce devant Thésée et Hippolyte le soir de leurs noces, sont d'humbles artisans qui ignorent tout de l'art du théâtre et de ses conventions. Ils appartiennent à l'Angleterre contemporaine, non à la Grèce antique, et pour aller jusqu'au bout de l'incongruité, la « très lamentable comédie » qu'ils jouent et saccagent au cinquième acte, version dramatique de la légende de Pyrame et Thisbé, constitue une parodie de *Roméo et Juliette*. L'acteur principal de cette troupe improvisée, Bottom le tisserand, est un bouffon grandiose.

La troisième scène revient à la situation qui oppose

l'amour à la société et les amoureux entre eux. Elle a quelque chose de racinien : Helena aime Démétrius, qui aime Hermia, qui aime Lysandre. Hermia et Lysandre décident de fuir Athènes et de chercher refuge dans un bois des environs. Démétrius, averti par Helena, qui, folle d'amour, tente les remèdes les plus désespérés pour retrouver l'affection de son ancien fiancé, se lance à la poursuite d'Hermia, et Helena le poursuit à son tour.

Les trois actes suivants se déroulent dans la forêt nocturne et mythologique. Les dieux païens, absents d'Athènes, continuent d'y exercer leur pouvoir. Ils incarnent les forces de la nature, génératrices d'ordre et de désordre. Obéron et Titania règnent sur cet univers touffu, à la manière conflictuelle de Zeus et d'Héra, au sein d'une mythologie composite. Obéron vient de l'orientalisme de *Huon de Bordeaux*, le lutin Puck, serviteur d'Obéron, appartient au folklore britannique, Titania figure dans les *Métamorphoses* d'Ovide, qui donne ce nom à plusieurs nymphes et déesses descendantes des Titans, qui se rebellèrent contre Zeus. Titania se rebelle contre le joug d'Obéron, et la nature se ressent de cette querelle. Tout est bouleversé. La guerre des sexes règne à nouveau, et au sommet. La pacification imposée par Thésée à la tribu séparatiste des Amazones et à leur reine n'était qu'une trêve locale. Les deux époux se disputent un jeune garçon. Le désir, jusque dans ses débordements, impose sa puissance aux immortels eux-mêmes.

Les quatre amoureux se trouvent dans la même situation qu'auparavant. Obéron s'en aperçoit, prend en pitié Helena, que Démétrius traite avec mépris, et décide de rétablir la réciprocité de leurs sentiments, grâce à la liqueur magique qui provoque l'amour au premier regard. Une nuit, Cupidon essaya de frapper d'une flèche une vestale impériale et invulnérable à l'amour – allusion probable à la reine Élisabeth – mais le trait dévia de sa cible et tomba sur une fleur blanche, qui en devint écarlate, de honte peut-être, et du feu de la passion. De cette fleur s'extrait un liquide qui, appliqué sur les paupières d'un être endormi, le rend amoureux du premier objet aperçu à son réveil.

Le symbole est complexe. Il y a d'abord la flèche de

Cupidon, qui blesse et fait souffrir. L'amour s'apparente à la violence et à la cruauté. Les thèmes du viol et de la défloration parcourent la pièce. C'est une force aux effets contradictoires, qui engendre les caprices et la fidélité, l'appétit de changement autant que la fixation sur un objet unique. S'ajoute à cela l'importance de la vue, qui fait de l'amour une perpétuelle vision. Puck est chargé de l'opération, mais il se trompe deux fois, non sans espièglerie, et aboutit à la situation symétrique de la précédente. Les deux hommes se détournent d'Hermia et se mettent à adorer Helena, qui se croit victime d'une méchante plaisanterie, tandis qu'Hermia se désespère d'avoir perdu et l'amour de Lysandre et l'amitié d'Helena. Elle décrit avec une nostalgie poignante le vert paradis des amitiés enfantines, quand les écolières formaient une communauté à l'abri des tourments extérieurs, c'est-à-dire des hommes. Le thème des communautés féminines, Amazones, couvents, vestales, temples et prêtresses voués au culte de Titania, couples d'écolières inséparables, court souterrainement dans le texte.

Les artisans sont également venus dans la forêt pour répéter tranquillement leur *Pyrame et Thisbé*. Parallèlement aux renversements de situation qui plongent les quatre jeunes Athéniens dans le trouble et la frénésie, Puck exerce ses talents sur Bottom le tisserand et sur Titania. Il métamorphose Bottom en monstre, en lui mettant une tête d'âne. Version burlesque du Minotaure, Bottom représente alors la bestialité de l'homme et de ses instincts. Les paupières frottées de liqueur magique, Titania s'éprend de Bottom et de sa tête d'âne, et entourée de ses fées, accueille son sigisbée hybride dans l'intimité de son creux de verdure favori.

Obéron intervient. Il met fin aux égarements. Il endort tout le monde. Le lendemain matin Bottom a retrouvé sa tête, Titania ses penchants habituels et se réconcilie avec Obéron. Hermia retrouve Lysandre et Démétrius son ancien amour pour Helena. Thésée et Hippolyte, qui sont venus chasser dans la forêt, assistent aux retrouvailles générales. Ceux qui ont traversé ces singulières épreuves ne savent pas s'ils ont rêvé ou s'ils ont vécu des événements réels.

Le débat continue au cinquième acte. Revenus à Athènes, les explorateurs de la nuit magique continuent de s'interroger. Thésée compare les amoureux aux fous et aux poètes, tous pétris d'imagination.

Trois mariages sont célébrés, et en guise d'épithalame, les artisans donnent une représentation hilarante de *Pyrame et Thisbé*, sombre drame d'amour et de mort, ce qui donne à Thésée l'occasion de continuer dans la même veine sceptique, et de lancer quelques piques contre le théâtre en général. « Les meilleures dans ce genre ne sont que des ombres », dit-il. Mais après avoir congédié les montreurs d'ombres, il convie tout le monde au lit et à l'amour, ce qui est peut-être une façon de rejoindre le domaine de l'irrationnel et de l'imaginaire.

La nuit étant tombée, Puck et les fées de la forêt réapparaissent sur la scène, les ombres reprennent le pouvoir, le pouvoir de refléter la nature et la vie.

LE MARCHAND DE VENISE
(*The Merchant of Venice*)

Date approximative 1596. Première publication en 1600.
2 010 vers. 581 lignes de prose.

Le Marchand de Venise figure parmi les comédies romanesques, mais ce que l'on peut appeler le *risque de tragédie*, inhérent à la comédie shakespearienne, a ici plus d'acuité que d'habitude. Il ne constitue pas seulement une situation initiale ou virtuelle, il se développe *crescendo* jusqu'au milieu du quatrième acte.

Comme dans d'autres cas, le texte amalgame deux sources étrangères l'une à l'autre en un ensemble homogène, l'histoire de la livre de chair et celle des trois coffres. Shakespeare n'est cependant pas le premier à avoir associé le drame du débiteur forcé de régler une dette avec sa chair, et l'aventure du bénéficiaire du prêt parti courtiser une dame lointaine. L'essentiel de l'intrigue, de même que la localisation à Venise et à Belmont, se trouve déjà dans une nouvelle écrite par Giovanni Fiorentino, écrivain italien du XIVe siècle.

Au commencement de la pièce Antonio, le Marchand

de Venise, a des raisons d'être inquiet. Il n'a pas de nouvelles de ses navires. Ce n'est pourtant pas cela qui le rend mélancolique, il est triste, résigné, fataliste de nature. Il a un ami très cher, Bassanio, jeune gentilhomme au tempérament opposé au sien et qui a dissipé son patrimoine en faisant la fête. Comme Fenton dans *Les Joyeuses Commères de Windsor*, il n'a plus qu'à se faire coureur de dot, et il aspire à épouser une héritière, qui vit dans un palais appelé Belmont. Pour aller faire sa cour, il a besoin d'un équipage correspondant à son rang mais il n'a plus d'argent et Antonio n'en a pas non plus.

Un moyen se présente. Antonio, quoique opposé à l'usure, emprunte une somme à l'usurier juif Shylock. Les deux hommes ne s'aiment pas, il y a beaucoup de rancune de part et d'autre. Ils concluent un accord cependant. Shylock prête trois mille ducats à Antonio contre un engagement à céder une livre de sa chair si la somme n'est pas restituée au bout de trois mois. Shylock prétendant qu'il ne s'agit que d'une plaisanterie, Antonio accepte le marché, malgré les appréhensions de Bassanio.

À Belmont, la belle et riche Portia vit recluse et soumise à une étrange obligation que lui a imposée son père dans son testament : il y a trois coffres chez elle, d'or, d'argent et de plomb, chacun portant une inscription sibylline à l'extérieur, et un document en forme de refus ou de consentement à l'intérieur. Les prétendants doivent deviner lequel des trois coffres contient le consentement.

Deux prétendants chamarrés, le prince du Maroc et le prince d'Aragon, soumis à l'épreuve des coffres, échouent parce que la vanité les incite au mauvais choix. Bassanio arrive à Belmont. Portia reconnaît en lui l'homme qu'elle aime. Craignant de le perdre à jamais, elle l'invite à s'attarder avant d'affronter l'énigme. Sans la lui révéler, elle crée autour de lui un climat propre à conduire son intuition vers le coffre qui contient la clé du bonheur. Comme prévu, Bassanio choisit le coffre de plomb, qui lui donne Portia et tout son héritage. Le plomb s'est changé en or.

À Venise, trois mois ont passé. Non que Bassanio se soit attardé trois mois à Belmont, mais en vertu du fameux double temps et de l'étrange loi de relativité qui régit la durée des événements, un court séjour à Belmont équivaut à un trimestre à Venise. Les navires d'Antonio ne sont pas rentrés au port, il est ruiné. Il est emprisonné sur la demande de Shylock, qui exige son dû. Son besoin de vengeance, alimenté de longue date par les brimades ethniques, est exacerbé par la trahison de sa fille Jessica, qui l'a quitté, et même volé, pour aller vivre avec le chrétien Lorenzo, ami d'Antonio.

La scène de tribunal où Shylock, muni d'un couteau, exige le paiement immédiat de la rançon qu'il s'apprête à prélever lui-même sur le prisonnier, porte la tension à un point extrême. Shylock refuse les appels à la clémence, de même qu'il refuse l'or que lui offre Bassanio, arrivé en hâte au secours de son ami, et disposant maintenant de la fortune de Portia. Il s'en tient aux termes du contrat, il invoque le respect de la loi, tout en refusant d'expliquer son obstination autrement que par le besoin de satisfaire son humeur. Enfermé dans la logique judiciaire, le duc de Venise, qui préside le tribunal, est à court d'expédients, quand arrive Portia, déguisée en avocat. Elle fait semblant de donner raison à Shylock, d'après la lettre de la loi. Puis elle l'objurgue de transgresser la lettre par l'esprit, la rigueur de la condamnation par la douceur de la Grâce. Shylock s'impatiente et réclame l'exécution du jugement. Portia alors retourne la situation et démontre que la requête du plaignant est illégale et même criminelle. Antonio est libéré, Shylock condamné puis partiellement gracié, et converti de force au christianisme.

Bassanio désire remercier le jeune avocat. Portia malicieusement exige la bague qu'elle-même a donnée à Bassanio en gage d'amour et dont il a juré de ne jamais se séparer. Il la lui donne, avec remords. Quand Portia réapparaît sous son apparence réelle, elle taquine son mari au sujet de la bague et se prétend indignée par son parjure. Mais elle dévoile son jeu et, comme devant le tribunal, élève la charité au-dessus de la justice, l'esprit au-dessus de la lettre, le véritable amour au-dessus des fétiches. Et les navires d'Antonio reviennent, intacts et chargés de richesses.

Le Marchand de Venise est pour diverses raisons devenue une pièce injouable. Au théâtre, on ne donne plus guère que des versions coupées ou déformées. Il arrive que, tout en respectant la lettre du texte, on n'en respecte pas l'esprit. La raison est qu'une représentation strictement fidèle ne peut pas manquer de provoquer un malaise. Après que des millions de livres de chair ont été prélevées sur des victimes juives et réelles, on peut avoir scrupule à montrer sur une scène un usurier juif agir de façon à attirer l'opprobre non seulement sur lui mais sur sa race et sur sa religion. On a beau insister sur le fait que l'affaire de la livre de chair n'a pas de fondement historique, et que Shylock est un personnage imaginaire, le public ne distingue pas toujours entre le fictif et le réel. En se faisant désigner par un terme générique, *le Juif*, qui renvoie à une réalité extra-théâtrale, Shylock n'échappe pas à une sorte de représentativité collective et atavique.

De nombreux commentateurs ont tenté d'absoudre Shakespeare de l'accusation d'antisémitisme, ou d'antijudaïsme, en soulignant qu'il a fait de Shylock un vieillard pathétique, attaché à défendre son intégrité et celle de son peuple, respectable par son rigorisme, courageux et prophétique par les discours où il dénonce ce que nous appelons le racisme, et que son projet de vengeance n'est qu'une réaction naturelle contre les torts qu'on lui a causés et les humiliations qu'il a endurées. Qu'il remâche celles-ci avec complaisance ne fait qu'ajouter à la véracité du portrait. Shylock passe ainsi du statut de scélérat à celui d'un quasi héros, ou d'un objet de pitié.

Il y a une part de vérité dans ces remarques. Shylock n'est pas un agent du mal, ni un criminel prédestiné, à la manière de Iago ou des tortionnaires de *Titus Andronicus*. Il illustre plutôt la doctrine de Platon selon laquelle nul n'est méchant volontairement. Mais Shakespeare appartenait à une époque où l'on estimait qu'une mauvaise action n'est pas justifiée par le fait qu'on lui trouve des motifs, et que la discipline morale consiste à contrarier ses penchants, non à s'y laisser entraîner.

D'autres raisons expliquent la difficulté de produire aujourd'hui une mise en scène satisfaisante du *Marchand de Venise*. Shakespeare n'a pas seulement composé une sorte d'apologue exaltant la grâce, mais également une fête théâtrale qui célèbre la joie de vivre, la convivialité, la dépense même frivole, la richesse et les plaisirs qu'elle procure, l'amour, la jeunesse, et comme toujours, la musique. Shylock le trouble-fête, le veuf cloîtré qui ferme ses fenêtres pour ne pas entendre le tumulte criard du carnaval, thésaurise au lieu de jouir de ce qu'il possède. L'homme qui n'a pas de musique en lui-même, dit Lorenzo dans sa célèbre tirade, appartient au monde des ténèbres, il reste étranger à l'harmonie de l'univers, son esprit n'est bon qu'à méditer des traîtrises, des stratagèmes, des complots.

En attendant que la mort nous fasse accéder à la musique des sphères, le monde d'ici-bas ne manque pas de musique, ni de gaieté, d'insouciance, du bonheur de l'instant.

Des critiques ont avancé l'idée qu'à travers le judaïsme, Shakespeare visait le puritanisme, branche du protestantisme qui passait pour vouloir instaurer l'austérité dans les mœurs et en religion le respect pharisaïque de la Loi, pour préférer l'Ancien au Nouveau Testament, une éthique de la rétribution à celle de la grâce. L'entêtement de Shylock à faire appliquer la loi à la lettre a une signification autre qu'anecdotique.

Dans *Le Marchand de Venise*, l'esprit déborde la lettre, et cela entraîne d'autres débordements. Bassanio et les joyeux lurons qui l'entourent ne sont pas des modèles de vertu stricte ni de désintéressement. Pratiquant une sorte de néo-puritanisme, certains metteurs en scène privent la pièce de la joie qu'elle diffuse, et la comédie se transforme en une satire générale contre la société marchande, bourgeoise, capitaliste, etc. Mais une satire qui ne fait pas rire n'a pas de valeur littéraire. On peut faire d'Antonio, de Bassanio, de Gratiano – le compagnon de Bassanio qui épouse Nerissa, suivante de Portia – des caricatures désagréables, on ne peut pas les rendre ridicules. Il en résulte un spectacle ennuyeusement glacé, comme si l'on faisait d'Harpagon un vieillard pathétique assiégé par une meute de profiteurs sinistres. Une comédie sans *vis comica* et sans désir de bonheur n'a pas de raison d'être.

BEAUCOUP DE BRUIT POUR RIEN
(*Much Ado About Nothing*)
Date approximative 1598. Première publication en 1600.
720 vers. 1 752 lignes de prose.

C'est la première en date d'un groupe de quatre comédies, écrites probablement entre 1598 et 1601, qui se distinguent par la prédominance de la prose sur le vers, les trois autres étant *Comme il vous plaira*, *La Nuit des Rois* et *Les Joyeuses Commères de Windsor*.

Cette quantité de prose n'implique pas que le style devienne plus facile à lire ou à entendre. Sans avoir une syntaxe aussi tourmentée que l'écriture versifiée, la prose shakespearienne, dense, elliptique, reflète une conception exigeante de l'art de la conversation. De la conversation conflictuelle, surtout. Les interlocuteurs font assaut d'esprit, de rapidité dans la repartie, mènent le dialogue comme un combat. Chaque réplique est calculée de façon à décontenancer l'adversaire, l'obliger à déchiffrer un sarcasme sournois, un jeu de mots scabreux, à déceler une ironie cachée, une remarque insidieuse. Aucune autre comédie ou tragédie ne contient autant de duels verbaux.

La pièce est bâtie sur deux trames différentes qui, pour une fois, ne s'amalgament pas, bien que les personnages impliqués dans l'une et l'autre se rejoignent au sein d'une même action. Elles ont aussi des analogies thématiques : il s'agit d'amour dans les deux cas et les deux intrigues ont un même ressort, la tromperie. Mais la tromperie maléfique de la première intrigue s'oppose à la tromperie bénéfique de la seconde. L'une cause la désunion, l'autre l'union.

Les spécialistes qui ont cherché les sources de l'intrigue principale, celle du mariage brisé, puis réparé, de Claudio et d'Hero, ont trouvé plusieurs récits ou nouvelles qui contiennent un schéma analogue à celui de la pièce.

L'intrigue dite secondaire, celle de Béatrice et de Benedict, semble avoir été inventée par Shakespeare, à partir peut-être d'une anecdote narrée par Castiglione dans *Le Courtisan*. Mais le thème est fréquent, celui de la conversion à l'amour du bel indifférent ou de la farouche Amazone. Dans l'œuvre de Shakespeare, Béatrice est précédée par Katharina et Hippolyte. Mais le processus qui mène à la conversion est différent.

Claudio, jeune gentilhomme revenu de la guerre, n'a plus qu'à se marier, puisqu'il a fait ses preuves en tant que guerrier. Hébergé, comme plusieurs de ses compagnons et le prince d'Aragon, au palais de Leonato, gouverneur de Messine, il s'éprend de la fille de ce dernier, la douce Hero. Les deux jeunes gens sont assortis, tout le monde approuve et prépare leur mariage, sauf Don John, frère bâtard du prince, scélérat bourru et rusé. Préfiguration de Iago, il entreprend de faire croire à Claudio et à ses amis que Hero a un amant, par des mensonges et une mise en scène appropriée. La calomnie provoque un sacrilège tragique : Claudio interrompt la cérémonie de mariage en couvrant Hero d'invectives, à la place du *oui* sacramentel. La mariée non mariée s'évanouit, passe pour morte et même pour enterrée. Mais la perfidie de Don John est découverte, grâce à deux sergents de ville, Verges et Dogberry, figures comiques qui par hasard et inadvertance obtiennent les aveux de son principal complice. Claudio se repent, et pour faire amende honorable, accepte d'épouser la sœur d'Hero. Le mariage a une fonction réparatrice et expiatoire. Quand la prétendue sœur d'Hero enlève son voile, c'est Hero elle-même qui apparaît. Ce simulacre de résurrection annonce le retour à la vie d'Imogène dans *Cymbeline* et d'Hermione dans *Le Conte d'hiver*, elles aussi victimes d'une jalousie sans fondement et réfugiées dans une mort simulée. La déchirure recousue, la pièce s'achève sur une festivité matrimoniale sans dissonance. Pour que la justice soit rendue sans assombrir la liesse collective, le perturbateur Don John, capturé alors qu'il s'enfuyait, sera puni de façon divertissante.

La pièce se termine sur deux mariages. Béatrice, cousine d'Hero, et Benedict, gentilhomme qui sert dans l'armée, ont cessé eux aussi de célébrer la désunion. Au commencement de la pièce, Benedict se proclame ennemi du mariage et des femmes. Elles l'adorent, prétend-il, toutes sauf Béatrice, il les fait souffrir, tant pis pour elles. Béatrice est tout autant hostile aux hommes et au conjugo. Fille d'Adam, elle ne veut pas commettre d'inceste avec un de ses frères. C'est surtout contre Benedict que Béatrice décoche ses traits, auxquels il répond avec hargne. Il représente à ses yeux tout ce qu'il y a de ridicule dans l'engeance masculine, la sottise, la vantardise, la grossièreté, la vaniteuse parade de sa virilité.

Leurs amis ourdissent un complot ayant pour dessein de les rendre amoureux l'un de l'autre en les conduisant à surprendre des conversations prétendument confidentielles où il est dit, Benedict étant aux aguets, que Béatrice se meurt d'amour pour lui, et symétriquement, que Benedict adore Béatrice, mais qu'ils sont l'un et l'autre prisonniers du rôle qu'ils assument. Le stratagème réussit, et même détrompés ils maintiennent cet amour qui leur fut insufflé de manière artificieuse. Et pour prouver sa foi, Benedict provoque en duel son ami Claudio, coupable de calomnie envers la cousine de sa fiancée.

L'histoire de Béatrice et Benedict révèle que les créatures aiment à être aimées et qu'il existe une manière de susciter le désir d'une autre personne : lui faire savoir, ou croire, qu'elle est elle-même ardemment désirée. La force de cet appel muet, voire imaginaire, peut faire tomber l'indifférence et l'inimitié. Les drames de la jalousie, dont l'intrigue principale donne un exemple, confirment ce diagnostic. Savoir ou croire qu'on n'est plus aimé provoque la haine.

COMME IL VOUS PLAIRA
(*As You Like It*)

Date approximative 1599. Première publication en 1623.
1 182 vers. 1 516 lignes de prose.

Comme il vous plaira signifie « Donnez à cette comédie le titre que vous voudrez », autrement dit c'est une pièce sans titre, comme certains tableaux. Sans titre mais non sans couleur et sans forme. La couleur est verte, la pièce appartient au genre de la comédie pastorale, réinventée par Shakespeare. On trouve la structure en triptyque qui caractérise *Le Songe d'une nuit d'été* ainsi que des œuvres apparemment aussi éloignées que *Les Deux Gentilshommes de Vérone*, *Le Roi Lear* ou *La Tempête* :

désordre et malaise dans la civilisation, exil des victimes dans une forêt ou au sein de la nature sauvage, retour à la civilisation après l'apaisement des conflits.

Shakespeare s'est inspiré d'un roman, anglais, *Rosalynd*, publié en 1590 par Thomas Lodge (1558-1625), poète et auteur de romans pastoraux. Mais Lodge s'est lui-même inspiré d'un poème narratif du Moyen Âge intitulé *Le Conte de Gamelin.* D'autres éléments, notamment l'épisode de la cure contre l'amour, viennent de John Lyly.

L'action, comme chez Lodge, se déroule en France, et particulièrement dans les Ardennes. Mais la graphie *Arden* que l'on trouve dans le texte fait penser à la forêt d'Arden qui se trouvait non loin de Stratford et à Mary Arden, mère de Shakespeare.

Les scènes d'exposition contiennent un épitomé des habituelles situations de crise et de tragédie : haine fratricide, usurpation, violence. Le héros Orlando est maltraité par son frère aîné Olivier, privé de l'éducation d'un gentilhomme et de sa part d'héritage. La haine d'Olivier envers son jeune frère ne s'explique pas, lui-même ne la comprend pas. Il constate le mal en lui, l'entretient, le pousse jusqu'aux extrémités, sans savoir pourquoi.

À la tête du petit État, le duc a été détrôné et exilé par son frère cadet Frédéric. Le vieux duc, suivi d'un groupe de compagnons fidèles, a trouvé refuge dans la forêt des Ardennes, ou d'Arden.

> ...et ils vivent là comme le vieux Robin des Bois d'Angleterre. On dit que beaucoup de jeunes gentilshommes accourent vers lui chaque jour, et le temps coule pour eux sans souci, comme sous l'Âge d'Or.

Le nouveau duc offre à ses sujets un divertissement brutal, le spectacle du lutteur Charles qui met au défi les jeunes gens du pays. Il ne se contente pas de les vaincre, il les mutile, les démembre, symbole de la violence destructrice qui règne dans le duché. Seul élément d'harmonie au milieu de cette cacophonie, l'amour qui unit Rosalind, la belle et spirituelle fille du duc banni, et sa cousine Celia, fille de l'usurpateur.

Orlando, prêt à tout pour sortir de sa condition, relève

le défi du formidable lutteur, et le terrasse. Sa victoire produit une forte impression sur Rosalind, mais ne plaît pas à son frère, ni au duc. Orlando échappe à un incendie provoqué par Olivier et s'enfuit, en compagnie de son vieux serviteur Adam. Le nouveau duc ne supporte plus d'avoir chez lui la fille de son frère, il la bannit. Il y perd sa propre fille car les cousines étant inséparables, elles fuient ensemble, accompagnées du bouffon Touchstone, c'est-à-dire Pierre de Touche. La folie du bouffon est la pierre de touche de la vérité, selon la tradition érasmienne. Rosalind adopte un vêtement masculin et se fait appeler Ganymède. Celia se fait passer pour sa sœur, sous le nom d'Aliena. Les nouveaux exilés rejoignent les anciens exilés dans la forêt d'Arden, décor de la longue phase dite pastorale de la pièce. Il s'agit d'un décor multiple, la nature offre trois aspects différents, qui se superposent ou coexistent en une géographie irréelle mais significative. Le vieux duc et ses amis, que rejoignent Orlando et Adam, vivent au milieu d'une verdure sauvage, inhospitalière quoique moralement régénératrice, ne leur offrant que le froid et la faim, la nécessité de tuer pour n'être pas tué. Le vieux duc y a transféré sa cour et ses rites, sa hiérarchie mais aussi sa fraternité. On y chante, on y célèbre les valeurs anciennes, on y médite. Il faut bien, pour vivre, chasser les ruminants sauvages, ce qui incite le sarcastique Jaques – connu pour sa tirade des sept âges de la vie, comparée à un théâtre – à accuser les adeptes du retour à la nature d'outrage à la nature et d'usurpation aussi criminelle que celle du duc Frédéric.

Or, quand Rosalind et Celia arrivent au même endroit, ce n'est pas un paysage glacial et hostile qu'elles trouvent, mais une région habitée et cultivée, où l'argent a cours, un domaine pastoral puisqu'on y élève des moutons et qu'on y rencontre des bergers. Elles y achètent une bergerie, et font de leur territoire une petite Arcadie.

À ces deux visions vertes, quoique contrastées, s'ajoute une troisième, une autre Arcadie plus authentique et plus imaginaire, qui survient comme en surimpression. Quand arrivent parmi les habitants provisoires de la forêt le berger Silvius et la bergère Phoebé, il se produit un phénomène de distanciation et de focalisation littéraires.

C'est l'hommage rendu par l'auteur aux églogues de l'Antiquité, sans lesquels il n'y aurait pas de tradition pastorale. Les deux transfuges apparaissent comme des citations érudites insérées dans la pièce.

Comme il vous plaira est aussi une pastorale élisabéthaine, une histoire d'amour sur fond agreste, fondée sur les traditions courtoises, sur l'euphuisme, annonçant la préciosité et même Marivaux. Avec plus d'un siècle d'avance, les jeux de l'amour qui se jouent entre Rosalind et Orlando annoncent le marivaudage, y compris par le style, car la fluidité de la prose permet les raffinements alambiqués. Quand Rosalind, travestie en Ganymède, rencontre Orlando dans la forêt, il est en train d'accrocher aux arbres des poèmes en son honneur. Heureuse et inquiète, elle ne se fait pas connaître, feint de considérer l'amour comme une maladie et promet d'en guérir Orlando. Celui-ci ne veut pas guérir, mais accepte le jeu que l'étrange jeune homme lui propose : il prendra le nom de Rosalind, exigera qu'on lui fasse une cour assidue, selon les règles, et réagira par des caprices, des rebuffades, des froideurs et des moqueries, de façon à purger de son engouement le soupirant excédé. Ainsi, Rosalind déguisée en Ganymède met son amoureux à l'épreuve en prétendant jouer le rôle de Rosalind sous l'identité de Ganymède.

Orlando, tout en jouant le jeu du soupirant platonique et courtois, reste fidèle aux deux Rosalind, mais finit par se lasser d'une simulation qui lui rend trop sensible l'absence de la bien-aimée, qu'il ne reconnaît pas sous les traits de Ganymède. C'est une règle dans les comédies de Shakespeare : les personnages déguisés ne se dévoilent pas spontanément, c'est le mécanisme de l'action qui provoque la révélation générale, l'*anagnorisis*, la sortie du labyrinthe, le dénouement.

Avant ce dénouement toujours retardé, de nouveaux nœuds compliquent l'intrigue. La bergère Phoebé, qui n'écoute qu'avec agacement les déclarations de Silvius, s'éprend de Ganymède au premier coup d'œil. Elle comprend enfin ce qu'est l'amour, et à défaut de récompenser son soupirant, elle lui fait savoir qu'elle fait désormais partie de la même confrérie. Subissant les affronts de Ganymède, elle ne l'en aime que davantage.

La résolution des enchevêtrements ne peut venir que de l'extérieur et de la structure générale. Les deux méchants frères décident d'en finir avec la rébellion pourtant passive et philosophique des exilés. Ils pénètrent dans la forêt avec l'intention de la nettoyer des réfugiés qui les narguent de leur bonheur retrouvé. Mais l'expédition a des conséquences inattendues. Les deux Caïn en puissance subissent le charme de la forêt. Olivier se réconcilie avec son frère, qui lui a sauvé la vie, et s'éprend d'Aliena, alias Celia. Frédéric, converti par un ermite, devient son disciple et renonce à son pouvoir usurpé. Rosalind peut alors se révéler et forcer Phoebé à épouser Silvius, en vertu d'une promesse. Trois autres mariages ont lieu, y compris celui du bouffon Touchstone avec la gardeuse de chèvres Audrey, en présence du dieu Hymen, ou plus exactement d'un berger assumant ce rôle. Le vieux duc et ses compagnons, à l'exception du misanthrope Jaques, retournent vers la civilisation dont ils avaient gardé la nostalgie, et qu'il a fallu régénérer par un long séjour au sein de la nature.

La Nuit des Rois, ou Ce que vous voudrez

(*Twelfth Night, or What You Will*)

Date probable 1601. Première publication en 1623.

927 vers. 1 624 lignes de prose.

En français, un titre littéral a parfois été proposé : *La Douzième Nuit*. Il s'agit de la douzième nuit après Noël, c'est-à-dire l'Épiphanie. On suppose que la pièce fut représentée pour la première fois le 6 janvier 1601, probablement devant la reine, à l'occasion de la Fête des Rois.

Le sous-titre, *Ce que vous voudrez*, rappelle *Comme il vous plaira* et fait de cette comédie une deuxième pièce sans titre. On peut rapprocher cette expression du « Fais ce que voudras » de l'abbaye de Thélème, et le titre principal de la période carnavalesque qui, héritage du Moyen Âge condamné par les puritains, suivait la célébration de la Nativité. La douzième nuit voit culminer la déraison et l'anarchie festive. Dans certaines communautés, on élisait le *Lord of Misrule*, le Seigneur ou Grand Maître du Dérèglement. Dans *La Nuit des Rois*, le bouffon s'appelle Feste, et sans jouer complètement un rôle d'organisateur, il est présent un peu partout, jusqu'à l'épilogue chanté par lui, musicien, commentateur chorique, meneur de jeu parfois, et spécialiste de la subversion verbale, retournant le sens des mots comme on retourne un gant. Il ne manque pas de rappeler le paradoxe oxymorique de la folie de la sagesse et de la sagesse des fous. Il a un statut de domestique mais il n'y a pas plus libre que lui, puisqu'il consacre sa vie au plaisir et à la facétie. La prise provisoire du pouvoir par les serviteurs, l'inversion des valeurs ou des repères, la transformation de la vie quotidienne en kermesse, font penser aux Saturnales que les Romains célébraient une fois par an, abolissant pour quelques jours les contraintes et les hiérarchies, et dont d'après de nombreux historiens, les fêtes de Noël et du Jour de l'An gardent la trace. Elles avaient lieu en hiver et représentaient un simulacre de retour à l'âge d'or.

Twelfth Night n'est pas une bacchanale, ni un festival du non-sens et du libertinage. C'est, comme la précédente, une comédie raffinée, mais le thème du dérèglement joyeux y est traité de façon plus explicite qu'ailleurs.

Comme pour d'autres comédies, il y a une source principale et des sources secondaires, mais comme il existe plusieurs versions, dont une en anglais, de l'intrigue dont Shakespeare s'est inspiré, il n'est pas facile de savoir quel fut son modèle le plus immédiat. Le modèle le plus ressemblant est une pièce italienne intitulée *Gl'Ingannati* (*Les Trompés*), représentée à Sienne en 1531.

Mais Shakespeare s'approprie les substances qu'il emprunte, et tout dans le texte, depuis les célèbres premiers vers,

> Si la musique est la nourriture de l'amour, joue encore,
> Donne-m'en en excès, afin que, rassasié,
> L'appétit en soit malade et en meure,

jusqu'à la chanson finale de Feste, porte sa marque. On a pu définir *La Nuit des Rois* comme une œuvre récapitulative, reprenant les principaux thèmes, procédés, et structures des comédies précédentes, en particulier le motif des jumeaux séparés par un naufrage qui se cherchent et qui provoquent des méprises, ainsi que la pratique du travesti, cause de déviations amoureuses.

La Nuit des Rois réutilise ces procédés en les approfondissant. Ils n'ont plus pour seule fonction de créer des situations comiques. Les jumeaux qui se cherchent mènent une quête autre que familiale, ils aspirent à retrouver la partie d'eux-mêmes qui leur manque en l'absence de l'alter ego perdu. Il s'agit ici d'un frère et d'une sœur, identiques dans leur gémellité, différents par le sexe. En adoptant des vêtements masculins après avoir vu disparaître son frère Sebastian, l'héroïne de la pièce, Viola, cherche peut-être confusément à retrouver en elle-même la moitié perdue de son identité duale et androgyne. De même, le travesti qu'elle adopte et la duplicité sexuelle qui en résulte, entraînent des situations nouées qui vont au-delà du simple quiproquo comiquement insoluble. Objet fallacieux d'un amour impossible, elle révèle obscurément que le désir se porte sur le même et sur l'autre. Sa pulsion narcissique se dirige d'abord vers l'image de soi que renvoie le miroir intérieur où chacun se contemple.

L'action se passe en Illyrie, région d'Italie mi-réelle, mi-imaginaire. Le duc Orsino se pâme d'amour pour la belle et inaccessible comtesse Olivia, à la manière de Roméo amoureux de Rosaline, à la fois fervent, éloquent, et assez détaché de lui-même pour philosopher sur l'amour. Olivia ne l'aime pas et reste cloîtrée chez elle pour porter le deuil d'un père et d'un frère.

Un naufrage se produit au large des côtes d'Illyrie. Deux jeunes gens de bonne famille, les jumeaux Sebastian et Viola, sont séparés par la tempête et chacun croit l'autre noyé. Viola, arrivée en Illyrie, adopte une tenue masculine et se fait appeler Cesario. Elle se met au service du duc, pour lequel elle ne tarde pas à éprouver des sentiments tendres autant qu'inavouables. Le duc de son côté lui porte une affection protectrice et qui ressemble à de l'amour, car il ne peut pas se passer de son page. Il lui confie la tâche de porter des messages amoureux à Olivia, qui les dédaigne, mais qui s'éprend de Cesario. Elle lui fait des avances, et invente des prétextes pour faire venir chez elle le spécieux messager.

Une intrigue secondaire, habilement insérée dans la

trame principale, a pour champ de manœuvres la demeure d'Olivia. Elle y héberge un cousin, Sir Toby Belch, vieux gentilhomme décati et débauché, version adoucie de Falstaff. Il a attiré chez sa cousine un autre gentilhomme, niais et poltron, Sir Andrew Aguecheek, à qui il fait croire que la belle et riche Olivia pourrait lui convenir, ainsi que sa dot. Il ne fait que leurrer Sir Andrew, afin de l'aider à se ruiner définitivement. La maisonnée est complétée par quelques domestiques, dont l'ingénieuse Maria et Malvolio, intendant du domaine, austère et ambitieux. Lui aussi aspire à la main d'Olivia.

Sebastian réapparaît, conduit en Illyrie par le marin Antonio, qui a pour le jeune homme une affection passionnée. Bien que le duché soit pour lui un territoire dangereux, il le suit jusqu'à la ville, après lui avoir confié sa bourse. Les commentateurs n'ont pas manqué de souligner la parenté thématique entre les deux Antonio, celui du *Marchand de Venise* et celui de *La Nuit des Rois*, qui donnent tout ce qu'ils ont à un ami aventureux et encourent des dangers pour lui venir en aide.

La présence de Sebastian et de Viola, rendus identiques, crée des quiproquos. Sir Andrew, informé par son ami Belch que le jeune Cesario, qu'il considère comme son rival auprès d'Olivia, n'a rien d'un guerrier valeureux, le provoque en duel. Après quelques hésitations et reculades burlesques, il l'affronte en pleine rue, mais tombe sur Sebastian, qui lui inflige une rossée sévère. Antonio, arrêté par les soldats du duc, qui ont reconnu en lui un ennemi de l'État, demande à Viola-Cesario, rencontrée dans ces circonstances et qu'il prend pour Sebastian, de lui rendre la bourse qu'il lui a confiée. Viola comprend que son frère est vivant, mais elle ne se dévoile pas et ne peut rien faire pour Antonio, amèrement indigné par l'ingratitude de son protégé.

Olivia rencontre Sebastian, et, pour la première fois, constate que le jeune homme n'est pas insensible à ses avances. Elle l'épouse sur-le-champ. Peu de temps après, Sebastian s'étant éclipsé pour les besoins de l'intrigue, Olivia rencontre Viola, qu'elle considère comme son époux, devant Orsino, qui soupçonne son page de félonie et de double jeu. Il éclate en fureur et exprime une jalousie multiple : dépit renouvelé devant le refus d'Olivia, et colère contre Cesario, coupable d'avoir séduit la femme qu'il était chargé de séduire par procuration.

L'arrivée de Sebastian sur la scène, où il retrouve sa sœur, se voyant lui-même comme dans un miroir, met fin à l'imbroglio. Orsino comprend alors que le dévouement de Cesario était motivé par l'amour de Viola. L'amour appelle l'amour, et l'on assiste à l'une des nombreuses péripéties en forme de conversion instantanée que l'on trouve dans Shakespeare. Orsino transfère sur Viola l'amour qu'il éprouvait pour Olivia, tout comme Roméo de Rosaline à Juliette. Orsino trouve en Viola un écho de son désir – désir d'amour, désir d'être aimé.

L'intrigue secondaire est pendant ce temps également arrivée à son terme. Elle tourne autour de l'intendant Malvolio et de la vengeance cruelle que le groupe des domestiques et des deux gentilshommes débauchés organisent contre lui. Malvolio joue le rôle du trouble-fête, ennemi du vin, de la musique et du gaspillage. Selon lui, la nuit est faite pour dormir, non pour s'esbaudir bruyamment, en tout il respecte les normes et il est économe à tous les sens du mot. Méprisant envers les domestiques subalternes, arrogant envers les parasites qui vivent chez sa maîtresse et dont il menace de dénoncer les frasques, il suscite un complot visant à le ridiculiser. Maria, imitant l'écriture de sa maîtresse, laisse traîner au milieu du jardin une lettre signée *la malheureuse fortunée*, et adressée à un certain M.O.A.I., sorte d'anagramme abrégé où Malvolio croit reconnaître son nom. Tout dans la lettre indique qu'il en est le destinataire, que la comtesse a trouvé ce moyen pour lui avouer un amour inavouable. Mais l'auteur de la lettre prétend faire fi des préjugés de caste, et, pour savoir si son amour est partagé, demande au destinataire de répondre par des signes imposés : sourire à chaque instant, porter des bas jaunes et des jarretières à la manière des damoiseaux, ce qui oblige le puritain Malvolio à contrarier ridiculement son caractère et ses habitudes.

Olivia, non informée du stratagème, croit que Malvolio est devenu fou, et le fait enfermer. Ses ennemis se déchaînent contre lui, de sorte que la sympathie du public tend à virer en sa faveur. Il devient pathétique et fait penser à

Shylock. Comme ce dernier, il est attaché à la lettre plutôt qu'à l'esprit, et en l'occurrence aux lettres, qu'il épelle en croyant leur trouver une valeur d'engagement. Il s'accroche au billet qu'il a trouvé de la même façon que Shylock s'appuie sur l'Ancien Testament, sur la loi, sur le contrat qu'il tient en main. Et, comme lui, il est rejeté par une société vouée à l'oisiveté, et aux jeux de l'amour. Comparé à Lope de Vega ou à Marivaux, qui respectivement dans *Le Chien du jardinier* et dans *Les Fausses Confidences*, mettent en scène un intendant amoureux de sa maîtresse et le mènent, après les vicissitudes d'usage, jusqu'au couronnement de ses vœux, Shakespeare semble n'avoir que de la méfiance contre cette catégorie sociale intermédiaire entre la noblesse et le peuple, et l'on remarque que les nobles et les domestiques se liguent contre Malvolio, au point que Sir Toby épouse Maria pour la récompenser du tour qu'elle lui a joué.

La classe que représente Malvolio est puritaine, travailleuse, ennemie de la fête et du théâtre. Il y a quelque chose de prophétique dans les dernières paroles qu'il prononce :

> Je prendrai ma revanche sur toute votre clique !

La revanche est venue quarante ans après, quand la révolution puritaine a aboli les théâtres et la douceur de vivre. C'est peut-être ce climat restituant une *dolce vita* imaginaire qui continue de séduire le public. Une intrigue pleine de rebondissements et toujours transparente malgré les complications qui vont en s'accroissant, une écriture d'une élégance suprême, un jeu d'ombres et de lumières qui donne du relief, l'approfondissement des thèmes et le caractère récapitulatif de la composition font de *La Nuit des Rois* un exemple de perfection littéraire.

Peut-être Shakespeare a-t-il senti, en 1601, que cette perfection presque trop lisse représentait un aboutissement et que le moment était venu d'ouvrir des directions nouvelles.

VIII

LES COMÉDIES DRAMATIQUES ET PROBLÉMATIQUES

On les appelle en anglais *Problem Plays*, ce qui à l'origine indiquait seulement qu'on ne savait pas dans quelle catégorie les classer. Le terme a été conservé, mais le sens a changé. Le problème soulevé ne concerne pas seulement la forme mais le fond, et amène à s'interroger sur la signification de la pièce.

Les trois œuvres considérées ici semblent conçues comme des paraboles ou apologues, constructions plus ou moins allégoriques et tendant à démontrer une thèse. Mais la thèse elle-même échappe à l'analyse, ou du moins donne lieu à des controverses. C'est comme une fable dont la morale demeurerait informulée et énigmatique. La tension intellectuelle qui en résulte obscurcit la lisibilité de l'action ; l'enchaînement des faits, les motivations des personnages, semblent avoir plus de signifiance que de vraisemblance.

Malgré les différences, ces trois œuvres ont en commun une certaine quantité de matériel thématique. Il y est question de sexualité, de mariage et de concubinage, ainsi des valeurs ou des réprobations qui leur sont attachées. On y parle aussi d'honneur, de chevalerie, de vertu, de leurs contraires, et des attitudes cyniques ou sceptiques qui mettent en doute la validité de ces notions. Tout cela laisse entrevoir des œuvres plus édifiantes, ou dérangeantes, que divertissantes.

Tout est bien qui finit bien

(*All's Well That Ends Well*)
Date approximative 1603. Première publication en 1623.
1 468 vers. 1 361 lignes de prose.

Des trois pièces dites problématiques, c'est la moins problématique, la plus simple, la plus linéaire, malgré la dualité de l'intrigue. Elle adapte pour la scène l'histoire de Gilette de Narbonne, ou « Le Mari retrouvé ». Ce conte fait partie de la troisième journée du *Décaméron*, celle « où l'on traite de personnages qui, grâce à leurs efforts, parviennent au but de leur désir ou retrouvent un bien qu'ils ont perdu ».

Les efforts en question prennent surtout la forme de la ruse, du stratagème, de sorte que tous ces contes forment de bons scénarios de comédie, mais dans *Tout est bien qui finit bien*, le ton reste grave, sauf dans l'intrigue secondaire, l'histoire de l'imposteur démasqué.

L'action se déroule en France et en Italie. Dans un château du Roussillon vivent une orpheline et un orphelin. Helena, ou Hélène, fille d'un médecin, et Bertrand, devenu comte de Roussillon depuis la mort de son père. Hélène aime Bertrand depuis toujours, tout son être en est imprégné, tandis que Bertrand, occupé des rêves de gloire militaire dont l'entretient son compagnon Parolles, *miles gloriosus* et commentateur cynique, ne fait pas attention à elle.

Bertrand est appelé à la cour. Hélène se languit, elle n'a même plus la consolation de repaître sa vue de cette sorte de frère de lait et de fiancé imaginaire que le jeune comte constituait pour elle. La comtesse de Roussillon, mère de Bertrand, devine le penchant mal dissimulé de sa pupille et lui donne quelque espoir. Cette comtesse, qui n'a pas d'équivalent dans Boccace, représente une innovation originale. Habituellement, une douairière s'oppose à la mésalliance de son fils.

Hélène trouve une occasion de se rendre à Paris. Le roi de France souffre d'une fistule mortelle et elle propose de le guérir grâce à un remède rare que lui a transmis son père. Le roi, dont le cas est jugé désespéré par ses médecins, refuse de se prêter à une tentative si hétérodoxe. Avant de le guérir, Hélène doit donc le convaincre, ce qui donne lieu à un échange de tirades en vers rimés qui ont sur le roi, comme sur les spectateurs, un effet envoûtant. Cela donne à l'héroïne une dimension légendaire, rappelant les fées ou magiciennes des contes, envoûtées à leur tour, malgré leur pouvoir surnaturel, par un attachement amoureux qui les enchaîne à une créature terrestre.

Le roi est guéri, Hélène lui demande un mari en récompense, Bertrand de Roussillon. Celui-ci proteste avec indignation. Un tel mariage est indigne de son rang. De plus, cette fille qu'il connaît depuis toujours ne l'intéresse pas, et, avant de se marier, jeune comme il est, il veut connaître la vie, c'est-à-dire la guerre. Hélène renonce dignement à son projet, mais le roi n'accepte pas la désobéissance de son vassal et contraint Bertrand à épouser la fiancée qu'il lui donne.

Le mariage est célébré, mais non consommé. Bertrand, accompagné de l'inévitable Parolles, part pour l'Italie où la guerre fait rage entre deux principautés. C'est l'occasion pour lui de s'initier à la vie adulte. Il laisse à sa femme une lettre qui équivaut à une répudiation : il ne la reconnaîtra pour sienne que quand elle aura au doigt la bague qu'il porte et qu'elle aura mis au monde un enfant procréé par lui.

On reconnaît un thème narratif cher à Boccace, l'épreuve impossible. Hélène, qui a rejoint le château de Roussillon, épouse vierge et comtesse humiliée, n'y reste pas et part en pèlerinage. Elle aperçoit son mari à Florence. Il a acquis la réputation qu'il cherchait et c'est maintenant la saison des amours. Il cherche à séduire une jeune fille prénommée Diana et lui promet de l'épouser quand il sera libéré de l'épouse que le mauvais sort lui a imposée. Hélène profite alors de l'occasion. Se faisant connaître de la jeune Florentine et de sa mère, elle les convainc d'organiser un piège pour Bertrand. Diana obtient de lui l'anneau qu'il porte au doigt, en échange de ce qu'il désire, et Hélène se substitue à la jeune fille dans le lit où elle l'a invité.

Des rumeurs ayant annoncé la mort de sa femme,

Bertrand rentre en France et obtient le pardon du roi. Mais Diana et sa mère, ainsi qu'Hélène, qui reste dans l'ombre, le poursuivent et portent plainte contre lui auprès du roi, pour violation de promesse. Diana, instruite par Hélène, joue le rôle de la jeune fille séduite et abandonnée. Bertrand se défend maladroitement, par des dénégations contradictoires et des mensonges, puis finit par avouer qu'il a entretenu un commerce amoureux avec la jeune Italienne, mais qu'il la considère comme une prostituée. C'est parce qu'elle a profité de sa naïveté qu'elle a obtenu son anneau, il aurait pu jouir d'elle « au prix du marché ». Tout cela met Bertrand en mauvaise posture, et plus encore, quand le roi voit à son doigt un anneau qu'il a lui-même donné à Hélène. Il est alors soupçonné d'avoir tué sa femme.

Alors que les spectateurs attendent que l'apparition d'Hélène éclaircisse la situation, une complication presque burlesque se produit : Diana brusquement retire sa plainte, se proclame intacte et absout Bertrand du délit qu'elle lui imputait. Le roi, qui n'y comprend plus rien, et voit dans cette mascarade un crime de lèse-majesté, ordonne qu'on envoie tout le monde en prison. C'est alors qu'Hélène arrive sur la scène, portant l'anneau de Bertrand et les signes de la fécondation exigée. Bertrand demande pardon et promet d'aimer sa femme toujours et tendrement, en un simple distique qui, comme à chaque fois qu'un personnage shakespearien opère une conversion instantanée, notamment sous le coup du repentir, a été jugé expéditif et invraisemblable. Mais la causalité de la grâce ne s'insère pas dans un processus prévisible. Shakespeare a brusqué la péripétie finale de façon à la rendre plus irrationnelle que chez Boccace, et c'est cette irrationalité qui en fait le prix. Les choses sont d'ailleurs moins simples qu'elles paraissent, et le revirement de Bertrand a peut-être des causes de nature érotique, autant que mystique, car Hélène fait allusion au plaisir éprouvé par son partenaire pendant la nuit où eut lieu la substitution. L'amour offert sans retenue ni pudeur peut agir comme un révulsif, il peut aussi constituer un moyen de séduction. Bertrand passe d'une réaction à l'autre.

L'intrigue secondaire équilibre de son poids spécifiquement masculin l'intrigue principale, essentiellement féminine. Parolles est un vantard, un parasite, un mauvais conseiller, non dénué d'humour mais privé du courage guerrier dont il ne fait preuve qu'en paroles. Les compagnons d'armes de Bertrand, chagrinés de le voir accorder sa confiance à un imposteur, mettent celui-ci à l'épreuve en lui tendant un piège. Capturé par de pseudo-ennemis, il trahit ses amis pour échapper aux mauvais traitements. Quand ses faux tourmenteurs lui enlèvent le bandeau qu'il a sur les yeux et se dévoilent, il est dévoilé lui aussi.

Il y a des liens entre les deux intrigues, qui tendent à faire de la pièce un apologue moral. Comme dans *Beaucoup de bruit pour rien*, elles tendent à démontrer qu'il y a deux sortes de tromperies, maléfiques ou bénéfiques selon les fins recherchées, et l'on peut en tirer une sorte de casuistique justifiant l'emploi d'expédients indélicats pour de bonnes causes. D'autre part, le piège qui révèle l'imposture de Parolles sert de modèle aux épreuves subies par Bertrand quand il est mis publiquement en accusation et qu'il révèle les lacunes de l'honneur masculin. Représentatif en cela de l'idéal aristocratique, il se conduit en homme d'honneur avec ses pairs et à l'égard des servitudes militaires. Avec les femmes, il use d'un autre code, fondé sur le mépris et la duplicité, que ce soit pour conquérir ou pour répudier.

De là vient la possibilité d'une lecture éthique de la pièce, l'intrigue fonctionnant selon le schéma dénonciation-châtiment-repentir. De plus, le dialogue contient de nombreux commentaires aphoristiques. Plusieurs personnages ont un rôle chorique, comme Lafeu, vieux gentilhomme débonnaire et lucide, incarnation de l'honnêteté d'autrefois, ou comme le seigneur anonyme qui prononce ces paroles devenues proverbiales :

> La trame de notre vie est faite de fils mêlés, le bien et le mal ensemble ; nos vertus seraient trop fières si nos fautes ne venaient les fouailler, et nos crimes feraient notre désespoir sans le réconfort de nos vertus.

Il y a peut-être autre chose dans la pièce que des leçons de morale. Les personnages ont ceci de particulier qu'ils n'invitent pas les spectatrices et les spectateurs à s'identifier à eux – du moins les deux personnages principaux. Ils se tiennent à distance du public. Même si l'on s'abstient de juger Hélène selon des critères naïvement réprobateurs, il est difficile de la proposer comme modèle de conduite. Cela explique peut-être la froideur du public, qui aime à se projeter en imagination dans des personnages pathétiques ou idéalisés.

Certains commentateurs ont cependant proposé une vision plus généreuse du personnage. Selon eux, la quête amoureuse et matrimoniale d'Hélène ne se réduit pas à la satisfaction d'un désir égoïste et obsessionnel, ce n'est pas non plus Vénus tout entière à sa proie attachée, mais un élan mystique, une aspiration au don total de soi, une vocation exigeante. Cette conception s'accorde avec l'intensité spirituelle du texte, qui rappelle ou annonce celle des poètes métaphysiques.

Il existe une autre manière d'analyser *Tout est bien qui finit bien*. On peut y voir une sorte d'allégorie anthropologique sur les origines du mariage et de la monogamie.

Les personnages non burlesques, les femmes surtout, mais également tous ceux qui représentent la société, l'ordre, les institutions, se liguent pour pousser Bertrand au mariage, qui n'en veut pas, du moins tant qu'il ne s'est pas émancipé, tant qu'il n'a pas goûté à la liberté, loin du château familial ou du palais royal où il se sent dominé et enfermé. Transformée en vaudeville, la pièce pourrait s'intituler *Le Mari malgré lui*, ou *La Corde au cou*, ou *La Bague au doigt*, ou, pour faire pendant à une farce écrite quelque dix ans plus tôt, *Le Célibataire apprivoisé*.

Mais cette comédie dramatique n'appartient pas au genre de la farce, malgré la situation insolite et piquante par laquelle elle commence. Il n'est pas conforme aux traditions qu'une jeune fille demande un homme en mariage. Pourtant, cet événement paradoxal ne fait peut-être que résumer symboliquement une donnée très ancienne : l'institution du mariage monogamique. Bernard Shaw, habituellement condescendant envers Shakespeare, mettait Hélène au-dessus de ses autres héroïnes : il voyait en elle l'image de l'éternel féminin.

Mesure pour mesure

(*Measure for Measure*)
Date approximative 1604. Première publication en 1623.
1 653 vers. 1 052 lignes de prose.

Le titre vient des Évangiles de saint Matthieu (VII. 1), de saint Marc (IV. 24) et de saint Luc (VI. 38) mais le plus approprié des trois est celui de Matthieu :

> Ne jugez pas, afin que vous ne soyez pas jugés, car vous serez jugés par le jugement dont vous jugez, et vous serez servis avec la même mesure que celle avec laquelle vous mesurez.

Comme dans beaucoup de cas, la pièce elle-même vient de plusieurs sources, principalement d'une pièce en vers de George Whetstone (1550-1587) intitulée *Promos et Cassandra* (1578), elle-même fondée sur une nouvelle de Cinthio, inépuisable fournisseur de scénarios, en particulier celui d'*Othello*. Le thème est ancien : l'abus de pouvoir et l'extorsion sexuelle. Le ressort dramatique également : le dilemme douloureux.

Dans la pièce de Whetstone, un jeune homme accusé à tort de viol est condamné à mort. Sa sœur demande sa grâce au juge, qui la lui promet à condition qu'elle se soumette à ses désirs. Une fois l'acte consommé, le magistrat revient sur sa décision et ordonne l'exécution du condamné. Mais le geôlier ne lui obéit pas et, pour donner le change, lui envoie la tête coupée d'un autre condamné. Cassandra, l'héroïne, croyant son frère mort, se plaint auprès du roi qui, tirant l'affaire au clair, condamne le juge à épouser la femme qu'il a déshonorée, puis à être exécuté. Mais Cassandra demande la grâce de ce mari indigne, que le roi lui accorde quand il apprend que le frère de la suppliante n'est pas mort.

Tout en suivant ce canevas, Shakespeare ne l'a pas seulement étoffé, il l'a modifié et il a construit un édifice dramatique qui tient de la pièce à thèse, à cette nuance près que les commentateurs s'interrogent sur le contenu de cette thèse.

La pièce de Whetstone se passe à Innsbruck, celle de Shakespeare à Vienne, mais cette proximité géographique est illusoire. *Mesure pour mesure* se situe dans une utopie, lieu imaginaire et laboratoire également imaginaire où un potentat tente l'expérience de faire coïncider la réalité avec un certain idéal de pureté orthodoxe.

Le duc de la cité, Vincentio, a laissé, par indulgence ou par manque d'énergie, les mœurs se dégrader, aussi décide-t-il de confier le pouvoir à un homme connu pour sa rigueur, l'austère Angelo. Il prétend partir en voyage et remet son autorité à son protégé. En réalité, il reste sur place, déguisé en moine. Présent et caché, il voit tout, comprend tout, intervient à chaque fois que c'est nécessaire. Son ubiquité et son omniscience lui donnent une fonction quasi divine. Tout ce qu'il fait et laisse faire constitue une mise à l'épreuve de ses sujets.

Angelo veut créer un État dans lequel la morale et la loi se confondent. Il interdit la débauche et la prostitution. Pour faire un exemple, il applique la plus lourde des sanctions à la plus légère des fautes : il condamne à mort un jeune gentilhomme du nom de Claudio, coupable d'avoir rendu enceinte sa fiancée. Angelo pratique une sorte de charité inversée : Claudio est un condamné de la onzième heure.

Isabella, sœur du condamné, vient plaider pour son frère, mais, innovation importante, novice dans un couvent, elle partage l'éthique rigoriste d'Angelo. Mais elle rappelle que, si la chasteté est une vertu, la charité est une vertu encore supérieure. Angelo répond par des sophismes et par une casuistique à l'envers, justifiant la sévérité fanatique de sa sentence. Tout le dialogue entre Angelo et Isabella est un monument de subtilité rhétorique et théologique, mais d'une grande difficulté de déchiffrage pour un public peu versé dans les arguties scolastiques. Cette joute intellectuelle appartient au théâtre d'idées, elle est ardue pour les acteurs comme pour les spectateurs, mais une mise en scène qui fait d'Angelo et d'Isabella simplement deux caractères ou deux désirs qui se combattent, ou de leur relation un rapport de force entre le tyran et la victime, risque d'avoir un effet réducteur.

Angelo refuse la requête d'Isabella, et ne la refuse pas. Il lui demande de revenir plus tard. Un trouble l'envahit. La pureté virginale de la suppliante, son vêtement de novice, éveillent des désirs jusque-là inconnus de lui. Un homme qui considère la tentation sexuelle comme un sacrilège peut être conduit à l'appétit sexuel par la tentation du sacrilège. La perversité de l'esprit précède celle de la chair, d'autant plus que qui veut faire l'ange fait la bête. L'angélisme d'Angelo se transforme en satanisme, et comme Macbeth ou Proteus, qui ayant découvert le mal avec un sombre émerveillement le servent avec zèle, il devient un parfait scélérat, conscient de l'être. Cela entraîne une conséquence psychologiquement paradoxale : la conscience de soi fait que le sujet qui pratique l'introspection s'analyse comme un objet, comme s'il décrivait quelqu'un d'autre, il se dédouble. Fasciné par l'être maléfique qu'il porte en lui, il le laisse se développer.

Au cours d'une deuxième entrevue, Angelo propose à Isabella le marché infâme. Il s'y prend tortueusement, avec la même habileté argumentative que précédemment, en voulant démontrer à Isabella que c'est elle qui s'est enfermée dans une impasse puisqu'en plaidant pour un homme coupable du péché de chair, elle implique qu'un tel péché est véniel et qu'elle peut donc sans crainte le commettre elle-même, surtout pour sauver une vie, donc accomplir une action de grâce. À quoi Isabella répond que la grâce ne s'obtient pas par le péché, et que l'argument se retourne contre le juge, puisqu'il s'apprête à commettre la faute pour laquelle il a condamné Claudio. Mais la raison du plus fort l'emporte et Angelo maintient sa pression.

Isabella n'a pas l'intention de céder. Elle a une conception mystique de la chasteté. Consentir à ce viol aurait pour conséquence d'entraîner trois personnes dans la damnation, elle-même, son séducteur, et son frère, pour obtenir un prolongement d'existence au prix d'une souillure ineffaçable.

Elle rend visite à Claudio dans sa prison et lui fait part de la proposition qu'elle a reçue. À sa grande surprise, Claudio la supplie d'accepter. Bien qu'il ait été éloquemment préparé à la mort par le duc, sous son habit de moine, Claudio clame violemment son attachement à la vie et sa crainte de la mort. Une dispute brutale, réaliste, presque sordide, s'ensuit.

Beaucoup de critiques se sont montrés aussi sévères que Claudio envers Isabella, l'accusant de rigidité et de frigidité, voyant en elle l'équivalent féminin d'Angelo. Mais ces jugements relèvent d'un anecdotisme qui ne tient pas compte du climat religieux de la pièce ni de son économie générale. Isabella choisit la solution conforme à ses valeurs, tout en sachant qu'il n'y a jamais d'issue indolore. Le caractère et la trajectoire d'Isabella s'inscrivent avec logique dans l'organisation aménagée par Shakespeare, qui, à partir de là, s'écarte de ses sources, et conduit la pièce vers une conclusion moins absurde que dans *Promos et Cassandra* où l'héroïne devient amoureuse de l'homme qui a abusé d'elle et ordonné la mort de son frère.

Pour sortir du dilemme, il faut trouver un subterfuge qui, sans tomber dans les sophismes d'Angelo, permette des accommodements avec le Ciel. La solution vient naturellement du duc, usant de l'autorité que lui confère l'habit qui fait de lui un moine. Il trouve un stratagème, et en explique à Isabella le mode d'emploi, à la fois pratique et théologique. Angelo a eu une fiancée naguère, du nom de Mariana, qu'il a délaissée pour de mauvaises raisons. Qu'Isabella prétende accepter la proposition d'Angelo, et Mariana se substituera à elle dans l'obscurité. C'est le stratagème du lit, comme dans *Tout est bien qui finit bien*. Angelo commettra ainsi le péché pour lequel il a condamné Claudio. Tout se passe comme prévu mais Angelo, logique dans sa perversité, ordonne l'exécution de Claudio dont il craint la vengeance. Le duc empêche cette exécution, mais fait croire à Angelo et à Isabella qu'elle a eu lieu. Il a l'intention de les mettre l'un et l'autre à l'épreuve.

Il réapparaît à Vienne sous sa véritable identité, après avoir incité Isabella à demander justice auprès de lui sans révéler la part prise par Mariana dans l'affaire.

Un procès a lieu en plein air et en public. Isabella exprime ses doléances. Angelo nie tout, et le duc, qui fait semblant de tout ignorer, prend le parti de son substitut, de sorte que celui-ci s'enferre dans les mensonges et dans une attitude méprisante à l'égard de celle qu'il prend pour sa victime. La situation ressemble à celle qui occupe le dernier acte de *Tout est bien qui finit bien* et rappelle aussi la scène du tribunal dans *Le Marchand de Venise* quand Shylock, encouragé par le soutien apparent que lui apporte Portia déguisée en avocat, persévère dans la forfaiture.

Le duc, qui persévère lui aussi dans la dissimulation, ordonne l'arrestation d'Isabella pour dénonciation calomnieuse à l'égard d'un magistrat insoupçonnable. Coup de théâtre : Mariana apparaît et révèle le rôle qu'elle a joué. Autre coup de théâtre, inattendu et attendu, Angelo s'effondre, se repent, appelle sur lui le châtiment qu'il mérite.

Le duc rend son verdict. Il ordonne à Angelo d'épouser Mariana – c'est le mariage-réparation –, après quoi il sera exécuté. Mariana alors supplie le duc de ne pas faire d'elle une mariée et une veuve le même jour. Elle aime Angelo comme il est, et demande à Isabella d'intercéder.

Isabella abandonne tout esprit de vengeance et demande la grâce d'Angelo. C'est ce que le duc attendait, c'est le couronnement de la mise à l'épreuve. Isabella, égale à elle-même, trouve même des arguments judiciairement fondés à l'appui de sa requête charitable.

Claudio peut maintenant réapparaître, et, dernier coup de théâtre, le plus controversé de tout le théâtre shakespearien, le duc propose à Isabella de l'épouser.

Peut-être Shakespeare a-t-il voulu rappeler par cette union insolite qu'Isabella représente un idéal d'intégrité et que le duc a reconnu en elle une âme sœur. On peut imaginer aussi que l'auteur s'est souvenu de Luther, frère augustinien qui en 1525 épousa une religieuse du nom de Catherine von Bora. Ce rapprochement n'est pas incongru car écrire en 1604 une pièce à forte densité religieuse suppose que les personnages occupent une certaine position dans la Chrétienté. Angelo, par sa sévérité, son obstination à appliquer la lettre de la loi, sa hantise du péché charnel, ne pouvait pas manquer d'apparaître comme un représentant du puritanisme. Qu'Isabella représente le catholicisme se lit dans les vêtements qu'elle porte. En assumant une robe de moine, ou de frère itinérant, le duc appartient également au catholicisme, mais en redevenant duc il semble incarner un prince luthérien. Épouser Isabella, la tirer du couvent où elle s'apprêtait à entrer définitivement, implique une sorte de révolution qui est précisément celle de la Réforme. Ces allusions au luthéranisme s'accordent avec le message évangélique de la pièce, construite comme une parabole sur la justice et la charité. La scène finale évoque le Jugement dernier. Justice est rendue, mesure pour mesure, puis le pardon est accordé, après l'intercession de la vierge Isabella.

La conception allégorique de l'ensemble, visible grâce au titre et à la mise en place d'une situation utopique, n'empêche pas la pièce d'avoir une épaisseur, une rugosité, une vitalité quasi réalistes. Il y a tout un contrepoint de scènes où la gaillardise populaire détruit par la dérision l'inapplicable ordre moral dont rêve Angelo, des scènes de rue, de taverne, de lupanar. Elles n'ont cependant rien de joyeux et il règne une atmosphère plutôt sombre. Le duc lui-même est un personnage austère et sa stratégie ne vise pas à la libération des instincts.

La manière dont il traite le personnage de Lucio en témoigne. Ce Lucio, esprit satirique, sensualiste, cynique, accompagne Claudio, puis le faux moine, de ses commentaires frivoles. Il tient du parasite et du Chœur, mais c'est un chœur qui, au lieu d'exprimer la sagesse populaire, se laisse aller à un persiflage irresponsable. Pour l'avoir calomnié et avoir ainsi commis un crime de lèse-autorité, le duc le punit en l'obligeant à épouser une femme légère dont il a eu un enfant. Grand marieur, comme le roi de France dans *Tout est bien qui finit bien*, il considère le mariage comme une expiation. Ou comme un moyen de discipliner les instincts. Il se l'impose en plus à lui-même, et à Isabella, non pas pour brider les appétits anarchiques, mais peut-être pour couper court aux déviations mystiques qui écartent certains individus de la communauté. Le duc rappelle en cela l'autre duc du *Songe d'une nuit d'été*, qui veut dissuader Hermia d'entrer au couvent.

Comme *Tout est bien qui finit bien*, *Mesure pour mesure* contient une vision de la condition humaine. De la condition morale de l'humanité, c'est-à-dire du poids que la morale fait peser sur elle depuis toujours.

Même les grivoiseries ont quelque chose de crispé,

d'amer ; les plaisanteries sexuelles ne provoquent qu'un rire faussement libérateur, car on ne se libère jamais des tabous aussi profondément enfoncés dans le psychisme que les pulsions qu'ils ont pour mission de refouler. C'est ce que le duc, visiteur de « coins sombres », découvre à Vienne, comme un autre habitant de cette ville quelques siècles plus tard. Quand, sous son habit monastique, il rend visite à Claudio et à sa fiancée Juliette pour les sermonner, il ne peut que constater qu'ils sont déjà accablés de remords. Les hommes peuvent échapper au jugement, non au sentiment de culpabilité.

Troilus et Cressida

(*Troilus and Cressida*)
Date approximative 1602. Première publication en 1609.
1 469 vers. 1 132 lignes de prose.

À l'origine se trouve un poème narratif composé vers 1165 par un poète tourangeau nommé Benoît de Sainte-Maure, *Le Roman de Troie*. Sans se référer à Homère, il narre la légende de Troie, de sa fondation à sa chute. L'épisode de Troilus et de Briséis semble avoir été inventé par lui. Pendant la guerre de Troie, Troilus, fils de Priam, s'éprend de Briséis, jeune femme de statut inférieur. Elle le comble de bonheur, jusqu'au moment où, transférée chez les Grecs, elle est séduite par Diomède. Troilus désespéré court à la mort sur le champ de bataille.

De ce schéma découlent deux traditions associées et développées par les versions ultérieures : le thème de l'infidélité féminine, traité avec acerbité ou indulgence, et celui des ravages de l'amour, également traité de manière contrastée, selon que les auteurs cultivent la veine sentimentale ou satirique, ou les deux à la fois. Cette dualité persiste et culmine dans la pièce de Shakespeare.

Le Roman de Troie appartenait déjà, de manière anachronique, à la littérature de chevalerie. Mais le premier qui eut l'idée de faire de l'histoire de Troilus à la fois un roman courtois et une parodie de roman courtois fut Boccace, auteur vers 1338 de *Filostrato*, qui servit de modèle au *Troylus et Criseyde* de Chaucer. Troilo, amoureux de la jeune veuve Criseida, la courtise selon les règles formulées par des théoriciens, tel André Le Chapelain, auteur d'un célèbre *Art d'aimer* et qui, incidemment, appartenait comme Benoît de Sainte-Maure, au cercle des protégés d'Aliénor d'Aquitaine. L'amoureux vit dans un état de mélancolie permanente. *Il Filostrato*, signifie, dans son étymologie fantaisiste, l'homme terrassé par l'amour. Sa quête vise à une sorte d'extase érotico-mystique, mais non au mariage.

C'est une ascèse, une dévotion platonique, un pèlerinage intérieur. Pour respecter l'honneur et la pudeur de la dame, sa passion doit rester secrète. Quand, ne pouvant plus se contenir, il finit par se déclarer, il ne peut s'exprimer que sous une forme codée, décantée des composantes physiques de l'amour. Selon les conventions, il offre à la dame de ses pensées son dévouement en tant que serviteur, vassal, champion, adorateur, martyr, etc.

L'élément humoristique se concentre, chez Boccace, sur le personnage de Pandaro, inventé par lui et repris par ses successeurs. D'après l'étiquette de l'amour courtois, l'amoureux ne communique avec sa dame que par le truchement d'un messager. Pandaro, l'ami de Troilo et oncle de Criseida, personnage plein de bonhomie, de serviabilité, se charge de cette fonction, mais ne tarde pas à passer du rôle d'intermédiaire à celui d'entremetteur. D'où la dissonance sarcastique qui sert de leitmotiv : l'idéalisation de Criseida par Troilo contraste avec les réalités parfois sordides de l'amour.

Le poème de Chaucer, écrit environ cinquante ans après celui de Boccace, reprend l'essentiel de son prédécesseur. Comme dans le modèle, Criseyde est la fille de Calchas, devin troyen qui abandonne les siens pour rejoindre les Grecs et qui réclame sa fille en échange d'un prisonnier, de sorte que l'infidélité de l'amante confirme la trahison du père. Son Pandarus peut passer pour la première grande figure de l'humour anglais et, en s'attardant sur les ressorts psychologiques des deux défaites de Criseyde, Chaucer n'est pas loin d'inventer le roman d'analyse. L'importance donnée à l'héroïne augmente encore avec le poète écossais du XVe siècle Robert Henryson, auteur du *Testament de Cresseid*, sorte de confession pathétique et moralisatrice.

Tout change, du moins en apparence, avec Shakespeare qui, tout en ayant lu attentivement ses prédécesseurs, semble revenir au point de départ et au *Roman de Troie*. Le texte et la dramaturgie sont intenses, concentrés, rapides, poussés à l'extrême. La phase d'attente dure peu de temps, quoiqu'elle paraisse interminable à l'impatient Troilus. Il ne passe qu'une nuit avec Cressida, on la lui arrache le matin même et elle cède presque aussitôt à Diomède, séducteur expéditif. Troilus ne récite pas le bréviaire des troubadours mais, par la puissance de son désir et le degré d'intellectualisation qu'il atteint en l'exprimant, il réinvente l'érotisme sublimé qui, de la tradition courtoise au surréalisme en passant par le pétrarquisme, la préciosité, le marivaudage, le romantisme et quelques autres avatars, parcourt la littérature, sinon les mœurs. En contraste avec Troilus, Pandarus, devenu un vieillard jacasseur qui investit sa libido en déroute dans le voyeurisme et la grivoiserie, montre le revers honteux et grimaçant de l'aventure amoureuse.

Cressida, personnage énigmatique, n'est plus l'odalisque éblouissante du *Roman de Troie* ni la jeune veuve discrètement belle de Chaucer. C'est une vierge délurée, sensuellement amoureuse de Troilus, non dénuée de coquetterie ni d'esprit gouailleur, lucidement désabusée sur le rôle que joue son oncle dans la tractation. Elle semble ne comprendre qu'à moitié les discours abscons et exaltés de son amant, on est tenté de la considérer comme la partenaire adéquate d'un dialogue de sourds ou d'un drame de l'incommunicabilité, mais elle garde un certain mystère. La question de savoir si la docilité fluctuante de Cressida vient de son caractère particulier, de la nature féminine en général – ce qui impliquerait une poussée de misogynie chez l'auteur – ou de la condition que la société impose aux femmes, mérite d'être posée. Une lecture féministe pourrait contribuer au débat, en s'interrogeant sur la culpabilisation de Cressida. Un prince lui propose de vivre un grand amour, d'une qualité intense et rare, mais cette montée au ciel ne change en rien son statut terrestre. N'étant pas l'épouse de Troilus, elle doit obéir à son père, qui lui fait franchir une frontière sans retour. Renonçant à un amour grandiose mais socialement immatériel, elle doit en plus subir remords intérieurs et réprobation extérieure.

La plupart des commentateurs s'en tiennent à la leçon qui découle normalement de la litanie pathétique que prononce Troilus, cruellement invité par Ulysse à voir Cressida dans les bras de Diomède. C'est Cressida et ce n'est pas Cressida, dit-il, la Cressida de Diomède, non la mienne, exprimant ainsi la différence entre un idéal éphémèrement capturé et la réalité permanente.

Ce qui donne à *Troilus et Cressida* la réputation d'une œuvre difficile et déconcertante, ce n'est pas tant l'intrigue qui concerne les deux personnages éponymes que tout ce qui se trouve autour. Dans cette pièce très longue qui comporte une trentaine de personnages, vingt-quatre scènes, plus un prologue qui annonce un spectacle guerrier, l'histoire des deux amants n'occupe qu'un tiers du texte. Le reste est consacré aux personnages homériques – Agamemnon, Ménélas, Achille, Patrocle, l'un des deux Ajax, Diomède, Nestor, Ulysse, du côté grec ; Priam, Hector, Andromaque, Pâris, Hélène, Cassandre, Énée, et quelques autres, du côté troyen, présentés parfois d'une manière burlesque qui fait presque penser à *La Belle Hélène*. Mais la difficulté vient surtout de l'impression d'éclatement que donne la pièce. Les discours, les débats, les scènes de farce, les conversations frivoles, les épisodes saugrenus ou cruels, les actes de courage ou de lâcheté, les commentaires choriques ou les invectives ordurières, se suivent de manière décousue.

On peut en déduire que cet éparpillement est voulu et que Shakespeare, s'il avait l'intention de miner l'idéologie épique, devait traduire ce dessein dans la forme même, d'où l'impression d'un drame détraqué, discontinu.

Si, cependant, on donnait un titre à la partie homérique, ou pseudo-homérique de la pièce, elle pourrait s'intituler « La mort d'Hector », et cela établirait un fil conducteur. D'autre part, en plus de l'enchâssement mutuel des deux actions, la pièce s'articule sur un contraste non seulement spatial, mais moral entre les Grecs et les Troyens. Les Grecs sont froids, calculateurs, machiavéliques. Les discours que prononcent leurs chefs, Agamemnon, Nestor et surtout Ulysse, dont la longue tirade sur la hiérarchie comme ciment de toute société et force principale des armées figure dans nombre d'anthologies, ne manquent pas de puissance intellectuelle et rhétorique. Mais cette philosophie politique ne vise qu'à l'efficacité guerrière. Les Grecs se battent pour anéantir la ville de Troie, non pour venger l'honneur.

Après la grande scène des discours, la stratégie tombe dans le dérisoire. Ulysse se lance dans des manœuvres comiques pour convaincre Achille de sortir de sa bouderie, en jouant sur son amour-propre. Il y a une suite de saynètes burlesques et futiles, mais assaisonnées par les commentaires saumâtres de Thersite, bâtard méprisé et poltron pathétique, qui traverse toute la pièce en invectivant la guerre et ceux qui la font.

Du côté des Troyens, le ton est différent. Ce sont des idéalistes qui font de l'honneur la valeur suprême et qui débattent entre eux sur la question de savoir quelle est la décision la plus apte, non pas à assurer la victoire et la survie de leur cité, mais à maintenir leur honneur. À la guerre, ils pratiquent des règles de chevalerie dont l'anachronisme souligne l'inefficacité. Sourds aux avertissements de Cassandre et d'Andromaque, ils courent à leur perte. Hector, au lieu de périr, comme dans l'*Iliade*, au terme d'un long combat singulier, est assassiné lâchement par une meute de Myrmidons commandés de loin par Achille qui venge ainsi la mort de son mignon Patrocle. À la fin de la pièce, au cours d'une bataille confuse et cacophonique, Troilus affronte Diomède. L'issue du combat reste douteuse. Troilus n'a pas les honneurs d'une mort héroïque, et la pièce se termine sur des vers de mirliton obscènes et aigrelets, que prononce Pandarus. Le dernier mot est *maladies*, et il faut comprendre maladies honteuses. C'est la seule pièce de Shakespeare qui s'achève sur une dissonance, sans la moindre esquisse de catharsis.

La proximité dans le temps du *Don Quichotte* de Cervantes, dont la première partie fut publiée en 1605, invite à une comparaison éclairante. Les valeurs et les règles de la chevalerie n'ont pas plus d'efficacité en ce début du XVIIe siècle que dans une antiquité homérique délibérément caricaturée.

Mais la chevalerie comme le code d'amour courtois ont toujours été anachroniques et irréalistes, et Shakespeare, dans cette pièce où s'exerce un scepticisme corrosif, avait peut-être d'autres cibles en vue que des conventions livresques et d'un autre âge. Il y a quelque chose de prophétiquement pascalien dans cette sorte de sermon dramatique que constitue *Troilus et Cressida*. Misère de l'homme sans Dieu ? L'amour, l'honneur, la guerre, l'ordre, sont des idoles proprement humanistes, au sens où l'humanisme implique une morale coupée de toute religion et de toute autorité divine, de même que l'érotisme ésotérique auquel croit Troilus se coupe des institutions sociales et ecclésiastiques. Il ne propose pas de mariage à Cressida parce qu'il célèbre lui-même un mariage à sa façon, selon des rites qu'il est seul à connaître et qu'il estime supérieurs à ceux de la religion. C'est peut-être l'orgueil humaniste que visait Shakespeare, et malgré le support choisi, il n'y avait pas de danger d'anachronisme.

IX

LES TRAGI-COMÉDIES FABULEUSES

Vers l'année 1608, une mutation se produisit dans la poétique du drame shakespearien. Les prémices existaient dès les premières comédies, mais il fallut atteindre la dernière période pour voir fleurir des œuvres d'un genre nouveau. Nouveau et ancien, puisqu'il remonte aux origines de la littérature.

Le terme que Coleridge a appliqué à ces œuvres, en les appelant les *Romances*, en témoigne. Il désigne habituellement des récits en vers ou en prose, situés dans des paysages inconnus ou transfigurés, et contenant des événements qui matérialisent les peurs ou les souhaits qu'entretient l'imagination.

Les comédies de Shakespeare, comme la plupart des comédies, se terminent par des retrouvailles, des réconciliations, des mariages. Pour amener de telles conclusions, des événements providentiels se produisent, mais l'auteur les a intégrés au mécanisme de l'intrigue. Son art consiste à donner une apparence plausible à ce qui ne l'est pas, au hasard le visage de la nécessité, à nouer des nœuds qui contiennent les causes de leur propre dénouement.

Dans les tragi-comédies fabuleuses, il arrive que le *deus ex machina* le soit visiblement au sens propre, c'est-à-dire une intervention surnaturelle, extérieure aux données initiales. Il faut également prendre le mot *machina* au sens propre, car ce type de théâtre utilise des appareils mécaniques pour faire apparaître ou disparaître les détenteurs de pouvoirs extraterrestres.

On pourrait observer que les définitions données ci-dessus s'appliquent au *Songe d'une nuit d'été*. C'est exact mais il faut préciser que les œuvres de la période finale se définissent également comme des tragi-comédies. Ce ne sont pas des amours contrariées qui forment le nœud de l'intrigue, mais la menace de la mort. L'optimisme final implique une victoire sur la mort, c'est-à-dire sur la plus inévitable des fatalités. Cela a des conséquences d'ordre métaphysique.

En revenant à une tradition fabuleuse tout en conservant des schémas potentiellement tragiques, Shakespeare prenait des risques. Il lui fallait retrouver une certaine fraîcheur d'imagination mais sans forcer sur les artifices et les accessoires, sans renoncer à la vigueur intellectuelle et à la lucidité d'observation qui caractérisent ses œuvres immédiatement antérieures.

Périclès, prince de Tyr

(*Pericles, Prince of Tyre*)
Date probable 1608. Première publication en 1609.
1 898 vers. 470 lignes de prose.

Fondée sur un type de récit qui paraît incompatible avec l'art dramatique, cette œuvre ne ressemble à rien de ce que Shakespeare a composé auparavant. D'autre part, deux caractéristiques semblent indiquer qu'il ne l'a pas écrite seul, qu'il s'est adjoint un confrère pour mettre en mouvement une pièce d'un genre nouveau ou qu'il a continué une entreprise commencée par quelqu'un d'autre. Les deux indices sont les suivants : *Périclès*, publié en 1609 de façon peu satisfaisante, ne figure pas dans la grande édition de 1623. Heminge et Condell avaient peut-être des raisons de penser que cette œuvre ne contenait pas assez de substance shakespearienne pour être incluse dans un volume annoncé comme étant celui de l'authenticité et de l'exhaustivité. Il se peut aussi que Shakespeare ait par modestie minimisé la part qu'il avait prise à la composition de *Périclès*.

Indépendamment des conjectures historiques, la lecture

du texte montre une différence de style. Les deux premiers actes ne sonnent pas comme du Shakespeare, mais dès le troisième acte, sa présence éclate et se maintient jusqu'à la fin.

La pièce est tirée d'un conte écrit par le poète John Gower (1330-1408), contemporain de Chaucer, auteur d'un recueil intitulé *Confessio Amantis.* Ce sont des histoires qui donnent des exemples édifiants d'héroïsme et de patience. L'histoire d'Apollonius de Tyr, qui devient Périclès, a circulé un peu partout. Elle illustre le goût qu'avait le Moyen Âge pour les récits de voyages et de rencontres étranges, suites d'épisodes où un héros accomplit des exploits et subit des épreuves.

Dans *Périclès*, les épreuves sont plus nombreuses que les exploits. Prince errant parti à l'aventure, Périclès conquiert le bonheur, le perd, et le retrouve enfin. Ployant sous les vicissitudes de la fortune, la violence des éléments et l'ingratitude des hommes, il décline vers une passivité poignante et résignée. Il y avait dans le texte de Gower un élément qui ne pouvait pas manquer de stimuler l'imagination de Shakespeare, le thème du voyage et de la mer, de la vie comparée à une traversée périlleuse, à un pèlerinage ardu. En adoptant l'histoire d'Apollonius comme trame dramatique, l'auteur, ou les auteurs, matérialisaient la métaphore. La mer et les navires devenaient le décor de l'existence, les tempêtes et les naufrages ses principaux événements.

La transition du récit à la scène s'opère par l'intermédiaire de Gower lui-même, présent dans le rôle du Chœur. Il commente les événements, les annonce, les situe ; il résume les parties manquantes, puisque l'action se déroule sur toute une vie. Il s'exprime le plus souvent en octosyllabes rimés, comme dans ses œuvres, de sorte que les prologues contiennent un élément de pastiche. Le dépaysement stylistique rend difficile l'identification de l'auteur, mais l'attribution à Shakespeare des imitations de Gower n'est pas impossible.

La biographie de Périclès commence par une demande en mariage assortie d'une énigme. La belle princesse de Syrie sera accordée à celui qui la résoudra, situation fréquente dans les contes, qui rappelle *Le Marchand de*

Venise, mais traitée ici de manière étrange. L'énigme qui, comme dans la légende de Turandot, a pour dessein de dissuader les prétendants, révèle que la princesse convoitée entretient avec son père Antiochus des relations incestueuses. Périclès est tombé dans un piège. Il détient un secret dangereux. Ayant rencontré le mal, il est poursuivi par lui. Cet épisode est parfois interprété comme signifiant la prise de conscience du péché originel, la naissance d'un sentiment diffus de culpabilité, comme si le désir engendrait irrésistiblement le remords, d'où un besoin de purification et de rédemption, un réflexe de fuite et d'errance.

Périclès doit fuir le paradis de sa jeunesse innocente, poursuivi non seulement par ses démons intérieurs, mais par les sbires d'Antiochus.

Son errance commence par une bonne action. Il se rend à Tarse sur un navire chargé de blé et sauve la ville de la famine. Ayant repris la mer, il fait naufrage. Seul survivant, il arrive à la nage à Pentapolis. Tel Ulysse en Phéacie, il est reçu par le roi Simonides, et, plus heureux cette fois, gagne la main de la princesse Thaisa.

Ayant appris qu'Antiochus et sa fille sont morts, brûlés par le feu du Ciel, il décide de repartir pour Tyr. Une nouvelle tempête éclate, effroyable. Périclès invoque en vain le dieu de la mer, dans un discours d'une extraordinaire intensité poétique qui signale l'arrivée de Shakespeare dans la pièce. Jusque-là l'auteur du texte n'est guère identifiable.

Dans le fracas de l'orage, Thaisa donne naissance à une fille, et meurt. Les marins, superstitieux, exigent que son corps soit jeté dans la mer. Périclès s'y résout, désespéré. La tempête s'étant calmée, il retourne à Tarse afin de confier sa fille, qu'il a appelée Marina parce qu'elle est née en mer, au gouverneur de la ville qu'il a naguère secourue. Le gouverneur Cléon et sa femme Dionyza recueillent l'enfant. Périclès reprend son errance.

Pendant ce temps, le cercueil de Thaisa, flottant sur la mer, est arrivé à Éphèse. Le médecin Cérimon, possesseur de secrets, redonne vie à la jeune femme au cours d'une séance de guérison à laquelle contribue une musique suave et solennelle. La musique répare ce que la tempête a détruit, selon un symbolisme de plus en plus souligné. Thaisa, croyant son mari noyé, renonce au monde et devient prêtresse dans le temple de Diane, comme Emilia dans *La Comédie des erreurs*.

Les années passent. Marina est devenue une jeune fille accomplie. Mais Cléon et Dionyza, ses tuteurs, la haïssent parce que ses talents, ses vertus, sa beauté portent ombrage à leur fille. Ils ordonnent de la faire assassiner, mais emmenée sur le rivage par un tueur, elle est capturée par des pirates qui l'emmènent à Mytilène et la vendent à une maison de prostitution. Le tenancier et la tenancière proclament dans toute la ville qu'une vierge rare se tient à la disposition du plus offrant. Les clients accourent, mais Marina les dissuade. Les scènes de lupanar sont d'une drôlerie presque souriante.

Le gouverneur de Mytilène, Lysimaque, rend visite à Marina, en tant que client potentiel. Après l'avoir entendue, il la libère. Ne révélant rien de son identité, elle vit désormais de ses talents de musicienne, de danseuse et de brodeuse, mais verse ses gains à la maquerelle à qui elle appartient toujours.

Périclès, toujours errant et inconsolable, se rend à Tarse avec l'intention de voir enfin sa fille. Cléon et Dionyza – chez qui on entend des échos de Lady Macbeth – la prétendent morte de maladie et lui font voir un tombeau trompeusement érigé en son souvenir. La scène est mimée par les acteurs et narrée par Gower.

Périclès reprend la mer, mais la violence des éléments le laisse indifférent. Il transporte sa tristesse de rivage en rivage. Son navire le conduit à Mytilène. Son état de mélancolie frappe tellement les habitants de la ville qu'ils proposent le meilleur remède qu'ils puissent trouver : la présence de Marina, de sa douceur, de sa musique, de ses paroles consolatrices.

S'ensuit une scène de reconnaissance, comme il y en a beaucoup dans Shakespeare ; celle de *Périclès* est la plus longue, la plus hésitante, la plus poignante de toutes. La scène commence en musique, car Marina chante pour rasséréner le voyageur inconnu, et se termine en musique, mais la deuxième fois seul Périclès l'entend. Ayant d'abord refusé de croire au miracle, il l'accepte enfin, et après une grande envolée lyrique où il clame sa gratitude envers les dieux, il tombe dans une extase qui fait trembler l'assistance. Il entend la musique des sphères, l'harmonie céleste décrite par Lorenzo dans *Le Marchand de Venise* et que seules connaissent les âmes libérées de leur bourbeux vêtement de corruption.

Après son expérience mystique, Périclès s'endort. Il voit dans une vision Thaisa qui l'appelle d'Éphèse.

Les épreuves sont terminées, les méchants sont punis, la famille est réunie, Marina épouse Lysimaque. Mais on reste sur l'impression produite par la scène extatique où Périclès est transporté intérieurement au ciel. C'est cette intériorité invisible et inaudible qui donne toute son intensité à l'élément surnaturel, car elle associe l'imagination à la spiritualité.

Cymbeline

(*The Tragedy of Cymbeline*)
Date approximative 1609. Première publication en 1623.
2 910 vers. 474 lignes de prose.

Quand on passe de *Périclès* à *Cymbeline*, on retrouve une dramaturgie plus familière, des thèmes et des paysages plus typiquement shakespeariens. Pourtant, les innovations, les mutations spirituelles apportées par *Périclès* sont désormais intégrées à la conception artistique.

Cymbeline, pièce très longue, aussi longue à quelques lignes près que *Troilus et Cressida*, est une construction très complexe, une sorte de puzzle ou de mosaïque, qui a longtemps déconcerté le public.

Les questions de forme ont leur importance. Les tragicomédies de la dernière période ne se définissent pas seulement par une aspiration nostalgique à retrouver le monde fabuleux des origines de la littérature, à entreprendre des voyages imaginaires ou des voyages dans l'imaginaire, à inventer des expériences et des aventures menant au-delà du visible. Des expériences et des aventures, Shakespeare en entreprend aussi dans le domaine de l'art. Dans *Cymbeline*, il reprend des thèmes traités auparavant et leur donne une sorte de concentration synthétique, de netteté dans les contours, qui lui permet de les exploiter précisément comme des thèmes, de les combiner entre eux, d'en faire les motifs d'une véritable composition. De toutes les œuvres de Shakespeare, *Cymbeline* est celle qui ressemble le plus à de l'art abstrait. Non pas à un tableau fait de lignes ou de volumes simples et géométriques, mais à une construction exubérante, quoique organisée.

La complication de l'intrigue, ou plutôt des intrigues superposées, provenant de sources diverses, renforce cette impression de recherche inventive.

Le matériau narratif et dramatique vient de trois sources : les *Chroniques* de Holinshed, car Cymbeline est censé avoir régné en Bretagne du temps d'Auguste. On retrouve, comme dans *Le Roi Lear*, la Bretagne celtique et antique, mais sans couleur locale. Un conte de Boccace, le neuvième de la deuxième journée du *Décaméron*, où « il est traité de ceux qui, victimes de rudes assauts, n'en parviennent pas moins, contre tout espoir, à une fin heureuse ». C'est l'histoire de Bernabo de Gênes, de sa femme Ginevra, injustement soupçonnée, et du fourbe Ambrogiuolo. À ces deux sources s'ajoutent des textes divers, narratifs ou dramatiques, d'où Shakespeare a tiré de nombreux détails.

Cymbeline, roi de Bretagne, est un homme plein de dignité, ombrageux, royalement inintelligent. Jadis il a commis une injustice envers un seigneur qui, pour se venger, a ravi ses deux garçons et s'est enfui. Veuf, il a épousé une femme perfide qui souhaite faire de son fils Cloten – fils d'un premier lit – le prochain monarque. Ce Cloten est un fier-à-bras sot et grossier qui veut épouser Imogen, fille du roi, et cherche à entraîner les Bretons dans une révolte contre les Romains, à qui ils doivent verser un tribut chaque année.

Mais Imogen est déjà mariée sans autorisation paternelle à un gentilhomme de grande valeur mais non de sang royal, Leonatus Posthumus. Les relations entre Cymbeline et Imogen, si elles évoquent la situation initiale d'*Othello*, font également penser à Lear et à Cordelia.

Cymbeline furieux exile Posthumus. La reine et son fils cherchent à faire annuler le mariage d'Imogen. Posthumus se réfugie à Rome, et se lamente, loin de sa femme. L'Italie évoquée par le texte est plus celle de la Renaissance que celle de l'Antiquité. C'est dans le décor romain qu'intervient logiquement l'élément emprunté à Boccace, dont l'Ambrogiuolo devient Iachimo, façon ingénieuse de rappeler Iago. On retrouve le thème de la calomnie et de la jalousie meurtrière. Posthumus ayant imprudemment vanté la vertu et la beauté de sa femme, Iachimo, simple accointance, se fait fort de la vaincre. Un pari est conclu. L'Italien se rend en Bretagne, se fait présenter à Imogen, et tente vainement de la séduire. Il s'introduit par ruse dans sa chambre, observe quelques particularités de son corps endormi et dénudé, lui subtilise un bracelet. Revenu à Rome, il fait croire à Posthumus que sa femme lui a cédé, et récolte le prix promis à celui qui gagnerait le pari.

Le bracelet exhibé par Iachimo en guise de preuve rappelle le mouchoir d'*Othello*, mais dans *Cymbeline* tout va vite, Posthumus ne résiste pas longtemps à la tentation maléfique. L'absence de maturation psychologique, la brusquerie fulgurante des réactions et des revirements ont, comme en d'autres cas, été reprochées à Shakespeare. Pourtant, rapportées à l'esthétique particulière des dernières œuvres, ces péripéties soudaines se justifient par le souci de radicaliser les situations, d'en dégager les archétypes.

Cela n'empêche pas la richesse lyrique ou ironique du texte. Ainsi, la jalousie de Posthumus se manifeste par une diatribe explosive. N'y a-t-il pas, s'exclame-t-il, d'autre moyen d'exister pour les hommes que d'avoir recours aux femmes pour la moitié du travail ? S'il trouvait la part de femme qu'il y a en lui il l'arracherait. Et il termine sa tirade en déclarant qu'il va désormais écrire des satires contre les femmes.

Déjà fertile en événements, la pièce devient, à partir du troisième acte, une cascade d'incidents et d'accidents aussi logiquement enchaînés les uns aux autres et aussi invraisemblables que dans un rêve.

Posthumus écrit à son domestique Pisanio pour qu'il ordonne à Imogen en son nom de quitter le château paternel, et qu'elle le rejoigne à Milford-Haven, au pays de Galles. Mais Pisanio doit alors la tuer, ce qu'il s'abstient de faire. Il retourne en Italie et fait croire à Posthumus que sa femme est morte. Imogen, sous un vêtement masculin, part à l'aventure dans les montagnes galloises. Elle reste dans son cœur fidèle à Posthumus, bien que Pisanio lui ait tout révélé. Aussi se fait-elle appeler Fidele. Elle rencontre ses deux frères et Belarius, leur ravisseur qui se dit leur père, mais ils ont changé de noms, elle ne les reconnaît pas. Fatiguée, elle absorbe un remède que lui a donné la reine, et que celle-ci croit être un poison. Mais l'apothicaire qui a confectionné ce prétendu poison et qui a deviné ce qu'elle voulait en faire, l'a remplacé par une drogue qui, comme celle du frère Laurent dans *Roméo et Juliette*, ne produit qu'un sommeil ressemblant à la mort. Ses frères croient mort le jeune homme qu'elle prétend être, et célèbrent ses obsèques par un beau chant funèbre.

Pendant ce temps, Cloten prend en main les affaires de l'État et provoque les Romains. Il décide d'autre part de poursuivre Imogen, après avoir mis un vêtement ayant appartenu à son mari ; pour la punir d'avoir dit un jour qu'elle respectait le moindre habit de Posthumus plus que toute sa personne, il se jure de la violer dans cet accoutrement. Arrivé dans les montagnes des Galles, il rencontre les princes, les provoque, se fait tuer et décapiter. Imogen se réveille et trouve à côté d'elle un cadavre sans tête qu'elle prend, à cause des vêtements, pour celui de son mari. Situation macabre et burlesque, mais le style onirique du texte et l'humour narquois qui l'imprègne font tout accepter.

La pièce devient alors épique. Les Romains et les Bretons s'affrontent. Imogen, alias Fidele, devient après avoir été capturée, le page du général romain Lucius. Posthumus, frappé de remords bien qu'il croie encore sa femme coupable d'adultère, est revenu et cherche la mort. Il combat les Romains en compagnie de Belarius, de Guidérius et d'Arviragus, les deux jeunes fils du roi chez qui éclate l'ardeur belliqueuse qu'ils ont dans leur hérédité, et à eux quatre, ils mettent en pièces les envahisseurs.

Au cours d'une longue scène de reconnaissance et de réconciliation, le roi retrouve ses fils, accorde son pardon à Belarius, libère les prisonniers romains et accepte de verser à l'empereur le tribut annuel, à condition qu'on ne vienne plus le lui réclamer par les armes. Libéré de sa femme – opportunément suicidée – et de son beau-fils Cloten, il semble avoir acquis un peu de sens politique.

Parmi les prisonniers se trouve Iachimo, repentant, qui, Imogen l'ayant reconnu, confesse sa faute en public. Il bénéficie du pardon général. Imogen et Posthumus se retrouvent au-delà de la mort, puisque chacun des deux croyait l'autre mort, et se promettent de faire durer leur amour jusqu'à leur vraie mort.

> Pends à moi comme un fruit, mon âme,
> Jusqu'à ce que l'arbre meure.

La scène la plus controversée se trouve près de la fin, quand Posthumus, qui n'a pas trouvé sur le champ de bataille la mort qu'il cherchait, se fait passer pour romain et attend en prison d'être exécuté. Pendant son sommeil, des ombres apparaissent sur la scène : celles des parents et des frères défunts de Posthumus, qui adressent à Jupiter une plainte véhémente pour l'avoir ainsi tourmenté. Le dieu apparaît à son tour et leur répond avec courroux. « Ceux que j'aime le plus, je les contrarie », dit-il, avant d'annoncer la fin des épreuves pour Posthumus. À son réveil, celui-ci trouve à ses pieds un mystérieux parchemin qui contient une prophétie où la suite est annoncée.

L'authenticité de la scène a été mise en doute, comme à chaque fois que des êtres surnaturels apparaissent et s'expriment en vers rimés, notamment strophiques, sur des rythmes plus rigides qu'à l'habitude. Mais cette versification correspond à la substance métaphysique dont ces êtres sont faits, et qui, non illogiquement, s'expriment dans l'idiome rituel, liturgique, qu'utilisent les mortels pour les invoquer et les évoquer. D'autre part, les prophéties et les théophanies, c'est-à-dire les apparitions des dieux, rendent lisibles les intentions de l'auteur.

Le Conte d'hiver

(*The Winter's Tale*)
Date approximative 1610. Première publication en 1623.
1 978 vers. 474 lignes de prose.

Le Conte d'hiver possède l'originalité d'être coupé en deux parties distinctes, ce qui entraîne l'arrivée de personnages nouveaux après l'entracte. Il n'y a donc pas de personnage, ou de couple principal, focalisant l'intérêt d'un bout à l'autre. On trouve une fois de plus un couple déchiré par la jalousie mais le processus quasi tragique se termine au troisième acte. Au cours des deux derniers actes, c'est l'enfant perdue puis retrouvée qui assume le rôle principal.

Ce schéma était déjà en place dans le roman *Pandosto*, publié par Robert Greene en 1588, et source à peu près unique du *Conte d'hiver*. Robert Greene n'est autre que l'auteur du pamphlet qui en 1592 attaquait violemment le rustre Shakespeare, mais celui-ci, sans rancune, adapta pour la scène, quelque dix-huit ans plus tard, un roman où les rustres ne sont pas trop mal traités. Il l'adapta, et le modifia, changea les noms mais conserva les lieux et l'époque hybride où les temps modernes se mêlent à l'Antiquité. Il apporta une précision qui a suscité beaucoup de perplexité : l'action se déroulant en Sicile, puis en Bohême, c'est par la mer que les personnages concernés arrivent dans ce pays d'Europe centrale. Shakespeare a-t-il fait preuve d'ignorance ? A-t-il utilisé le nom de *Bohême* pour désigner l'Empire autrichien ? A-t-il voulu créer une géographie fantaisiste en harmonie avec le caractère fabuleux de l'œuvre ? On peut seulement répondre à ces questions que la Sicile étant une île, on ne peut la quitter que par la mer, et que la mer, les navires, les tempêtes et les naufrages sont indispensables à Shakespeare.

C'est par la Sicile que l'on commence, dans une atmosphère de fête et d'amitié. Le roi de Bohême Polixénès est venu rendre visite à son ami d'enfance le roi Léontès, dont le palais est en liesse depuis neuf mois. Entouré de la cour, de la reine Hermione, de son enfant Mamillius, de son conseiller Camillo, Léontès est heureux.

Pas complètement heureux, car Polixénès doit rentrer chez lui. De plus, sa venue ravive la nostalgie de l'enfance, quand le temps était suspendu, quand rien ne comptait que les plaisirs et les jeux, quand l'innocence et la joie allaient ensemble. La femme est venue, dit Polixénès, et avec elle la tentation, la perte de l'innocence.

Hermione se récrie, elle n'accepte pas qu'on la considère comme une tentatrice. Mais le texte exprime une angoisse, la crainte de l'amour, le sentiment diffus que la conscience du péché est liée à la naissance et à la découverte de la sexualité. Peut-être parce que le renouvellement de la vie implique la perspective de la mort. Peut-être aussi parce que le désir engendre toutes sortes de perversions, dont la jalousie.

Les neuf mois que Polixénès a passés en sa compagnie font germer un soupçon dans l'esprit de Léontès dont la femme est sur le point d'accoucher. Il croit voir des signes de connivence entre elle et son ami. L'amour qu'il a pour l'un et pour l'autre multiplie par deux le risque de jalousie.

Elle éclate sans incitation extérieure. Léontès joue pour lui-même le rôle attribué antérieurement au calomniateur. Dans le roman de Greene, les soupçons se forment progressivement et se fondent sur des apparences trompeuses dont Pandosto est victime. Dans la pièce de Shakespeare, les soupçons surgissent tout d'un coup et se fondent sur des apparences déformées par l'imagination. Le texte contient un commentaire théorique – qui rappelle des passages du *Songe d'une nuit d'été* et de *Macbeth* – sur la capacité qu'a l'imagination de créer des visions à partir de rien. C'est Léontès lui-même qui prononce cette tirade, mais ce qu'il prend pour de l'intuition peut être compris du spectateur comme signifiant l'hallucination. Léontès s'installe dans une frénésie paranoïaque, non dénuée de ruse et de dissimulation, assortie de misogynie furieuse et de nausée existentielle devant la sexualité.

Léontès, mari jaloux, et en cela parfois comique, est également un roi que la jalousie fait basculer dans la tyrannie. Il ordonne à Camillo d'empoisonner Polixénès, au lieu de quoi le fidèle ministre avertit le roi de Bohême, et les deux hommes s'enfuient, ce qui confirme Léontès dans ses soupçons. Le conseiller Antigonus et Paulina sa femme essaient en vain de le ramener à la raison. En proie au délire interprétatif, son esprit transforme tout ce qu'il perçoit en preuves de ce qu'il croit. Le prince Mamillius, incarnation de l'innocence enfantine que les deux rois regrettaient d'avoir perdue, joue le rôle du Chœur, mais il est interrompu. Alors qu'il s'apprête à narrer un conte convenant à la saison, qui est l'hiver, l'histoire d'un homme qui demeurait près d'un cimetière, Léontès fait irruption et ordonne l'arrestation d'Hermione. Après avoir envoyé deux émissaires à Delphes consulter l'oracle, il s'apprête à juger la reine, qui, en prison, donne naissance à une fille. Léontès condamne l'enfant à mort pour bâtardise, mais finit par céder aux supplications d'Antigonus. Au lieu d'être tuée, l'enfant sera déposée sur un rivage lointain.

Hermione subit l'adversité avec stoïcisme, mais non sans réagir. Pendant le procès, elle plaide avec éloquence et dignité. Léontès ne se laisse pas convaincre, même quand les émissaires reviennent de Delphes, porteurs de la réponse d'Apollon, qui déclare Hermione innocente et annonce que Léontès, « tyran jaloux », vivra sans héritier tant que ce qui est perdu ne sera pas retrouvé.

Léontès reste inflexible, jusqu'à ce qu'on lui apprenne la mort de Mamillius, et, causée par cette mort, celle d'Hermione. Léontès redevient lucide, par un revirement aussi soudain que la crise initiale. Il confesse son erreur, et reprenant les événements, les reconstruit dans le sens de la vérité.

Pendant ce temps, Antigonus est parti sur la mer accomplir sa mission. Hermione lui est apparue dans un rêve, lui demandant de déposer l'enfant sur la côte de Bohême et de la nommer Perdita. Elle lui a annoncé qu'il ne reverrait jamais la Sicile.

Il arrive en Bohême. Le ciel est noir en plein jour, le décor est tragique. Il abandonne l'enfant sur le rivage pendant que son navire est détruit par la tempête et que les marins sont noyés. C'est là que se trouve la célèbre indication de scène,

Antigonus sort, poursuivi par un ours.

On apprend plus tard qu'il a été dévoré par l'animal. Un vieux berger et son fils recueillent l'enfant abandonnée, que les bêtes sauvages et les intempéries ont épargnée.

Après le discours prononcé par le Temps, la deuxième partie s'ouvre sur la phase pastorale de la tragi-comédie, et plus pastorale que jamais, car c'est une bergerie qui sert de décor. Seize ans ont passé. Le berger, grâce à l'or trouvé dans le panier de Perdita, qu'il a élevée comme sa fille, s'est acheté une ferme. On y célèbre la fête de la tonte des moutons, les bergers et bergères du voisinage y assistent, ainsi que Florizel, fils du roi Polixénès, amoureux de Perdita.

Il y a quelque symétrie entre la longue scène pastorale du quatrième acte et celle du premier où la fête est interrompue par l'accès de haine qui saisit le roi. La bergerie n'est pas à l'abri des intrusions citadines et des menaces de tragédie. Tout d'abord, le ménestrel et colporteur Autolycus, ancien serviteur à la cour, qui méprise les paysans, vient leur vendre des colifichets sans valeur et repart les poches pleines d'argent et d'objets volés. Plus dangereuse est l'arrivée de Polixénès et de Camillo, devenu son ministre. Ils viennent sous un déguisement observer le prince et la jeune bergère pour qui il déserte la cour et néglige ses devoirs. Polixénès est reçu avec hospitalité, et il échange avec Perdita une longue conversation poético-botanique sur les mérites comparés des fleurs naturelles et des produits de l'hybridation. Perdita défend la nature, Polixénès fait l'éloge de l'art. Il est ébloui par le raffinement de cette paysanne, mais il met fin à l'idylle du prince et de la bergère. Il se dévoile, et menace des pires tourments Perdita et son père supposé si l'affaire continue.

Florizel et Perdita s'enfuient, vers la Sicile, sur les conseils de Camillo. Mais celui-ci, qui désire revoir son pays, révèle leur destination à Polixénès, et tous deux se lancent à leur poursuite. Les deux navires arrivent l'un après l'autre chez Léontès, heureux de revoir son ami et son ministre, et de leur offrir la contrition qu'il leur doit, mais déconcerté par l'imbroglio auquel il assiste. Après une inévitable succession de malentendus vient la non moins inévitable scène de reconnaissance, qui se passe hors du champ de vision des spectateurs. Des témoins viennent l'un après l'autre rapporter la rencontre du père avec sa fille, l'émerveillement et l'émotion qu'elle a produits. Le prince peut épouser la princesse. Le berger et son fils, venus avec eux en Sicile, sont anoblis et savent que désormais ils sont gentilshommes de naissance.

Le dernier épisode, ajouté par Shakespeare au roman de Greene, est le plus important. Paulina, veuve d'Antigonus, pour récompenser le roi veuf des années d'expiation qu'il s'est imposées, propose de lui montrer une statue d'Hermione qu'elle a fait réaliser par l'artiste italien Giulio Romano. Tous les personnages sont présents lors du dévoilement de la statue, qui provoque chez Léontès une transe extatique. Puis une musique se fait entendre, la statue respire, vit, c'est Hermione elle-même.

Il n'y a pas d'ambiguïté factuelle dans le déroulement de l'action. Paulina, assumant le rôle d'une divinité distributrice d'épreuves et de récompenses, a fait croire à la mort d'Hermione, attendant le moment opportun et l'accomplissement de l'oracle d'Apollon pour la rendre à Léontès. Mais des ambiguïtés artistiques et spirituelles enrichissent la signification de cette scène, ou de ce tableau, appelé traditionnellement « la résurrection d'Hermione ».

La longue description de l'art du sculpteur, même si en l'occurrence il n'y a pas de sculpteur, rappelle l'antique méditation sur la pérennité de l'art, et de la vie à travers l'art. Mais la majesté miraculeuse de la scène – rehaussée par le trait d'économie dramatique grâce auquel la scène des retrouvailles n'a pas été montrée – ne peut pas manquer de faire apparaître ce coup de théâtre – non annoncé au public, ce qui est rare dans Shakespeare – comme au moins un simulacre ou un mythe de résurrection.

Une autre résurrection, une autre perpétuation de la vie, celle de la nature, est également célébrée par le texte. Le culte de la nature ajoute aux théophanies et aux miracles, vrais, faux ou symboliques, la couleur propre du merveilleux poétique. *Le Conte d'hiver* se termine en sacre du printemps.

La Tempête

(*The Tempest*)
Date probable 1611. Première publication en 1623.
1 578 vers. 453 lignes de prose.

C'est l'œuvre de Shakespeare qui, après *Hamlet*, a suscité le plus grand nombre de débats. Elle ne ressemble à aucune autre et a toujours frappé la sensibilité du public. Les nouveaux moyens techniques dont disposaient les théâtres vers 1610 y sont intégrés dès la conception, car le surnaturel ne constitue pas un arrière-plan ou une dimension de la pensée, mais une présence visible, produisant un spectacle qui relève de la féerie. On est tenté d'établir un parallèle avec *Le Songe d'une nuit d'été*, et de considérer *La Tempête* comme une allégorie fantastique exprimant et résumant les thèmes qui préoccupaient Shakespeare pendant une certaine phase de sa vie créatrice. Les deux œuvres ont en commun l'originalité de l'argument. Le scénario ayant été inventé par Shakespeare, on peut penser qu'il avait quelque chose de personnel à exprimer, à travers une sorte de parabole.

L'action dure moins d'un jour et se passe d'abord en mer, puis sur une île, mais en plusieurs endroits de cette île. Toutefois, la durée réduite et le lieu à peu près unique n'empêchent pas de déceler le triptyque habituel, car dans la seconde scène, un long récit ramène l'auditeur vers le passé, et la scène finale annonce un départ, c'est-à-dire un retour. Prospero était duc de Milan. Peu intéressé par la pratique du pouvoir, qu'il déléguait à son frère cadet Antonio, il passait son temps dans sa bibliothèque, à enrichir son esprit. Le portrait de l'étudiant prolongé, coupé du monde, n'est pas ici dessiné avec ironie, comme dans *Peines d'amour perdues*. On pense plutôt à Henri VI, le roi dévot qui laisse toute une pétaudière régner à sa place, à Hamlet, détaché du monde qui l'entoure par son intellectualité, voire au duc Vincentio dans *Mesure pour mesure*, écarté des affaires publiques à force de prendre de la hauteur. Profitant de cette carence, son frère Antonio le détrône, aidé par le roi de Naples Alonso et par une clique opportuniste. On reconnaît la situation de *Comme il vous plaira*, proche du fratricide de *Hamlet*. Le fratricide est presque consommé, car Antonio se débarrasse de Prospero et de sa fille Miranda en les expédiant sur la mer à bord d'une barque misérable et dénuée de moyens de navigation. Ce n'est pas à ce moment que se situe la tempête annoncée par le titre, mais le bannissement périlleux fait partie du même ensemble thématique.

Guidé par la Providence, soutenu par le sourire de Miranda, muni de quelques provisions et de livres précieux grâce à un charitable Napolitain du nom de Gonzalo, Prospero arriva dans une île mystérieuse habitée par la sorcière Sycorax et son fils Caliban, « esclave sauvage et difforme », selon la définition donnée dans la liste des personnages. Il est également décrit comme un incube, une créature hybride, mi-homme, mi-poisson. Il y avait un troisième habitant dans l'île, Ariel, esprit lumineux et angélique, invisible, sauf pour Prospero. Tombé au pouvoir de Sycorax, il refusa d'accomplir certaines missions maléfiques, et pour le punir, elle l'enferma dans un arbre, écartelé entre deux branches.

Les livres de Prospero contiennent les clés d'un pouvoir magique supérieur à celui de Sycorax. Il y puisa de quoi devenir le maître tout-puissant de l'île. Il en chassa Sycorax, libéra Ariel, mais pour en faire son serviteur, garda Caliban, qu'il réduisit en esclavage. Caliban est chargé des tâches domestiques, Ariel des opérations surnaturelles et fantasmagoriques.

Pourquoi Prospero a-t-il attendu d'être exilé sur une île pour exercer un pouvoir qu'il aurait pu utiliser contre ses ennemis de Milan et de Naples ? Il n'y a pas de réponse, sinon que la littérature fantastique et l'imagination ont leurs lois, qui échappent à toute rationalité. L'île est un lieu magique, comme la forêt du *Songe d'une nuit d'été*. C'est comme si, à bord d'une machine à remonter le temps, Prospero retournait dans une préhistoire peuplée de forces surnaturelles. En tant qu'homme, il garde en lui les traces de l'imaginaire primitif. Il absorbe le génie du lieu et s'en rend maître grâce à l'ampleur de ses connaissances. En tant qu'humaniste et savant de la Renaissance, il domine ce passé tout en se le réappropriant. Il possède des livres de magie, mais leurs formules n'opèrent qu'en un lieu préservé de la civilisation et de la rationalité par la distance et l'isolement.

Le personnage de Caliban, le plus fascinant de toute la pièce, est aussi le plus commenté. Son nom sonne comme un anagramme de *cannibale*, et l'on a vu en lui l'homme sauvage que, dans un premier temps, l'explorateur européen considère comme à peine humain, et que, dans un deuxième temps, devenu colonisateur, il s'emploie à éduquer, à civiliser, pour finir par en faire un être assujetti.

Caliban a accueilli Prospero sans hostilité, lui a révélé les sources et les endroits fertiles de l'île. Pour le récompenser, Prospero lui a appris à parler, a voulu l'éduquer, jusqu'au moment où il s'est intéressé de trop près à Miranda. Prospero en a fait alors un esclave, et usant de son pouvoir, le tourmente à chaque incartade par des douleurs de tout le corps. Caliban se venge par des insultes et des malédictions, seul bénéfice, dit-il, qu'il a tiré de savoir parler le langage de son maître.

Beaucoup de commentateurs voient donc dans ces deux personnages la préfiguration de Robinson et de Vendredi, et dans *La Tempête* une sorte d'image de la grande aventure coloniale de l'Europe. Une tirade prononcée par Gonzalo au deuxième acte, qui contient des phrases empruntées à Montaigne, et précisément à son chapitre « Des Cannibales », soutient cette théorie.

Caliban, que l'on peut considérer comme une représentation du sauvage, bon ou mauvais, bon et mauvais, et aussi comme une image de l'éternel prolétaire, ou de l'esclave dans sa relation dialectique avec le maître, a, dans l'économie générale de la pièce, une signification certainement plus élémentaire. Opposé à Ariel, pur esprit, comme les yahous s'opposent aux houyhnhnms dans *Les Voyages de Gulliver*, en une dualité tragiquement irréconciliable, Caliban représente également la partie animale de la nature humaine, le corps, avec sa beauté et sa laideur, ses appétits et ses rêves, sa vitalité et ses perversités, ses instincts et ses nostalgies, tout ce qui dans notre nature vient de la nature.

Prospero n'a pas seulement utilisé ses livres comme des bréviaires de sorcellerie. Il reste l'intellectuel qu'il a toujours été, l'homme de culture, et il a la fibre pédagogique. S'il désespère de Caliban, c'est parce que, dit-il en une paronomase proverbiale, la culture n'arrive pas à coller sur sa nature (en anglais *nurture/nature*). Mais il a passé une grande partie de son temps à instruire Miranda et à en faire une jeune fille accomplie.

La pièce s'ouvre sur une scène de tempête. Les passagers et les marins d'un navire en perdition courent dans tous les sens, s'insultent, se désespèrent, prient, ou résistent.

La deuxième scène contient le long récit rétrospectif de Prospero à Miranda. Il raconte sa vie passée et explique qu'il a déclenché cette tempête pour châtier ses ennemis, providentiellement pour lui assemblés sur un même navire passant à proximité de l'île. La situation habituelle s'inverse. Après avoir été lui-même, comme Périclès et beaucoup d'autres, victime de l'océan, Prospero devient l'organisateur d'un naufrage. L'auteur de *La Tempête* fait de lui l'auteur d'une tempête.

Prospero n'a cependant pas son seul bonheur, ou sa seule vengeance en vue. Le courroux, la sévérité, dont fait preuve ce personnage peu aimable émanent non d'un homme lésé qui cherche une revanche, mais d'un moraliste, d'un justicier. Aussi use-t-il de son pouvoir quasi divin à des fins quasi divines. L'île devient un ici-bas en miniature et un au-delà d'après le Jugement dernier. La nature terrestre y montre ses divers visages, tour à tour riante ou aride. C'est un paradis plein de musique ou un purgatoire effrayant.

La tempête apaisée, mais leur navire apparemment brisé, les naufragés sont sains et saufs, grâce au maître d'œuvre Ariel. Ils se retrouvent disséminés dans l'île, confrontés à des circonstances qui constituent pour eux des épreuves, ou des mises à l'épreuve. Alonso, roi de Naples, croit son fils Ferdinand noyé. Nullement instruits par les périls qui leur ont fait voir la mort de près, ni par le miracle qui la leur a évitée, les scélérats restent des scélérats ; dès qu'ils ont le pied posé à terre, ils recommencent leurs complots. Ariel endort Alonso, ce qui aussitôt incite Antonio à conseiller à Sebastian, frère du roi de Naples, de le tuer dans son sommeil. Parallèlement, deux bouffons ivres, Stephano et Trinculo, rencontrent Caliban et lui font boire du vin. Caliban tombe en adoration devant le dispensateur de cette liqueur divine, et invite son nouveau maître à tuer Prospero, pour s'emparer de l'île, et de Miranda.

Celui qui met un frein à la fureur des flots sait aussi des méchants arrêter les complots. Ariel, invisible et vigilant, dresse un magnifique banquet devant les naufragés affamés, mais le fait disparaître dès qu'ils s'avancent vers lui. C'est la version fantastique du banquet interrompu, qui crée une péripétie spectaculaire dans *Macbeth* et dans *Timon d'Athènes*. Transformé en harpie, cette fois visible, Ariel adresse aux ennemis de Prospero un sermon terrifiant et les plonge dans une transe douloureuse. Plus tard, il attire les trois bouffons avinés avec de simples oripeaux vers un marécage putride.

Pendant ce temps, le prince de Naples, Ferdinand, qui se croit seul rescapé du naufrage, rencontre Miranda et l'amour naît entre eux. Mais Prospero leur inflige des épreuves avant de les réunir. Ici on pense à *La Flûte enchantée* et à Sarastro, le grand maître du temple de la sagesse qui a vaincu la Reine de la Nuit, comme Prospero a vaincu Sycorax, et qui n'accorde le bonheur amoureux qu'aux jeunes gens qui ont prouvé leur vertu. Il enseigne une éthique humaniste fondée sur le respect de soi, l'honneur, la discipline.

Avec son austérité habituelle Prospero prêche la chasteté aux fiancés et leur offre un spectacle édifiant, le *masque* de Cérès et de Junon. Donnant à sa magie un aspect nouveau, il organise une vision où apparaissent la déesse du mariage et la déesse des moissons qui, après avoir chassé Vénus et son dangereux fils Cupidon, célèbrent les bienfaits de l'amour conjugal. Mais, préoccupé par le complot de Caliban, Prospero fait disparaître le ballet aérien et prononce la tirade où il est dit que nous sommes faits de la même étoffe que les rêves.

Au cinquième acte, Prospero reprend son projet de

justice castigatrice qui se transforme, comme à la fin de *Mesure pour mesure* et de beaucoup d'autres œuvres, en pardon général.

Après avoir adressé une invocation inspirée d'Ovide, et un adieu aux êtres fabuleux dont l'imagination païenne et animiste peuple la nature, il décide de noyer ses livres et de retourner à Milan, avec ses anciens ennemis, sans vraiment croire à leur repentir définitif. L'action de vertu est plus rare que celle de vengeance, dit-il. Il libère Ariel, qui lui réclamait cette libération promise, mais garde Caliban, châtié puis repenti. Il reconnaît pour sienne cette chose des ténèbres.

La décision que prend Prospero de renoncer à la magie semble énigmatique. On pourrait y voir une analogie avec l'abdication de Wotan, qui laisse Siegfried briser sa lance et disparaît dans l'incendie du palais des dieux, afin de laisser les hommes se guider par leur seule volonté. Mais le moralisme dont Prospero a fait preuve ouvre la voie à un humanisme chrétien, plus éthique que mystique, encore que la survie des naufragés fasse penser une fois de plus à l'espérance de résurrection.

Toujours est-il que Prospero abdique son pouvoir divin pour retrouver son pouvoir politique. Cela suppose une grande confiance dans les hommes, ou une grande résignation. Cela signifie aussi que Shakespeare revient à la réalité, après un séjour prolongé dans le merveilleux, dans le passé mythique, dans le rêve de puissance et de justice providentielle.

Nous avons vu Prospero dans plusieurs rôles : l'homme victime de l'ingratitude et de l'adversité, l'exilé qui reconstitue son royaume au sein de la nature sauvage, le père et le maître, qui châtie bien même quand il n'aime pas bien, le professeur de sagesse, le philosophe qui médite sur la vanité des choses et qui pense à la mort, l'artiste en hallucinations qui glose modestement sur la fugacité de ses œuvres, le lettré qui transmet une culture, le moraliste qui enseigne la vertu, le Dieu qui observe, juge et pardonne, enfin le potentat qui décide d'assumer sa fonction avec vigilance et fermeté.

Mais dans l'épilogue c'est l'acteur qui vient saluer le public, lui demander de le libérer par des applaudissements du cercle où il est enfermé, ensorcelé. C'est l'espace circulaire du théâtre.

Il n'est pas étonnant qu'on ait si souvent comparé Prospero à Shakespeare, qui, après 1611, chercha, semble-t-il, à se désenvoûter de sa propre magie. La libération se fit en deux étapes. Il écrivit *Henri VIII*, ce qui était une façon de retrouver la réalité britannique et quasi contemporaine. Puis il retourna vivre et mourir à Stratford.

REPÈRES BIBLIOGRAPHIQUES

1. Les œuvres de Shakespeare.

Pour lire Shakespeare en anglais, il est conseillé, à cause de la difficulté du texte, de se procurer des éditions abondamment annotées. Les éditions « Arden », publiées par Routledge, restent les plus réputées, mais les éditions que publient les Presses Universitaires d'Oxford et de Cambridge sont également très recommandables. Penguin, Macmillan et la New American Library, dans la série *Signet Classics*, publient des éditions des œuvres de Shakespeare faciles à consulter. Si l'on souhaite une édition complète, en un seul volume, on peut choisir celle qui a été établie par Stanley Wells et Gary Taylor, Oxford University Press.

En français existent toujours les éditions de la Pléiade, de Garnier-Flammarion (traduction de François-Victor Hugo). D'autres traductions se préparent actuellement. En volumes individuels, on trouve les traductions de Jean-Michel Déprats, chez divers éditeurs (Gallimard, Solin, Granit).

En éditions bilingues, Aubier, Les Belles Lettres, Robert Laffont (coll. « Bouquins »). En cours de publication au Livre de Poche : édition en anglais (page de gauche) avec une abondante annotation en page de droite – déjà paru : *Macbeth* ; à paraître 1996 : *Othello*, *Hamlet*.

2. Études critiques et ouvrages de références.

Des dizaines de milliers de livres, des centaines de milliers d'articles, ont été écrits sur Shakespeare, et la production augmente sans cesse. On ne peut proposer ici qu'un choix infime, sans même pouvoir assurer que ce sera le plus judicieux et indispensable. Mais les ouvrages indiqués ci-dessous ont le mérite d'être recommandables et de couvrir un champ assez vaste de préoccupations.

OUVRAGES EN FRANÇAIS

AXELRAD (José) et WILLEMS (Michèle), *Shakespeare et le théâtre élisabéthain*, Paris, PUF (« Que sais-je ? »), 1964.

BACQUET (Paul), *Les Pièces historiques de Shakespeare*, Paris, PUF, 1978.

BRUNEL (Pierre), *Claudel et Shakespeare*, Paris, Armand Colin, 1971.

FLUCHÈRE (Henri), *Shakespeare, dramaturge élisabéthain*, Paris, Gallimard, 1966.

FUZIER (Jean), *Les Sonnets de Shakespeare*, Paris, Armand Colin, 1970.

GRIVELET (Michel), GOY-BLANQUET (Dominique), MARTINET (Marie-Madeleine), *Shakespeare de A à Z*, Paris, Aubier, 1988.

HUGO (Victor), *William Shakespeare*, 1864. Paris, Flammarion, 1973.

JACQUOT (Jean), *Shakespeare en France. Mises en scène d'hier et d'aujourd'hui*, Paris, Le Temps, 1965.

JONES-DAVIES (Marie-Thérèse), *Shakespeare, le théâtre du monde*, Paris, Balland, 1987.

KOTT (Jan), *Shakespeare notre contemporain*, Paris, Julliard, 1962.

LAROQUE (François), *Shakespeare et la fête*, Paris, PUF, 1988.

– *Shakespeare comme il vous plaira*, Paris, Gallimard, coll. « Découvertes », 1991.

LORANT (André), *William Shakespeare : Hamlet*, Paris, PUF, 1992.

MAGUIN (Jean-Marie), *La Nuit dans le théâtre de Shakespeare et de ses prédécesseurs*, Lille, Atelier de publication des thèses, 1980.

MARIENSTRAS (Richard), *Le Proche et le lointain*, Paris, Éditions de Minuit, 1981.

MAYOUX (Jean-Jacques), *Shakespeare*, Paris, Aubier, 1982.

PARIS (Jean), *Shakespeare*, Paris, Seuil, coll. « Écrivains de toujours », 1954.

OUVRAGES EN ANGLAIS

BRADBROOK (Muriel C.), *Shakespeare and Elizabethan Poetry*, Londres, Chatto and Windus, 1951.

BRADLEY (Andrew C.), *Shakespearean Tragedy*, Londres, Macmillan, 1904.

BULLOUGH (Geoffrey), *Narrative and Dramatic Sources of Shakespeare*, Londres, Routledge, 1957.

BURGESS (Anthony), *Shakespeare*, Penguin, 1972.

CLEMEN (Wolfgang), *The Development of Shakespeare's Imagery*, Londres, Methuen, 1951.

DORAN (Madeleine), *Shakespeare's Dramatic Language*, University of Wisconsin Press, 1976.

EVANS (Bertrand), *Shakespeare's Comedies*, Oxford, Oxford University Press, 1960.

FRYE (Northrop), *Fools of Time. Studies in Shakespearean Tragedy*, University of Toronto Press, 1967.

GREER (Germaine), *Shakespeare*, Oxford University Press, 1986.

KNIGHT (George Wilson), *The Imperial Theme*, Oxford University Press, 1931.

– *The Wheel of Fire*, Oxford University Press, 1930.

– *The Shakespearian Tempest*, Oxford University Press, 1932.

– *The Crown of Life*, Londres : Methuen, 1969.

– *The Sovereign Flower*, Londres : Methuen, 1958.

KNIGHTS (Lionel Charles), *Further Explorations, Essays in Criticism*, Chatto and Windus, 1970.

LERNER (Laurence), *Shakespeare's Tragedies. An Anthology of Modern Criticism*, Londres, Pelican Books, 1963.

LEVIN (Harry), *Shakespeare and the Revolution of the Times*, Oxford University Press, 1976.
MUIR (Kenneth), *Interpretations of Shakespeare*, Oxford University Press, 1986.
ORNSTEIN (R.A.), *A Kingdom for a Stage. The Achievement of Shakespeare's History Plays*, Harvard University Press, 1972.
ROSSITER (A.P.), *Angel with Horns*, Londres, Longman, 1961.
ROWSE (A.L.), *William Shakespeare, a Biography*, Londres, Macmillan, 1963.
SALINGAR (Leo), *Shakespeare and the Traditions of Comedy*, Cambridge University Press, 1974.
SCHOENBAUM (Samuel), *Shakespeare's Lives*, Oxford University Press, 1991.
SPIVACK (Bernard), *Shakespeare and the Allegory of Evil*, Columbia University Press, 1958.
SPURGEON (Caroline), *Shakespeare's Imagery and What It Tells Us*, Cambridge University Press, 1936.
WELLS (Stanley), *The Cambridge Companion to Shakespeare Studies*, Cambridge University Press, 1986.
– *Shakespeare. A Bibliographical Guide*, Oxford University Press, 1992.
TAYLOR (Gary), *To Analyze Deligth. A Hedonist Criticism of Shakespeare*, Newark, University of Delaware Press, 1985.
TILLYARD (E.M.W.), *The Elizabethan World Picture*, Penguin, 1963.
VYVYAN (John), *Shakespeare and Platonic Beauty*, Londres, Chatto and Windus, 1961.
WILSON (John Dover), *Shakespeare's Happy Comedies*, Londres, Faber and Faber, 1962.

INDEX DES ŒUVRES

INDEX DES NOMS DE PERSONNES

INDEX DES PERSONNAGES DE FICTION

INDEX DES NOMS DE LIEUX

TABLE DES MATIÈRES

IMPRIMÉ EN FRANCE PAR BRODARD ET TAUPIN
Usine de La Flèche (Sarthe).
LIBRAIRIE GÉNÉRALE FRANÇAISE - 43, quai de Grenelle - 75015 Paris.

ISBN : 2 - 253 - 90523 - 2 42/0523/3